L'INDUSTRIE MINIÈRE EST MORTE. VIVE LA GÉOPOLITIQUE MINIÈRE

L'INDUSTRIE MINIÈRE EST MORTE. VIVE LA GÉOPOLITIQUE MINIÈRE

Comment la Chine et l'Occident ont transformé les minéraux critiques en levier de puissance géopolitique

MARTA RIVERA

EDUARDO ZAMANILLO

QM BOOKS

Autorisations/extraits : rights@qmbooks.com
Commandes en gros & médias : specials@qmbooks.com

Avis de non-responsabilité : cet ouvrage s'appuie exclusivement sur des sources publiques ; les analyses et opinions exprimées sont celles des auteurs.

Publié par QM Books, Toronto (Ontario), Canada
www.qmbooks.ca

Conception et production : QM Books
Traduit de l'anglais par QM Books.

Première édition (version originale anglaise) — août 2025
Première édition en français — octobre 2025

Imprimé au Canada

ISBN 978-1-069816511 (relié)
ISBN 978-1-069816504 (broché)
ISBN 978-1-069765963 (livre numérique)

Enregistré auprès de l'Office de la propriété intellectuelle du Canada (OPIC) :
No 1237213 (2025)

CIP record — Library and Archives Canada / Bibliothèque et Archives Canada.
Legal deposit — Library and Archives Canada / Bibliothèque et Archives Canada.

Avec un amour infini pour nos enfants, Matilde, Rafaela et Ignacio.

Table des matières

Introduction xi

Note des Auteurs xv

1. QUAND L'INDUSTRIE MINIÈRE EST
DEVENUE GÉOPOLITIQUE 1

La concentration des minéraux critiques : un
tournant décisif 2

Au-delà de l'extraction : contrôler toute la chaîne
d'approvisionnement 4

Redessiner la carte du pouvoir mondial 6

De la mine à la stratégie : implications pour la
sécurité nationale et la politique étrangère 10

Un nouveau paradigme pour l'industrie minière 16

2. LA CHINE L'A COMPRIS LA PREMIÈRE :
MINÉRAUX, VISION ÉTATIQUE ET
STRATÉGIE À LONG TERME 19

La vision précoce de la Chine : anticipation
politique et alignement industriel 20

Coordination État-entreprises et domination des
chaînes d'approvisionnement 22

Vers une exploitation minière plus propre :
l'évolution de l'approche ESG de la Chine 27

Une présence mondiale stratégique :
investissements en Afrique, en Amérique latine et
en Asie centrale 32

Au-delà de l'extraction : la stratégie minière
mondiale de la Chine 37

Réflexions stratégiques : enseignements de
l'expérience chinoise 39

Minéraux, puissance et vision : une stratégie qui
laisse son empreinte 46

3. QU'EST-IL ARRIVÉ À L'INDUSTRIE
   MINIÈRE EN OCCIDENT ?   49
   Défis structurels de l'industrie minière
   occidentale : quand les atouts deviennent des
   limites   51
   Quand une industrie perd sa place dans le récit   74
   Quand l'Occident ne fournit plus : l'exploitation
   minière illégale et informelle comble le vide   79
   L'industrie minière en Occident : quatre modèles
   pour une relance stratégique   87
   Questions ouvertes pour un nouvel ordre   110
   Vers un nouveau modèle minier stratégique et
   narratif   112

4. QUEL RÔLE L'AMÉRIQUE LATINE JOUE-T-
   ELLE RÉELLEMENT DANS LA
   CONCURRENCE MONDIALE POUR LES
   MINÉRAUX CRITIQUES ?   117
   L'Amérique latine n'est pas un bloc :
   fragmentation structurelle   119
   La politique au cœur du modèle minier latino-
   américain   143
   Symptômes partagés : signaux de fragilité
   structurelle   147
   Ce qui se cache derrière les trois symptômes
   structurels   159
   Géopolitique en Amérique latine : la Chine et
   l'Occident se disputent les minéraux du futur   162
   Que peuvent faire les pays latino-américains dans
   un jeu qui n'a pas été conçu pour eux ?   166
   L'Amérique latine à la croisée des chemins miniers   168

5. UN CONTINENT AFRICAIN FRAGMENTÉ
   PEUT-IL NÉGOCIER COMME UNE
   PUISSANCE ?   171
   Un consensus sans précédent   172
   Les richesses minérales de l'Afrique et la course
   mondiale   174
   Les quinze pays clés : profils d'acteurs de la
   géopolitique minière   177

Une mosaïque esquissant un nouvel axe de
puissance ? 194
Le paradoxe africain : la diversité comme force, la
diversité comme défi 195
L'Afrique à la fenêtre stratégique de la
géopolitique minière 206

6. L'ASIE AU-DELÀ DE LA CHINE PEUT-ELLE
NÉGOCIER SA PLACE DANS LA
GÉOPOLITIQUE MINIÈRE ? 211
Panorama régional : ressources et alignements
stratégiques 212
Les facteurs redéfinissant l'industrialisation
minière en Asie au-delà de la Chine 228
Le leadership étatique dans le secteur minier sera-
t-il durable dans le nouvel ordre mondial ? 237

7. L'ÈRE DE LA GÉOPOLITIQUE MINIÈRE 243
Sept leçons stratégiques 245
L'exploitation minière illégale comme
vulnérabilité stratégique 259
La carte du nouvel ordre minier mondial 261
Le rôle de l'État et des entreprises 264
Du diagnostic à l'action : quatre piliers et un
avertissement 265
Des questions qui ouvrent l'avenir 269
Cinq révélations sur la géopolitique minière 271
La prochaine ère minière 275

Bibliographie 279

Introduction

Pendant des décennies, l'activité minière a été perçue comme une industrie ordinaire : technique, lourde, indispensable, mais embarrassante. Un secteur relégué à l'arrière-plan du système productif, sans jamais occuper le cœur des décisions stratégiques. Mais le monde a changé, et avec lui, tout a changé.

L'intelligence artificielle, l'informatique quantique, la transition énergétique, les systèmes de défense autonomes et la course spatiale alimentent une nouvelle révolution industrielle. Au centre de ces transformations ne se trouvent pas seulement des algorithmes ou des infrastructures, mais des minéraux. Chaque batterie, chaque serveur, chaque satellite, chaque centre de données dépend désormais du lithium, du cobalt, du graphite, des terres rares, du cuivre et de l'uranium. Ces matériaux autrefois négligés sont désormais les clés de l'avenir. Pourtant, nous continuons d'agir comme s'ils étaient inépuisables, comme si leur accès, leur extraction, leur transformation et leur logistique n'étaient pas devenus les enjeux d'une nouvelle compétition mondiale. L'activité minière n'est plus seulement technique : elle est devenue politique, diplomatique, stratégique.

Celui qui contrôlera les minéraux critiques fixera le rythme, les conditions et les règles de la prochaine ère technologique. Cependant, alors que la demande s'accélère, les réponses institutionnelles tardent. L'investissement formel ralentit, les cadres réglementaires se complexifient, les communautés s'interrogent davantage. Et là où la clarté institutionnelle fait défaut, une autre réalité s'impose : l'activité minière illégale, silencieuse, violente, intraçable, hors de contrôle, symptôme visible d'un système qui ne fonctionne plus.

Dans ce contexte, certains pays prennent déjà position. Quelques-uns par nécessité, d'autres par stratégie, tandis que beaucoup hésitent encore. Ce livre part d'un constat lucide : personne ne détient toutes les réponses, mais plusieurs nations commencent à placer leurs pièces sur l'échiquier. La Chine l'a compris avant tout le monde. L'Argentine avance avec pragmatisme. L'Indonésie défie l'ordre mondial par une industrialisation forcée. Le Canada mise sur une légitimité construite avec les communautés. L'Australie agit avec efficacité institutionnelle.

Ce livre ne cherche pas à imposer des modèles, n'apporte pas de solutions toutes faites et ne prétend pas offrir le seul cadre valide. Il constitue une invitation : observer, réfléchir, redéfinir ce que nous entendons par industrie minière. Car si nous ne modernisons pas notre discours sur cette industrie — si nous ne lui restituons pas la place stratégique qui lui revient dans ce nouvel ordre mondial — nous finirons par défendre un modèle déjà obsolète.

Notre objectif est d'explorer les choix des pays qui refusent de répéter les erreurs du passé, de mettre en lumière ce qui s'expérimente aujourd'hui, d'identifier les signaux à observer et de poser les questions qui restent ouvertes.

L'ancienne industrie minière est morte. Vive la géopolitique minière.

Note des Auteurs

Un livre écrit dans un monde en pleine transformation (2024-2025)

Ce livre a été écrit à un moment où l'ordre mondial ne changeait pas seulement : il s'accélérait.

En quelques mois à peine, nous avons été témoins d'une succession d'événements géopolitiques, technologiques et institutionnels qui ont profondément transformé la manière dont les pays conçoivent la souveraineté, le risque et le développement. Pendant que nous écrivions, plusieurs signaux se sont clairement manifestés :

- L'intelligence artificielle est passée du stade expérimental à celui d'infrastructure critique. En moins d'un an, elle a commencé à transformer la défense, l'industrie et la planification stratégique, obligeant les institutions à agir dans des délais toujours plus courts.

- Une nouvelle course spatiale s'est intensifiée. Les missions de la Chine, des États-Unis, de l'Inde et d'acteurs privés ont repoussé les frontières au-delà de la Terre, faisant de la présence orbitale un enjeu central de projection de puissance.
- La transition énergétique mondiale s'est accélérée, mais ses contradictions aussi. La demande croissante en minéraux s'est heurtée à des blocages réglementaires, à des résistances sociales et à des tensions géopolitiques accrues.
- Javier Milei a été élu président de l'Argentine, déclenchant de profondes réformes économiques et une reconfiguration des débats institutionnels dans l'un des pays les plus riches en ressources naturelles d'Amérique latine.
- Donald Trump est revenu à la présidence des États-Unis, redevenant une figure centrale de la politique mondiale et soulevant de nouvelles interrogations sur l'avenir du multilatéralisme, du commerce international et de la politique industrielle. Les annonces de nouveaux tarifs douaniers par son administration ont déjà provoqué des secousses dans l'industrie minière mondiale. Bien que leur impact complet reste incertain, les premiers signaux indiquent des ajustements dans les chaînes de valeur, les décisions d'investissement et les débats stratégiques concernant la sécurité d'approvisionnement en minéraux critiques.
- La guerre en Ukraine s'est poursuivie, tandis que de nouvelles zones d'instabilité ont émergé, de la mer Rouge au Sahel, redessinant les cartes traditionnelles de sécurité et d'approvisionnement.

- L'Union africaine a rejoint le G20. Les BRICS se sont élargis. Le partenariat Minerals Security Partnership a accueilli de nouveaux pays producteurs en son sein.
- L'uranium a retrouvé une place centrale, le lithium a confirmé sa volatilité et le cuivre, discrètement mais sûrement, est revenu au centre de l'attention mondiale.

Nous mentionnons ces événements non pas pour les analyser en détail, mais pour situer ce livre dans son contexte. Ce sont les conditions dans lesquelles nous avons écrit : la toile de fond qui a façonné chacune des pages suivantes.

Nous n'avons pas écrit ce livre pour relater l'actualité. Nous l'avons écrit pour comprendre les structures profondes, pour examiner ce que les pays font — ou échouent à faire — face à ce nouvel ordre mondial émergent, pour identifier les tendances significatives derrière le bruit, pour mettre en lumière les décisions qui, progressivement ou à titre expérimental, commencent à redessiner la carte de l'industrie minière, du pouvoir et de la légitimité. Notre objectif n'est ni de valider ni de critiquer politiquement, mais d'observer de manière stratégique et réfléchie les choix qui façonnent les politiques minières mondiales.

Ce livre est né de notre passion pour comprendre le rôle de l'industrie minière dans le monde actuel. Notre ambition n'est pas de fournir un catalogue exhaustif de données techniques, mais de proposer une analyse qui invite à réfléchir aux défis et aux opportunités du secteur. Nous avons utilisé des informations issues d'organismes et d'institutions reconnus, ainsi que de sources publiques telles que les rapports de l'USGS et des études spécialisées, toutes détaillées dans la bibliographie. En chemin, nous avons croisé des auteurs passionnants et des recherches stimulantes, et nous invitons les lecteurs à explorer plus avant ces références. Nous espérons que cet ouvrage inspirera une compréhension nouvelle et lucide des complexités de l'industrie minière contemporaine.

Ce n'est pas un livre sur l'urgence. C'est un livre sur la clarté. Et il commence ici.

UN

Quand l'industrie minière est devenue géopolitique

Qui façonne l'avenir ? Au XXe siècle, on aurait pu répondre : les pays disposant des industries les plus avancées, des usines de semi-conducteurs les plus performantes ou des premiers satellites en orbite. Mais au XXIe siècle, une autre réalité s'impose : celui qui maîtrise les minéraux critiques indispensables à ces technologies. L'activité minière n'est plus un secteur technique discret, opérant en coulisses pour extraire des matières premières. Elle occupe désormais le devant de la scène, à la fois enjeu politique, levier de pouvoir et élément central des stratégies mondiales. L'activité minière est devenue géopolitique.

Aujourd'hui, la question de savoir qui fournit et transforme les minéraux critiques (lithium, cobalt, graphite, terres rares, nickel, cuivre) est indissociable de celle qui détermine le rythme du progrès technologique et de la sécurité nationale.

La vie moderne et les industries de pointe reposent sur ces minéraux jadis « invisibles ». Chaque batterie de véhicule électrique, chaque serveur de données à haute capacité, chaque panneau

1

solaire et chaque missile guidé dépend de combinaisons de minéraux que seuls quelques pays produisent en abondance. Ce bouleversement est radical : pendant des décennies, les minéraux étaient considérés comme de simples matières premières, loin des projecteurs de la grande politique. Aujourd'hui, la course mondiale aux minéraux critiques redessine les alliances, les politiques commerciales et les stratégies de défense.

Ce chapitre examine d'abord comment l'extrême concentration de l'offre minérale a constitué le point de bascule, transformant les enjeux miniers en véritables affaires d'État.

La concentration des minéraux critiques : un tournant décisif

L'une des raisons fondamentales pour lesquelles l'industrie minière est devenue géopolitique tient à la forte concentration des minéraux critiques et des capacités de raffinage entre les mains d'un nombre très limité de pays. Il existe plus de 190 pays dans le monde, mais seule une poignée d'entre eux contrôle la majorité de la production, ou des capacités de raffinage, des minéraux qui façonnent cette nouvelle ère industrielle. Cette concentration génère des vulnérabilités stratégiques et des déséquilibres de pouvoir. Selon l'Agence internationale de l'énergie (AIE), la République démocratique du Congo représente environ 70 % de la production mondiale de cobalt, un minéral essentiel pour les batteries. La Chine produit, quant à elle, près de 60 % des terres rares, un groupe de 17 métaux indispensables à la fabrication d'appareils allant des smartphones aux avions de combat. En 2023, l'Indonésie représentait environ 55 % de la production mondiale de nickel et, récemment, des entreprises chinoises ont pris le contrôle d'environ 75 % des capacités de raffinage du nickel dans le pays. Dans le même temps, deux pays seulement — l'Australie et le Chili — produisent ensemble près de 75 % du lithium mondial, composant central et indispensable des batteries modernes.

Ce n'est pas seulement l'extraction de ces minéraux qui est concentrée. Plus critique encore, leur traitement et leur raffinage sont dominés par un nombre extrêmement réduit d'acteurs. La Chine s'impose comme la force prééminente du raffinage minéral mondial. D'après l'AIE, elle raffine environ 90 % des terres rares mondiales (AIE, 2024) et entre 60 % et 70 % du lithium et du cobalt à l'échelle mondiale (AIE, 2025). Ainsi, même lorsqu'un minéral est extrait ailleurs, la Chine contrôle souvent l'étape cruciale de sa transformation en matériaux purs et utilisables. Un contrôle aussi disproportionné par un seul pays sur des intrants critiques est sans précédent dans l'histoire industrielle moderne ; même le marché du pétrole n'a jamais été aussi concentré géographiquement que les marchés actuels des terres rares ou des minéraux destinés aux batteries.

Ces faits marquent un tournant décisif. Lorsqu'un seul pays peut influencer l'offre, et donc le prix, des minéraux dont dépendent des industries entières et des systèmes militaires, ces minéraux cessent d'être considérés comme de simples marchandises : ils deviennent des actifs stratégiques. Les décideurs politiques du monde entier en ont pris conscience : les chaînes d'approvisionnement en minéraux constituent désormais des goulots d'étranglement, des leviers diplomatiques et des vulnérabilités potentielles en temps de crise. La section suivante montre pourquoi la simple possession de gisements ne suffit pas : le véritable pouvoir réside dans le contrôle de l'ensemble de la chaîne de valeur, de la mine jusqu'aux technologies finales.

Au-delà de l'extraction : contrôler toute la chaîne d'approvisionnement

Posséder un riche gisement de lithium ou une mine de cuivre conserve indéniablement une valeur stratégique. Mais la véritable puissance géopolitique provient du contrôle de l'intégralité de la chaîne de valeur, de l'extraction jusqu'aux technologies avancées. Dans ce nouvel ordre minéral, disposer simplement de matières premières dans son sous-sol ne suffit plus : un pays doit être en mesure de transformer ces ressources en produits que le monde réclame.

Cette transformation implique plusieurs étapes critiques :

- Exploration : identifier et valider des gisements minéraux économiquement viables.
- Extraction : retirer le minerai de la terre de manière efficace et responsable.
- Traitement et raffinage : transformer les minerais bruts en métaux ou composés de haute pureté, indispensables aux industries avancées.
- Fabrication : intégrer ces matériaux raffinés dans des composants essentiels et des technologies finales (batteries, aimants permanents, semi-conducteurs, etc.).
- Exportation et déploiement : fournir les produits finis aux marchés mondiaux ainsi qu'aux secteurs industriels et stratégiques clés.

Chaque étape franchie dans cette chaîne accroît la valeur créée et renforce la capacité de négociation d'un pays. Autrement dit, si un pays se limite à exporter du minerai brut, il reste à la merci de ceux qui le raffinent et l'utilisent. Le lithium offre un exemple révélateur. L'Australie est le premier producteur mondial de lithium, mais sa capacité nationale à raffiner ce minéral ou à produire des batteries demeure très limitée. En 2023, l'Australie exportait ainsi presque la totalité de son concentré de lithium vers la Chine pour y être raffiné. Si l'Australie en tirait des revenus significatifs, c'est toutefois la Chine qui capturait une valeur beaucoup plus élevée en transformant le lithium en composés destinés aux batteries, puis en produisant des batteries lithium-ion.

La Chine a très tôt compris cette dynamique, investissant massivement dans chaque segment stratégique de la chaîne de valeur. Dès 2022, les entreprises chinoises contrôlaient environ deux tiers des capacités mondiales de raffinage du lithium et du cobalt. Par ailleurs, la Chine s'est imposée comme le centre mondial de fabrication des technologies dépendantes de ces minéraux. Ainsi, en 2022, environ 85 % des anodes pour batteries, 70 % des cathodes et plus de 80 % des solutions électrolytiques étaient fabriquées en Chine, tous ces composants étant essentiels aux batteries lithium-ion. En 2023, la Chine représentait près de 85 % de la capacité mondiale de production de cellules de batteries. Cette domination dans les segments du raffinage et de la fabrication n'est pas le fruit du hasard : elle résulte d'une stratégie industrielle claire, structurée et durable, explicitement alignée sur une politique active d'acquisition et de sécurisation des ressources minérales.

Aujourd'hui, d'autres pays suivent progressivement ce modèle. L'Indonésie en est une illustration emblématique : elle exploite sa base de ressources pour obtenir des bénéfices stratégiques élargis. Riche en nickel, elle a interdit dès 2020 les exportations de minerai brut et a développé depuis lors une importante industrie domestique de raffinage. Fin 2023, des entreprises chinoises contrôlaient environ 75 % des capacités de raffinage du nickel dans le pays. Ce changement reflète la volonté stratégique affirmée de l'Indonésie de progresser dans la chaîne de valeur en intégrant localement l'infrastructure critique du raffinage. Cette approche souligne une leçon essentielle de la nouvelle géopolitique minière : le contrôle de l'étape intermédiaire du raffinage est devenu aussi déterminant que la possession des mines elles-mêmes.

Ainsi, les minéraux critiques n'ont pas seulement déclenché une compétition mondiale pour la possession de gisements géologiques. Ils ont aussi intensifié la concurrence pour le contrôle des connaissances techniques, des infrastructures industrielles et des flux logistiques indispensables à la transformation de ces ressources en technologies avancées. Les pays capables de réaliser une intégration verticale complète, en sécurisant des mines à l'étranger, en développant leurs propres capacités de raffinage et en fabriquant eux-mêmes les produits finis, disposent désormais d'un levier d'influence considérablement supérieur à celui des nations qui se limitent à exporter du minerai brut.

La section suivante élargit cette perspective en analysant comment ces évolutions dans les chaînes d'approvisionnement redessinent progressivement la carte du pouvoir mondial.

Redessiner la carte du pouvoir mondial

La transformation des minéraux en actifs stratégiques redéfinit en profondeur les dynamiques du pouvoir mondial. Historiquement, le poids géopolitique se mesurait en barils de pétrole ou en nombre d'usines de semi-conducteurs. Aujourd'hui, il se mesure aussi en tonnes de lithium, de cobalt et de terres rares, ainsi qu'en capacités industrielles de raffinage et d'utilisation stratégique de ces matériaux. Ce changement majeur est directement lié aux grandes priorités globales de notre époque : la transition énergétique, la révolution numérique et les technologies militaires avancées. Chacune de ces priorités dépend désormais des minéraux critiques à une échelle inédite.

Énergie propre et mobilité

Les véhicules électriques (VE), les systèmes d'énergies renouvelables et le stockage d'énergie nécessitent de grandes quantités de minéraux. Un véhicule électrique exige beaucoup plus de minéraux qu'une voiture à essence traditionnelle : lithium pour les batteries, cobalt et nickel pour les cathodes, graphite pour les anodes, terres rares pour les moteurs électriques, et du cuivre dans l'ensemble du système. Les éoliennes et les panneaux solaires requièrent également des aimants à base de terres rares, ainsi que du zinc, de l'argent et d'importantes quantités de cuivre.

Alors que les pays accélèrent leur transition vers des économies bas carbone, la demande en minéraux critiques s'intensifie considérablement. En 2023, la demande mondiale a fortement augmenté : le lithium a progressé de 30 %, tandis que le nickel, le cobalt, le graphite et les terres rares ont crû de 8 % à 15 %. Cette tendance devrait se poursuivre avec l'expansion continue des technologies propres. Selon l'Agence internationale de l'énergie (AIE), les besoins en minéraux critiques pour les technologies propres devraient doubler au cours des deux prochaines décennies, représentant près de la moitié de la demande mondiale en cuivre et en terres rares d'ici 2040.

Haute technologie et infrastructures numériques

À la base de toute innovation technologique se trouve une infrastructure matérielle essentielle, mais souvent ignorée. Les semi-conducteurs et les dispositifs électroniques requièrent du silicium ultrapur ainsi que des métaux spécialisés comme le tantale, le gallium, le germanium et les terres rares, indispensables à des composants spécialisés et aux dispositifs optiques. Le gallium et le germanium jouent, par exemple, un rôle crucial dans les puces électroniques à hautes performances et les systèmes de fibres optiques.

La domination chinoise sur ces minéraux a des implications géopolitiques directes. En 2023, la Chine a restreint les exportations de gallium et de germanium pour des raisons de sécurité nationale. Cet événement a constitué un avertissement clair : tout comme les embargos pétroliers avaient bouleversé le monde dans les années 1970, les restrictions sur les minéraux critiques pourraient devenir une arme géopolitique décisive au XXIe siècle.

L'informatique avancée, incluant l'informatique quantique et les infrastructures liées à l'intelligence artificielle, dépend elle aussi d'un approvisionnement fiable en minéraux spécialisés, indispensables à la fabrication de composants critiques et aux systèmes de refroidissement. Contrôler ces ressources revient donc à contrôler les fondations mêmes de l'économie numérique mondiale.

Défense et aérospatiale

Les capacités militaires modernes dépendent autant de métaux spécialisés que de silicium ou de logiciels avancés. Avions de chasse, drones, missiles et satellites reposent sur des minéraux critiques tels que les terres rares, utilisées dans les capteurs, les systèmes de guidage et les alliages métalliques spécialisés, ainsi que sur le titane, l'aluminium et divers matériaux composites, tous issus de ressources minérales. Les aimants en terres rares sont, par exemple, indispensables aux munitions guidées de précision et aux technologies furtives. De même, l'uranium demeure au cœur des capacités nucléaires, tant énergétiques que militaires.

Dans un contexte de concurrence accrue entre grandes puissances, l'accès sécurisé à ces minéraux devient un impératif de sécurité nationale. Les pays évaluent désormais leurs chaînes d'approvisionnement en minéraux critiques avec autant de sérieux que leurs réserves pétrolières ou leur sécurité alimentaire.

La carte mondiale du pouvoir ne se dessine donc plus exclusivement à travers le pétrole, les technologies ou les armements : elle repose désormais aussi sur le contrôle des minéraux critiques. Les nations capables de sécuriser leur approvisionnement, et les industries stratégiques qui en dépendent, gagnent en influence sur la scène internationale. Celles qui ne disposent pas d'un tel contrôle sont contraintes d'élaborer des stratégies pour réduire leurs vulnérabilités.

Cette dynamique se reflète clairement dans les politiques adoptées par les grandes puissances, que nous analyserons plus loin. Les États-Unis, la Chine, l'Union européenne et d'autres acteurs réorientent leurs stratégies industrielles et diplomatiques afin de répondre à cette nouvelle réalité : les clés de la prochaine ère technologique se trouvent sous terre, dans les capacités de raffinage et dans la maîtrise industrielle des chaînes d'approvisionnement. L'industrie minière, longtemps perçue comme technique et périphérique, s'impose désormais comme un enjeu majeur de résilience stratégique et de sécurité d'approvisionnement, ainsi que comme un levier potentiel pour bâtir ou consolider des alliances internationales.

De la mine à la stratégie : implications pour la sécurité nationale et la politique étrangère

À mesure que les minéraux critiques gagnent en importance, les gouvernements du monde entier placent l'activité minière et les chaînes d'approvisionnement en minéraux au rang de priorités stratégiques, à la croisée de la sécurité nationale et de la politique étrangère. Ce qui relevait autrefois principalement des entreprises minières et des négociants en matières premières figure désormais à l'ordre du jour des présidents, des ministères de la Défense et des diplomates. Plusieurs évolutions concrètes illustrent cette transformation :

Le langage de la sécurité nationale

Les États-Unis, l'Europe et leurs alliés considèrent désormais explicitement l'approvisionnement en minéraux comme un enjeu de sécurité nationale. Aux États-Unis, les minéraux critiques apparaissent désormais aux côtés du pétrole dans les stratégies officielles de sécurité nationale (Maison Blanche, 2024). Le gouvernement américain a ainsi invoqué le Defense Production Act pour renforcer l'extraction et le traitement nationaux des minéraux destinés aux batteries, en les définissant comme essentiels à la préparation militaire (Département de la Défense, 2024).

En 2022, l'adoption de l'Inflation Reduction Act (IRA) a introduit un crédit d'impôt de 7 500 dollars (section 30D), conditionné au fait qu'une proportion significative des minéraux utilisés dans les batteries — tels que le lithium, le nickel ou le cobalt — provienne des États-Unis ou de pays partenaires de libre-échange (IRS, 2022). Cette orientation stratégique s'est encore approfondie avec l'approbation du « One Big Beautiful Bill » en 2025, qui prévoit la suppression progressive du crédit d'impôt 30D tout en allouant 2 milliards de dollars au Département de la Défense pour constituer des réserves nationales de minéraux, ainsi que 5 milliards de dollars supplémentaires, jusqu'en 2029, afin de renforcer les infrastructures des chaînes d'approvisionnement en minéraux critiques (SFA Oxford, 2025).

Ces mesures complètent les efforts déjà engagés pour intensifier la production et le raffinage nationaux de ces ressources stratégiques. Le Département de la Défense finance également des projets clés, notamment des investissements majeurs dans MP Materials, opérateur de l'unique mine américaine de terres rares actuellement en activité, qui progresse vers une intégration verticale incluant la production d'aimants permanents. Ces financements, déployés dans le cadre du Defense Production Act, illustrent clairement comment une question technique d'approvisionnement est devenue un pilier central de la sécurité nationale et de la souveraineté industrielle (Fastmarkets, 2025).

Nouvelles alliances et partenariats diplomatiques

L'accès aux minéraux redessine également les dynamiques diplomatiques et les alliances internationales. Des partenaires traditionnels concluent désormais des accords explicites autour de la sécurité des approvisionnements en minéraux. Ainsi, les États-Unis ont signé des accords de coopération stratégique avec l'Australie, le Canada et le Brésil afin de développer conjointement les chaînes de valeur des minéraux critiques, de partager des données stratégiques et de faciliter les investissements dans des projets miniers.

Parallèlement, l'Union européenne a adopté en 2024 le Critical Raw Materials Act, une stratégie complète destinée à sécuriser son approvisionnement en minéraux critiques. Cette législation fixe des objectifs ambitieux, bien que non contraignants : d'ici 2030, l'UE vise à extraire localement au moins 10 % de ses matières premières critiques, à en raffiner 40 % sur son territoire et à recycler chaque année entre 15 % et 25 % de ces matériaux stratégiques. La stratégie européenne insiste également sur la diversification géographique des approvisionnements, avec pour objectif de ne jamais dépendre à plus de 65 % d'un seul pays pour un matériau stratégique.

Pour atteindre ces objectifs, l'Union européenne s'engage activement dans des partenariats avec des nations africaines et latino-américaines, en proposant des investissements et des transferts technologiques en échange de garanties solides en matière d'approvisionnement en minéraux.

En résumé, les minéraux critiques s'imposent désormais comme un levier central de la diplomatie contemporaine : les pays échangent accès aux marchés, financements et infrastructures contre la garantie d'un approvisionnement fiable en lithium, cobalt, terres rares et autres minéraux indispensables à la sécurité technologique et industrielle de demain.

La manœuvre stratégique de la Chine

L'avance précoce de la Chine dans la course aux minéraux critiques lui permet aujourd'hui d'exploiter cette position comme un levier stratégique majeur de sa politique étrangère. Dès le départ, les entreprises chinoises, soutenues activement par l'État, ont réalisé d'importants investissements dans des projets miniers en Afrique, en Amérique latine et en Asie, intégrant souvent ces engagements à de vastes accords commerciaux ou d'infrastructures. En 2024, les acquisitions minières chinoises à l'étranger ont atteint leur plus haut niveau depuis plus d'une décennie, confirmant l'intention de Pékin de consolider encore davantage son contrôle mondial sur les ressources critiques.

Concrètement, les entreprises chinoises détiennent ou financent une part significative de la production dans plusieurs pays riches en minéraux stratégiques. En République démocratique du Congo, qui concentre une part majeure de la production mondiale de cobalt, elles contrôlent environ 80 % de l'extraction. De même, la Chine possède des participations importantes dans l'extraction du lithium, depuis le « triangle du lithium » sud-américain (Argentine, Bolivie et Chili) jusqu'à l'Australie, ce qui lui confère une influence considérable sur une part substantielle de la production mondiale.

Cette présence mondiale permet à la Chine non seulement de gérer efficacement d'éventuelles perturbations d'approvisionnement, mais aussi de garantir l'alimentation continue de ses industries nationales de raffinage et de fabrication à grande échelle. Plus significatif encore, Pékin a démontré sa volonté explicite d'utiliser les contrôles à l'exportation de minéraux critiques comme instrument géopolitique. Fin 2023, invoquant des raisons de sécurité nationale, la Chine a imposé des restrictions aux exportations de graphite — essentiel aux batteries des véhicules électriques — après avoir déjà appliqué des mesures similaires concernant les terres rares, le gallium et le germanium.

Ces décisions ont envoyé un message clair : la maîtrise des ressources minérales peut être mobilisée comme levier stratégique dans les différends commerciaux et les tensions géopolitiques. Pour les stratèges chinois, ce contrôle des chaînes d'approvisionnement constitue un contrepoids décisif à la domination occidentale dans d'autres secteurs.

Le Sud global et l'émergence de nouveaux acteurs

Ce ne sont pas uniquement les grandes puissances qui adaptent leurs stratégies ; les pays riches en minéraux critiques repensent également leur approche. Plusieurs nations d'Afrique, d'Amérique latine et d'Asie voient dans l'essor des minéraux critiques une opportunité majeure de développement économique, tout en redoutant de reproduire les modèles historiques où leurs ressources naturelles étaient exportées sans bénéfices substantiels pour l'économie locale. Ces pays cherchent désormais à renforcer leurs capacités nationales de transformation, à accroître les redevances minières, et parfois à établir de nouveaux cadres de coopération plus équitables. Plusieurs États africains, par exemple, tentent d'intégrer une valeur ajoutée locale à leur production de cobalt et de terres rares.

Ces initiatives peuvent consolider la position stratégique des pays producteurs, mais elles génèrent aussi de nouvelles tensions géopolitiques : débats autour du nationalisme des ressources, interrogations sur les véritables bénéficiaires de la transition énergétique et gestion délicate de l'équilibre entre investissements chinois et occidentaux. Les pays riches en minéraux critiques se trouvent désormais courtisés par de multiples acteurs internationaux, un scénario qui rappelle la géopolitique traditionnelle du pétrole rejouée sur la scène des minéraux stratégiques.

En résumé, la géopolitique minière suscite aujourd'hui une série de réponses stratégiques, allant de nouvelles législations et alliances à une concurrence accrue pour les investissements, ainsi qu'à des politiques de contrôle des exportations. L'échiquier mondial se réorganise autour de la sécurisation des approvisionnements stables et durables en minéraux critiques. Ces évolutions traduisent une prise de conscience essentielle : l'approche traditionnelle et passive de la gouvernance minière est désormais obsolète. Les pays qui, autrefois, abandonnaient entièrement cette industrie au marché la considèrent désormais comme un enjeu stratégique majeur, à développer, à protéger et, le cas échéant, à préserver de tout contrôle étranger. Cette tendance devrait s'intensifier dans les années à venir, à mesure que la demande mondiale de minéraux critiques croît rapidement, portée par les ambitions globales de décarbonation et de numérisation, elles-mêmes fortement dépendantes de ressources très inégalement réparties.

Un nouveau paradigme pour l'industrie minière

La transformation actuelle de l'industrie minière reflète avant tout une profonde évolution des mentalités. Le monde reconnaît désormais que l'industrie minière n'est ni un secteur en déclin ni une activité secondaire : elle constitue un pilier de l'économie de demain et un facteur crucial d'avantage géopolitique. Les minéraux critiques ne peuvent plus être considérés comme de simples matières premières ordinaires ; ils deviennent des catalyseurs du progrès et des instruments de pouvoir. Les pays et les entreprises conscients de ce changement fondamental s'adaptent rapidement, tandis que ceux qui persistent à traiter l'industrie minière comme une simple « affaire courante » risquent d'être relégués, prisonniers d'un paradigme obsolète.

Les implications de ce nouveau paradigme sont à la fois prometteuses et complexes. D'une part, ce recentrage stratégique sur les minéraux peut générer des investissements productifs, stimuler l'innovation en science des matériaux afin de diversifier ou de remplacer certains minéraux rares, et favoriser des accords plus équitables avec les nations productrices. D'autre part, ce virage soulève des interrogations délicates : la compétition pour les minéraux critiques conduira-t-elle à de nouvelles tensions ou conflits ? Peut-on sécuriser les chaînes d'approvisionnement sans tomber dans le protectionnisme ? Comment le monde gérera-t-il les impacts environnementaux et sociaux d'une expansion accélérée de l'activité minière ?

Aucune de ces questions n'appelle de réponse simple. Ce chapitre a montré clairement que l'industrie minière ne peut plus être envisagée comme un enjeu purement technique : elle se situe à l'intersection stratégique de la technologie, de l'économie, de l'environnement et de la géopolitique.

L'ancien modèle minier appartient au passé : ses cadres traditionnels et ses représentations ne sont plus adaptés. Ce qui doit émerger, c'est une nouvelle approche géopolitique, plus agile, plus stratégique, plus collaborative, mais aussi plus attentive aux impératifs de durabilité et à la légitimité sociale locale. Les chapitres suivants analyseront comment différents pays négocient ce nouveau paysage stratégique. Certains avancent rapidement, d'autres peinent à s'adapter, et quelques-uns demeurent dans le déni. Mais une réalité s'impose : la course est déjà lancée, et un pays s'est affirmé comme leader incontesté dès le départ : la Chine.

La Chine a été la première à agir de manière décisive pour sécuriser ses approvisionnements en minéraux critiques et développer ses capacités nationales, et se place potentiellement en position dominante pour contrôler des aspects cruciaux du futur technologique et géopolitique. La manière dont Pékin a construit cette stratégie, ainsi que ses implications pour les autres acteurs, fera l'objet du prochain chapitre. Car si la nouvelle maxime stratégique est « celui qui contrôle les minéraux contrôle l'avenir », la Chine apparaît déterminée à incarner précisément cet acteur dominant. Elle a été la première à reconnaître cette réalité et à agir en conséquence, une décision susceptible de définir la prochaine ère du pouvoir mondial.

DEUX

La Chine l'a compris la première : minéraux, vision étatique et stratégie à long terme

« Le Moyen-Orient a le pétrole, la Chine a les terres rares », déclarait Deng Xiaoping en 1992. Cette formule provocatrice, prononcée alors que la Chine sortait de la guerre froide, pose une question qui résonne aujourd'hui avec encore plus de force : comment la Chine a-t-elle anticipé la valeur géopolitique des minéraux critiques des décennies avant que le reste du monde n'en prenne pleinement conscience ? Et quelles décisions stratégiques ont transformé cette intuition précoce en une position dominante dans les chaînes mondiales d'approvisionnement en minéraux ?

Ce chapitre explore la vision stratégique à long terme de la Chine à partir des années 1990, en montrant comment une stratégie pilotée par l'État a étroitement aligné la politique des minéraux sur les ambitions industrielles du pays. Il analyse le contrôle global exercé par la Chine sur l'ensemble de la chaîne d'approvisionnement, de l'extraction et du raffinage à la fabrication, et met en lumière les entreprises clés qui ont conduit cet effort.

En parallèle, le chapitre s'intéresse au virage progressif de la Chine vers une exploitation minière plus propre, davantage alignée sur les critères ESG. À travers des études de cas portant sur des investissements en Afrique, en Amérique latine et en Asie centrale, il illustre la manière dont cette approche s'est déployée à l'échelle mondiale. L'objectif n'est ni de faire l'éloge ni de critiquer, mais d'analyser l'approche chinoise comme une étude de cas stratégique. Ce faisant, il devient possible d'en tirer des enseignements utiles pour d'autres pays qui cherchent aujourd'hui à naviguer dans cette nouvelle géopolitique des ressources.

La vision précoce de la Chine : anticipation politique et alignement industriel

Au début des années 1990, alors que le reste du monde restait largement tourné vers le pétrole et le gaz, les dirigeants chinois se projetaient déjà vers l'avenir des minéraux. La célèbre remarque de Deng Xiaoping sur les terres rares n'était pas une simple boutade : elle traduisait une vision étatique émergente, selon laquelle certains minéraux seraient appelés à devenir fondamentaux pour les technologies du XXIe siècle. À une époque où les minéraux critiques étaient presque absents du discours géopolitique, la Chine commença à les considérer comme des actifs stratégiques. Les responsables politiques de Pékin avaient compris que réduire la dépendance aux combustibles fossiles importés nécessitait une transition vers les énergies renouvelables et l'électrification, transition qui, à son tour, exigerait de nouvelles ressources minérales.

Dès les années 1990, le gouvernement chinois identifia une « opportunité stratégique » dans les énergies propres et les matériaux avancés, reliant directement la politique des ressources naturelles à une vision à long terme de sécurité économique. Cette prise de conscience précoce posa les bases d'une série de politiques industrielles ambitieuses destinées à placer la Chine en tête des industries émergentes liées aux technologies propres.

Tout au long des années 2000 et 2010, les plans de développement adoptés au plus haut niveau intégrèrent systématiquement les minéraux critiques comme leviers de croissance industrielle. Selon le Carnegie Endowment for International Peace (CEIP), des initiatives telles que Made in China 2025 et le programme des industries stratégiques émergentes identifièrent explicitement les énergies renouvelables et les véhicules électriques (VE) comme priorités nationales. Ces politiques reconnaissaient clairement que le contrôle de la chaîne d'approvisionnement — des matières premières aux technologies finales — constituerait une source majeure d'avantage stratégique à long terme. Plusieurs intrants furent officiellement classés comme « stratégiques » ou « critiques » et, dès la fin des années 2010, la Chine avait désigné 24 minéraux comme essentiels à son développement national. Point crucial : l'approche chinoise fut intégrée dès le départ, l'industrie minière n'ayant jamais été envisagée comme un secteur isolé.

Au contraire, la politique minérale fut articulée directement avec des ambitions industrielles et technologiques plus larges. La sécurisation de l'accès au lithium, au cobalt, aux terres rares et à d'autres minéraux critiques progressa parallèlement à l'objectif de faire de la Chine un leader mondial dans la production de batteries, de panneaux solaires, d'éoliennes et d'équipements électroniques avancés. En pratique, Pékin traitait les minéraux critiques comme la couche fondatrice de sa stratégie industrielle : un investissement à long terme, bâti sur la conviction que l'accès à ces ressources deviendrait décisif à mesure que le monde basculerait vers une économie bas carbone et une production manufacturière de haute technologie.

L'orientation à long terme de la Chine s'accompagna également de la mise en place du soutien institutionnel et financier nécessaire à une stratégie minérale complète. De la politique « Go Out » lancée en 1999 pour encourager les investissements à l'étranger, à la création d'instituts de recherche et de laboratoires financés par l'État, consacrés au traitement et à la valorisation des minéraux, la Chine développa méthodiquement les compétences et les capacités requises pour s'imposer dans ce domaine. Lorsque, dans les années 2020, des notions comme « minéraux critiques » ou « métaux de la transition énergétique » commencèrent à pénétrer les débats occidentaux, la Chine bénéficiait déjà de décennies d'avance. Elle avait acquis une expertise approfondie en chimie des terres rares, en technologies des batteries et en raffinage métallurgique, souvent grâce à des partenariats stratégiques et à des transferts technologiques conclus de longue date.

En somme, la Chine a su lire les signaux bien avant ses concurrents : la grande transformation industrielle du XXIᵉ siècle, celle de la transition vers une économie bas carbone, dépendrait fondamentalement de l'accès aux minéraux. Forte de cette anticipation, elle a agi avec patience stratégique pour se positionner en conséquence.

Coordination État-entreprises et domination des chaînes d'approvisionnement

Pour transformer sa vision en réalité, la Chine a déployé une stratégie globale visant à sécuriser et à contrôler les chaînes d'approvisionnement en minéraux critiques, bien avant que la demande mondiale n'explose. Un élément central de cette stratégie fut la coordination étroite entre l'État et les entreprises chinoises. Ministères, banques de développement et entreprises publiques ont collaboré pour étendre la présence chinoise à chaque maillon de la chaîne de valeur : extraction, raffinage et fabrication. Le résultat est une domination aujourd'hui largement reconnue : dès les années 2020, les entreprises chinoises assuraient entre 60 % et 90 % du traitement de nombreux minéraux essentiels aux industries des énergies propres et des technologies de pointe. Concrètement, du lithium de qualité batterie au cobalt raffiné, jusqu'aux alliages de terres rares, la Chine est devenue indispensable. Même lorsqu'ils sont extraits ailleurs, ces minéraux aboutissent généralement dans les raffineries et les usines chinoises, où ils sont transformés en matériaux à haute valeur ajoutée.

Comment la Chine a-t-elle atteint un tel résultat ? Un facteur décisif fut l'utilisation stratégique de la puissance financière publique et de politiques industrielles destinées à favoriser l'émergence d'entreprises compétitives à l'échelle mondiale. Des conglomérats d'État tels que China Minmetals ont été incités et financés pour acquérir des actifs miniers à l'étranger, garantissant un flux constant de matières premières vers les raffineries chinoises. En parallèle, des entreprises privées innovantes ont pris la tête de la production en aval. Contemporary Amperex Technology Co. Ltd. (CATL), fondée en 2011, a connu une ascension fulgurante, soutenue par des politiques nationales en faveur des véhicules électriques, pour devenir le premier fabricant mondial de batteries, fournissant aujourd'hui plus d'un tiers du marché mondial. BYD Co. Ltd. (Build Your Dreams), autre acteur majeur des batteries et des véhicules électriques, a également bénéficié d'un soutien étatique pour s'imposer à l'international. Ces entreprises n'ont pas agi seules : elles ont profité de subventions publiques, d'un marché intérieur protégé et d'une sécurisation amont des approvisionnements, dans le cadre d'une stratégie nationale cohérente. Ensemble, l'État et les entreprises ont construit un écosystème complet : compagnies minières, raffineries, fabricants de composants et constructeurs de produits finis, des véhicules électriques aux panneaux solaires en passant par les équipements électroniques avancés, tous intégrés au sein d'une même stratégie.

L'un des piliers de cette domination réside dans le contrôle du raffinage et du traitement des minéraux : un segment intermédiaire, moins visible mais crucial, qui transforme les matières brutes en matériaux de haute pureté. La Chine y a investi massivement et de manière précoce. Selon plusieurs rapports, en 2025, elle raffinait plus de 60 % du lithium, du cobalt et du graphite mondiaux, ainsi qu'une part encore plus importante des terres rares. Ce niveau dépasse largement sa proportion de réserves naturelles, démontrant que l'avantage chinois n'est pas seulement géologique, mais le fruit d'une politique industrielle délibérée et soutenue. Par exemple, bien que la Chine ne dispose que d'une fraction limitée des réserves mondiales de lithium, elle transforme la majorité des composés de lithium destinés aux batteries, en important la matière brute d'Australie ou du Chili. Le même modèle s'applique au cobalt (principalement extrait en République démocratique du Congo) et au nickel (issu surtout d'Indonésie et des Philippines), faisant de la Chine le centre mondial du raffinage des minéraux. À l'horizon 2035, l'Agence internationale de l'énergie prévoit encore que la Chine fournira environ 60 % du lithium et du cobalt raffinés mondiaux, ainsi que près de 80 % du graphite et des terres rares de qualité batterie, confirmant la durabilité de son avantage.

Les entreprises d'État chinoises ont joué un rôle clé. China Minmetals, par exemple, n'a pas seulement sécurisé des mines domestiques, elle a aussi mené des acquisitions majeures à l'étranger, comme l'achat de la mine de cuivre Las Bambas au Pérou en 2014 pour 7 milliards de dollars, l'un des plus grands projets cuprifères mondiaux (Lv et al., 2024). China Molybdenum (CMOC) a acquis la mine de Tenke Fungurume en République démocratique du Congo (RDC), une source majeure de cobalt (Schoonover, 2025). En 2025, on estimait que les entreprises chinoises — souvent soutenues par des banques de développement comme la China Exim Bank — contrôlaient entre 60 % et 70 % de la production congolaise de cobalt, alors que ce pays représentait environ 70 % à 80 % de l'offre mondiale (AIE, 2025 ; Global Witness, 2025). Parmi les dix plus grandes mines de cobalt au monde, les entreprises chinoises détenaient des parts significatives dans au moins cinq. Ce modèle, fondé sur des acquisitions ou des partenariats stratégiques dans des régions riches en ressources, s'est reproduit avec le lithium (en Amérique latine et en Afrique) et le nickel (notamment en Indonésie). Souvent, ces investissements étaient associés à des projets d'infrastructures, comme l'accord Sicomines conclu en 2008 en RDC, qui échangeait l'accès aux ressources contre la construction de routes et d'hôpitaux par des entreprises chinoises (Schoonover, 2025). Ces accords ont assuré à Pékin des approvisionnements stables et de long terme pour ses raffineries.

Tout aussi essentielle fut la création de chaînes industrielles intégrées. Chaque fois que la Chine investissait dans l'extraction minière à l'étranger, elle renforçait simultanément ses capacités domestiques de raffinage et stimulait l'innovation technologique liée à l'utilisation des minéraux (Global Witness, 2025 ; AIE, 2025). La filière des batteries lithium-ion en est l'exemple emblématique : les entreprises chinoises extraient ou achètent du lithium et du cobalt, les raffinent, fabriquent des composants puis produisent des batteries, souvent intégrées dans des véhicules électriques de marques chinoises ou exportées mondialement (AIE, 2025). Le projet de CATL en Indonésie illustre parfaitement cette logique. En 2022, l'entreprise a piloté un investissement verticalement intégré de 6 milliards de dollars, englobant l'extraction du nickel, son traitement, la fabrication et le recyclage des batteries, en partenariat avec des entreprises publiques indonésiennes (Reuters, 2025). Cet investissement garantit que le nickel indonésien est directement transformé en batteries plutôt que vendu sur le marché international. En alignant extraction, raffinage et fabrication, la Chine a créé des chaînes d'approvisionnement autonomes, difficiles à concurrencer (Global Witness, 2025).

Aujourd'hui, l'efficacité de la stratégie minérale chinoise se mesure par des résultats tangibles. La Chine produit environ 75 % des batteries lithium-ion mondiales et plus de la moitié des véhicules électriques, grâce à son contrôle des intrants critiques (AIE, 2025). Elle domine également la production d'éoliennes et de panneaux solaires, tous deux fortement dépendants de minéraux critiques comme les terres rares (pour les aimants) et le polysilicium (Schäpe, 2024). Des entreprises comme CATL et BYD se sont imposées comme des références mondiales, mais elles reposent sur une pyramide d'approvisionnement dont la base est sécurisée par des conglomérats miniers et des raffineries chinoises. La synergie entre la planification étatique de long terme et l'expansion technologique des entreprises constitue le cœur du succès chinois (Weihuan, 2024).

Cette domination n'a pas échappé à l'attention internationale. Dès 2024, des pays occidentaux ont exprimé leurs inquiétudes face à l'avantage stratégique accumulé par Pékin grâce à des politiques soutenues sur plusieurs décennies, créant un déséquilibre dans l'accès aux ressources indispensables non seulement à la transition énergétique, mais aussi aux technologies émergentes (Schäpe, 2024 ; Lv et al., 2024). La Chine n'a d'ailleurs pas hésité à mobiliser cet avantage comme levier diplomatique, imposant des restrictions d'exportation sur certains minéraux : les terres rares (notamment lors d'un différend avec le Japon en 2010), puis, plus récemment, le graphite, le gallium et le germanium, dans un contexte de tensions technologiques croissantes (Weihuan, 2024). Ces décisions montrent comment le contrôle chinois des chaînes d'approvisionnement se traduit en influence géopolitique. Mais derrière cette influence se trouve l'exécution méthodique d'un plan stratégique de plusieurs décennies, qui avait anticipé l'importance des minéraux et positionné la Chine comme nation incontournable dans leur approvisionnement (Weihuan, 2024).

Vers une exploitation minière plus propre : l'évolution de l'approche ESG de la Chine

L'ascension fulgurante de la Chine dans l'exploitation et le traitement des minéraux ne s'est pas faite sans impacts environnementaux et sociaux. Aux premières étapes, l'extraction domestique des terres rares et d'autres minéraux s'est déroulée sous un contrôle réglementaire minimal, entraînant des problèmes environnementaux bien documentés : contamination des eaux, gestion insuffisante des déchets industriels et transformations visibles des écosystèmes dans des régions comme Baotou et le Jiangxi (Global Witness, 2025). Ces impacts, conjugués aux préoccupations relatives aux conditions de travail et au bien-être des communautés, ont progressivement poussé la Chine à intégrer la durabilité dans son secteur minier. Ces dernières années, Pékin a amorcé un virage notable vers un modèle minier plus propre, davantage aligné sur les critères ESG, du moins au niveau des politiques (Global Witness, 2025). Ce changement s'inscrit dans les objectifs dits de « double carbone », c'est-à-dire atteindre un pic d'émissions puis la neutralité carbone, et dans l'ambition de se présenter comme un acteur mondial responsable en matière de climat et de biodiversité. Les autorités mettent désormais en avant le « développement vert » de l'exploitation minière et la construction d'une « civilisation écologique » (China Daily, 2024).

Sur le plan domestique, la Chine a considérablement renforcé la réglementation environnementale de son secteur minier au cours de la dernière décennie. Le gouvernement impose désormais des évaluations d'impact environnemental (EIE) rigoureuses pour tous les nouveaux projets, assorties des exigences dites des « trois simultanéités » : les installations de protection environnementale doivent être conçues, construites et exploitées en parallèle des opérations minières (ICLG, 2024). Les exploitants sont également tenus de restaurer les écosystèmes lors de la fermeture des sites, selon des critères précis incluant la gestion des déchets et la réhabilitation des sols (ICLG, 2024). Une initiative phare a été la généralisation des « mines vertes ». En 2024, dans un cadre réglementaire actualisé, la Chine a étendu ce programme, initialement testé sur des sites pilotes, à l'ensemble des mines domestiques (China Daily, 2024). Les autorités ont fixé des cibles précises : d'ici 2028, 90 % des grandes mines et 80 % des mines de taille moyenne devront respecter des normes strictes d'exploitation minière verte (China Daily, 2024). Ces normes incluent la limitation des perturbations écologiques à des niveaux jugés gérables, la réduction des émissions et de la consommation d'eau, ainsi qu'une amélioration substantielle de la réhabilitation des sites.

Dès 2024, plus de 1 000 mines vertes avaient déjà été certifiées au niveau national, et plusieurs milliers supplémentaires reconnues au niveau provincial (China Daily, 2024). Cette dynamique traduit la volonté de moderniser le secteur par une combinaison d'incitations, comme des allègements fiscaux pour les technologies à faible impact, et de sanctions pour garantir la conformité (ICLG, 2024). Elle reflète aussi une tentative de concilier l'extraction des ressources avec une narration verte, dans un contexte où la durabilité est devenue un outil de soft power (Global Witness, 2025).

Parallèlement aux mesures environnementales, la Chine a commencé à aborder plus sérieusement les dimensions sociales et de gouvernance, le « S » et le « G » d'ESG. Une étape clé fut la consolidation de l'industrie des terres rares, autrefois marquée par l'exploitation illégale et la contrebande, en un petit groupe de conglomérats publics, avec pour objectif d'imposer des normes uniformes et d'éliminer les opérateurs informels. Les régulateurs ont également lancé des campagnes contre la corruption et les violations des règles de sécurité. En 2023, par exemple, une série d'inspections a entraîné des sanctions disciplinaires contre près de 150 responsables d'entreprises minières publiques pour infractions environnementales et manquements à la sécurité. Ce processus d'assainissement interne montre la volonté de Pékin de renforcer la gouvernance de son secteur minier domestique.

Le défi le plus complexe reste toutefois de garantir l'application de pratiques ESG rigoureuses par les entreprises chinoises à l'étranger. Présentes dans des dizaines de pays, dont certains disposent de cadres réglementaires faibles, elles suscitent régulièrement des inquiétudes concernant les dommages environnementaux et les violations des droits du travail (Global Witness, 2025). Pour y répondre, Pékin a publié des directives spécifiques pour une exploitation minière responsable à l'étranger, notamment celles émises conjointement en 2021 et 2022 par le ministère de l'Écologie et de l'Environnement et le ministère du Commerce (Global Witness, 2025). Ces directives encouragent les entreprises à mener des études environnementales approfondies avant d'investir, à respecter les normes locales et internationales, et à engager un dialogue actif avec les communautés locales. La directive de 2022 insiste particulièrement sur le contrôle des polluants, la gestion des résidus miniers et la protection de la biodiversité (Global Witness, 2025). Ces mesures ont été accueillies positivement par de nombreux observateurs internationaux. Parallèlement, des organisations professionnelles comme la China Chamber of Commerce of Metals, Minerals & Chemicals Importers & Exporters (CCCMC) ont publié des normes volontaires alignées sur les lignes directrices de l'OCDE, incitant les entreprises à identifier et à atténuer les risques, notamment en matière de droits humains, au sein de leurs chaînes d'approvisionnement (Global Witness, 2025).

La responsabilité finale de réguler les aspects environnementaux et sociaux de l'activité minière incombe néanmoins aux pays hôtes. Les directives volontaires chinoises offrent un cadre utile, mais ce sont les gouvernements locaux qui détiennent l'autorité et le devoir d'établir des normes, d'en contrôler l'application et de veiller à ce que l'exploitation minière contribue réellement à un développement durable. À cet égard, la robustesse de la gouvernance nationale est aussi déterminante que la conduite des investisseurs étrangers.

Il serait toutefois inexact d'affirmer que rien n'a changé. Les entreprises chinoises prennent de plus en plus conscience que, pour obtenir des contrats et accéder à des ressources à l'étranger, elles doivent répondre aux attentes croissantes en matière d'ESG

(Global Witness, 2025). Certaines, comme Zijin Mining, publient déjà des rapports de durabilité et annoncent publiquement leur alignement sur les standards internationaux (Global Witness, 2025). La Chine a également rejoint le Panel des Nations unies sur les minéraux compatibles avec le climat et soutient officiellement les efforts vers une « transition énergétique juste » (Weihuan, 2024). Plusieurs projets intègrent désormais des technologies plus propres. En Bolivie, par exemple, deux usines d'extraction de lithium construites par un consortium chinois (incluant CATL) utiliseront une technologie d'extraction directe du lithium (EDL), réduisant considérablement l'usage de l'eau et des terres par rapport aux bassins d'évaporation traditionnels (Ramos & Solomon, 2024). L'adoption de ces techniques innovantes pourrait progressivement redéfinir l'identité minière chinoise, d'autant plus que les pays hôtes exigent davantage de durabilité environnementale et de retombées locales.

La stratégie minérale de la Chine, initialement centrée sur la montée en puissance industrielle, semble évoluer vers un modèle davantage soucieux de durabilité, une progression naturelle à mesure que son leadership se consolide et que les attentes globales se renforcent. Sur le plan interne, la mise en œuvre de normes vertes d'ici 2028 reflète un cadre politique clair, qui sera probablement suivi de près par d'autres pays producteurs. Sur le plan international, l'intégration progressive de directives ESG et l'alignement graduel sur des standards mondiaux témoignent d'un effort naissant pour intégrer les considérations environnementales et réputationnelles dans la stratégie globale de Pékin, alors que le niveau de surveillance augmente et que les exigences en matière de pratiques responsables se durcissent.

Cette évolution est alimentée par des pressions à la fois internes et externes. En interne, la Chine doit gérer l'héritage lourd de ses défis environnementaux et moderniser son industrie. À l'international, elle sait que maintenir son influence et sa crédibilité sur les marchés mondiaux suppose de répondre aux attentes croissantes des pays hôtes, des partenaires et des concurrents. La durabilité n'est plus un supplément stratégique : elle est devenue une composante intégrée de la stratégie chinoise pour sécuriser ses ressources et affirmer son rôle de leader mondial.

Une présence mondiale stratégique : investissements en Afrique, en Amérique latine et en Asie centrale

La quête chinoise de minéraux critiques s'est déployée à une échelle véritablement mondiale. Aucun autre pays n'a poursuivi la sécurisation de ses approvisionnements avec une telle portée géographique, en particulier dans le monde en développement. Des ceintures cuprifères africaines aux salars sud-américains, en passant par les steppes riches en minerais d'Asie centrale, les entreprises chinoises, souvent guidées par la stratégie étatique, ont massivement investi dans des projets miniers, des infrastructures et des partenariats de long terme. Ces investissements ne sont pas des décisions isolées, mais s'inscrivent dans une stratégie délibérée visant à diversifier les sources d'approvisionnement et à accroître l'influence de la Chine dans des régions riches en ressources. Grâce à cette approche, Pékin s'est imposé comme un acteur central des flux futurs de ressources mondiales, non plus seulement en tant qu'acheteur de matières premières, mais comme coordinateur de chaînes de valeur intégrées.

Afrique

L'Afrique constitue un pilier central de la stratégie chinoise en matière de minéraux critiques. Le continent abrite certains des gisements les plus riches du monde, et les entreprises chinoises se sont rapidement positionnées pour acquérir des actifs miniers, notamment en République démocratique du Congo (RDC), souvent qualifiée d'« Arabie saoudite du cobalt » (Global Witness, 2025). À mesure que le cobalt devenait indispensable aux batteries lithium-ion, la Chine a consolidé sa domination sur la chaîne de valeur congolaise. L'accord Sicomines de 2008 a marqué un tournant : des entreprises publiques chinoises ont obtenu l'accès à d'importantes réserves de cuivre et de cobalt en échange de la construction de 3 milliards de dollars d'infrastructures (routes, chemins de fer, hôpitaux) (Schoonover, 2025). Dans la décennie suivante, des groupes comme China Molybdenum (CMOC) et Zhejiang Huayou Cobalt ont renforcé leur présence en multipliant acquisitions et développements. Vers le milieu des années 2020, des entités chinoises contrôlaient environ 60 à 70 % de la production congolaise de cobalt (AIE, 2025 ; Global Witness, 2025). Sur les dix plus grandes mines de cobalt du monde, neuf se situent dans le sud de la RDC, avec des entreprises chinoises impliquées dans au moins cinq (Global Witness, 2025). Il en résulte qu'une part substantielle du cobalt utilisé dans les batteries de véhicules électriques provient de coentreprises sino-congolaises, transformé par des sociétés chinoises et, bien souvent, expédié en Chine pour un raffinage final (AIE, 2025). Par ailleurs, la RDC est devenue un fournisseur crucial de cuivre pour Pékin, représentant aujourd'hui plus de la moitié des importations chinoises de concentrés de cuivre, avec des entreprises chinoises opérant certaines des plus grandes mines du pays (AIE, 2025).

La stratégie chinoise en Afrique dépasse largement la RDC. En Zambie, le groupe public China Nonferrous Metal Mining (CNMC) détient 85 % de NFC Africa, coentreprise avec la société d'investissement minier d'État zambienne ZCCM-IH, exploitant la mine de cuivre de Chambishi et ses installations de fusion. CNMC contrôle également la mine de cuivre de Luanshya et ses unités de transformation. Au Zimbabwe, les capitaux chinois se sont tournés vers le lithium : en 2022, Zhejiang Huayou a acquis le projet Arcadia, l'un des gisements les plus prometteurs du continent. En Guinée, ils dominent la bauxite (essentielle à l'aluminium) et, en Afrique du Sud, le manganèse (utilisé dans la sidérurgie et les batteries). En 2023, les investissements miniers chinois en Afrique avoisinaient 10 milliards de dollars par an, dépassant ceux de tout autre pays (Schoonover, 2025). Ces projets s'inscrivent souvent dans le cadre de l'Initiative des Nouvelles Routes de la soie (BRI), associant exploitation minière et construction d'infrastructures (ports, chemins de fer, centrales électriques). La logique est claire : développer les infrastructures pour ouvrir l'accès aux gisements, sécuriser l'approvisionnement chinois et sceller des partenariats bilatéraux de long terme. Les gouvernements africains, de leur côté, ont souvent accueilli ces investissements en raison des retombées immédiates pour le développement — non sans une vigilance croissante quant aux conditions et aux enjeux de souveraineté.

Amérique latine

En Amérique latine, l'intérêt stratégique de la Chine s'est concentré sur le « Triangle du lithium » (Bolivie, Argentine, Chili) et sur les grands producteurs de cuivre comme le Pérou. Ces régions constituent aujourd'hui des piliers essentiels de la fabrication de batteries et de l'électrification mondiale.

En Argentine, Ganfeng Lithium et Zijin Mining ont acquis des participations dans plusieurs projets de lithium à partir de saumures, contribuant fortement à l'essor du pays comme exportateur majeur (Global Witness, 2025 ; AIE, 2025). En Bolivie, un consortium dirigé par CATL a signé fin 2024 un accord d'un milliard de dollars pour construire deux usines d'extraction directe du lithium (EDL) dans le salar d'Uyuni, avec une capacité projetée de 35 000 tonnes de carbonate de lithium par an (Ramos & Solomon, 2024). L'État bolivien conserve la majorité du capital, mais la technologie et le financement proviennent essentiellement de Chine, une percée notable dans un pays longtemps méfiant vis-à-vis de l'investissement étranger.

Au Chili, les entreprises chinoises ont privilégié l'entrée par investissement dans des acteurs établis. L'exemple le plus marquant reste l'acquisition par Tianqi Lithium de 24 % du capital de SQM en 2018, l'un des leaders mondiaux du lithium (AIE, 2025). Bien que le pays ait renforcé le contrôle étatique sur le secteur, la coopération avec les entreprises chinoises se poursuit activement, et la Chine reste un débouché majeur pour les exportations chiliennes (Global Witness, 2025).

Le cuivre, indispensable à l'électrification, a également attiré des capitaux chinois. Au Pérou, deuxième producteur mondial, la mine de Toromocho a été développée par Chinalco, tandis que Las Bambas a été acquise par MMG Limited, filiale de China Minmetals (AidData, 2025). Ces mines expédient leur concentré vers des fonderies chinoises, alimentant directement les usines de câbles, d'électronique et de machines (Global Witness, 2025). En

Équateur, un consortium chinois a construit la mine de cuivre Mirador, premier projet d'envergure du pays (AidData, 2025).

La tendance est claire : le capital chinois finance l'expansion de la frontière minière latino-américaine, dépassant fréquemment ses concurrents occidentaux. En 2023 seulement, les entreprises chinoises ont investi environ 16 milliards de dollars dans des projets miniers à l'étranger — beaucoup en Amérique latine et en Afrique (Schoonover, 2025). En 2024, ce chiffre a encore progressé, dépassant 22 milliards de dollars (The Rio Times, 2025), contre seulement quelques milliards une décennie plus tôt. Cette trajectoire traduit l'accélération de l'expansion minière internationale de la Chine. Les banques publiques chinoises, comme la Banque de développement de Chine (China Development Bank), jouent un rôle central : en offrant des financements à faible coût alignés sur les priorités stratégiques de Pékin, elles donnent aux entreprises chinoises un avantage compétitif décisif (AidData, 2025).

Asie centrale

En Asie centrale, l'approche chinoise s'entrelace avec sa diplomatie régionale. Riche en minerais allant du cuivre à l'uranium, la région occupe une position stratégique le long des corridors de la Belt and Road Initiative (BRI) reliant la Chine à l'Europe (AidData, 2025). Des entreprises chinoises se sont implantées massivement au Kazakhstan, au Kirghizistan et au Tadjikistan.

Au Kazakhstan, doté de vastes réserves de cuivre, de plomb et de zinc, la Chine a investi dans l'extraction et la transformation

(AidData, 2025). Un accord signé en 2024 a lancé la construction d'une fonderie de cuivre de pointe, financée et équipée par la Chine, appelée à devenir l'une des plus modernes de la région, conforme aux normes environnementales internationales (Global Witness, 2025). La Chine est également présente dans l'uranium kazakh et a implanté des usines d'alliages et de matériaux pour batteries (AidData, 2025).

Au Tadjikistan, la coentreprise sino-tadjike TALCO Gold développe des gisements d'or et d'antimoine, avec l'ambition de placer le pays parmi les cinq premiers producteurs mondiaux d'antimoine (Mining Technology, 2018 ; Reuters, 2019). L'antimoine, utilisé dans les semi-conducteurs et les batteries, est destiné en grande partie aux industries chinoises (AIE, 2025).

Dans l'ensemble de l'Asie centrale, les investissements chinois s'accompagnent souvent de montages intégrés : accords miniers combinés à des contrats pétroliers et gaziers, prêts pour infrastructures et accords politiques (AidData, 2025). Ce schéma apporte aux républiques d'Asie centrale les investissements et infrastructures de transit dont elles ont besoin, tout en renforçant la sécurité des ressources et l'influence géopolitique de la Chine dans une région historiquement sous influence russe (Global Witness, 2025).

Au-delà de l'extraction : la stratégie minière mondiale de la Chine

L'examen des différentes régions fait apparaître un schéma clair. Les investissements chinois ne sont pas de simples transactions isolées, mais les composantes intégrées d'une stratégie plus vaste : construire des chaînes de valeur qui relient directement les pays riches en minerais aux écosystèmes industriels chinois. Dans de nombreux cas, les matières premières sont expédiées en Chine pour y être raffinées, ce qui renforce sa position dominante dans les étapes intermédiaires de la chaîne d'approvisionnement. Dans d'autres situations, la Chine a contribué à établir des capacités locales de transformation, comme dans le secteur du cuivre au Kazakhstan ou dans les projets indonésiens de nickel et de batteries.

Cette stratégie crée une forme d'interdépendance : les pays hôtes bénéficient souvent d'infrastructures et d'emplois, tandis que la Chine sécurise un approvisionnement stable, fréquemment par le biais de participations conjointes dans les installations locales. Il est également manifeste que l'approche chinoise a évolué avec le temps. Lorsque l'Indonésie a interdit les exportations de minerai de nickel pour encourager la transformation locale, les entreprises chinoises se sont rapidement adaptées en investissant massivement dans des fonderies et des unités de raffinage. En Afrique et en Amérique latine, où le nationalisme des ressources s'est renforcé, la Chine a fait preuve de flexibilité, renégociant par exemple des contrats en RDC ou concluant des partenariats avec des entreprises publiques telles que la Corporación Nacional del Cobre (Codelco) au Chili ou Yacimientos Petrolíferos Fiscales (YPF) en Argentine. Plus qu'un modèle d'extraction rigide, ce qui se dessine est une stratégie de positionnement dynamique et à long terme, qui accepte souvent des risques politiques ou financiers là où d'autres acteurs internationaux hésitent.

Ces efforts ne peuvent pas être expliqués par les seuls intérêts des entreprises ; ils s'appuient de manière décisive sur le soutien de l'État, à travers la diplomatie et le financement. Le résultat pourrait être décrit comme un univers parallèle d'approvisionnement : un système dans lequel des acteurs liés à la Chine sont présents à chaque étape, de l'extraction à la fabrication. Cette réalité a suscité des réactions, allant de nouvelles alliances minières occidentales à des appels au « friendshoring » et à la diversification des fournisseurs. Néanmoins, au milieu des années 2020, l'avantage stratégique précoce de la Chine reste considérable.

Pour les pays en développement, cette relation représente à la fois une opportunité et une source de tensions. L'investissement chinois a apporté des infrastructures et des capitaux dans des régions souvent délaissées, mais il a également soulevé des interrogations sur la dépendance de long terme et les conditions d'engagement. Des pays comme le Zimbabwe, la Bolivie et le Chili accueillent favorablement cet afflux d'investissements, tout en cherchant à établir des cadres garantissant que leur participation à l'économie minière mondiale dépasse le simple rôle d'exportateurs de matières brutes. Ces dynamiques continueront d'évoluer. Mais à nos yeux, le déploiement stratégique et adaptatif de la Chine a profondément redéfini la géographie, les règles et le rythme de l'industrie minière mondiale.

Réflexions stratégiques : enseignements de l'expérience chinoise

L'ascension de la Chine dans le domaine des minéraux critiques constitue une étude de cas riche en nuances sur la manière de concevoir une stratégie de ressources à long terme. Si tous les aspects de son approche ne sont pas transposables, son parcours offre des enseignements précieux aux pays qui cherchent à renforcer leur position dans l'économie minière mondiale.

Penser en décennies, pas en années

La reconnaissance précoce par la Chine de l'importance stratégique des minéraux critiques ne relevait pas de l'improvisation, mais d'une vision délibérée et de long terme. Dès les années 1990, alors que beaucoup de pays continuaient à considérer l'activité minière comme un simple secteur extractif ou commercial, Pékin intégrait les minéraux critiques dans son agenda de développement national. Ce qui frappe n'est pas seulement la clairvoyance, mais la patience : les politiques élaborées dans une décennie étaient conçues pour porter leurs fruits dans la suivante. Les retombées immédiates n'étaient pas attendues. La Chine a investi dans le développement de capacités, l'alignement industriel et le positionnement international sur plusieurs décennies.

Cette approche de long terme a permis à la Chine d'accumuler connaissances, infrastructures et coordination institutionnelle bien avant l'envolée de la demande mondiale. Alors que d'autres débattaient encore des risques d'approvisionnement dans les années 2020, la Chine récoltait déjà les fruits d'une stratégie conçue trente ans plus tôt. Cette patience stratégique — la capacité à raisonner en décennies plutôt qu'en cycles électoraux ou en résultats trimestriels — définit largement son ascension dans l'économie minérale.

Intégrer les minéraux dans une stratégie industrielle plus large

Dès l'origine, la Chine n'a jamais considéré l'exploitation minière comme une activité isolée. Elle l'a perçue comme une pièce d'un puzzle plus vaste, où extraction, développement industriel et leadership technologique devaient évoluer de concert. Les minéraux n'étaient pas de simples matières premières : ils étaient des catalyseurs d'objectifs nationaux plus larges. Le lithium, le cobalt ou les terres rares ne sont pas devenus cruciaux en raison de leur rareté géologique, mais parce qu'ils étaient indispensables aux industries que la Chine aspirait à dominer : véhicules électriques, énergies renouvelables, électronique avancée.

Cette logique systémique a fait la différence. La politique des ressources n'a pas été pensée séparément, mais intégrée à la planification industrielle, à la stratégie énergétique et aux ambitions technologiques. À mesure que de nouveaux secteurs émergeaient, les minéraux évoluaient avec eux, non comme intrants passifs, mais comme éléments structurels de la puissance industrielle. Cette fusion entre exploitation minière et production manufacturière a permis à la Chine de bâtir des écosystèmes intégrés, où sécurité d'approvisionnement et création de valeur étaient gérées simultanément. Il n'a jamais été question d'extraire pour exporter : il s'agissait d'extraire pour transformer.

Investir dans l'ensemble de la chaîne de valeur, en particulier dans le raffinage

L'un des choix stratégiques les plus significatifs de la Chine fut de miser sur les étapes intermédiaires de la chaîne d'approvisionnement : le raffinage et la transformation des minéraux. Alors que nombre de pays se focalisaient sur l'extraction ou débattaient de la propriété des gisements, Pékin développait les capacités nécessaires pour transformer ces matières en intrants critiques pour les industries technologiques. Même sans réserves abondantes, elle a construit l'infrastructure et l'expertise pour traiter ce que d'autres extrayaient.

La domination de ce segment intermédiaire est devenue un levier. En contrôlant le raffinage, la Chine s'est placée comme acteur incontournable des chaînes mondiales — non seulement acheteur de minerais, mais passage obligé vers leur valeur industrielle. Lithium d'Amérique du Sud, cobalt de RDC, nickel d'Asie du Sud-Est : une grande partie transite par des installations chinoises pour être convertie en produits de qualité industrielle. Le pouvoir de marché réside moins dans l'origine que dans la transformation. La Chine l'a compris avant les autres, et a agi en conséquence.

L'appui de l'État et la coordination public-privé sont essentiels

La stratégie minérale chinoise ne repose pas uniquement sur l'action de l'État. Ce qui distingue son modèle, c'est la coordination entre institutions publiques et entreprises privées : une chorégraphie impliquant banques publiques, organismes de régulation, instituts de recherche et sociétés alignées sur des objectifs communs. L'État a fourni direction, financement et protection ; les entreprises ont apporté exécution, innovation et mise à l'échelle. Cette articulation n'a pas supprimé toutes les tensions internes ni assuré une efficacité parfaite, mais elle a créé une vision partagée où les objectifs nationaux guidaient les comportements de marché.

Plutôt que d'opposer contrôle étatique et spontanéité du marché, la Chine a choisi une voie pragmatique : un écosystème industriel guidé. Des champions comme CATL et BYD n'ont pas émergé uniquement de l'initiative entrepreneuriale : ils ont grandi grâce à des politiques qui ont réduit les risques, soutenu l'innovation et sécurisé l'accès aux ressources. Ce modèle de coordination, malgré ses limites, a permis de créer des leaders industriels mondiaux tout en renforçant la résilience stratégique de la Chine dans les chaînes d'approvisionnement.

Diversifier les sources grâce à une stratégie internationale active

La Chine n'a pas misé sur une seule ressource ni sur un seul pays. Elle a constitué un portefeuille diversifié : cobalt de la RDC, lithium d'Argentine, cuivre d'Asie centrale, nickel d'Indonésie. Cette dispersion géographique a réduit son exposition aux aléas politiques, aux changements réglementaires ou aux tensions diplomatiques.

Mais la diversification n'a pas été seulement la gestion des risques. Elle est aussi devenue un levier : opérer dans de multiples juridictions a donné aux entreprises chinoises un pouvoir de négociation accru, des alternatives logistiques et une flexibilité face aux crises. Dans un monde où les flux de minéraux sont de plus en plus conditionnés par la géopolitique, cette présence déployée est devenue un atout stratégique.

Infrastructures et financement comme leviers d'engagement stratégique

La stratégie minérale chinoise ne s'est jamais limitée aux gisements. Elle est souvent arrivée avec des routes, des ports, des réseaux électriques et des financements de long terme. Ces projets n'étaient pas accessoires, mais constituaient des éléments centraux de l'équation stratégique. Les investissements miniers étaient intégrés à des ensembles plus larges, négociés de façon bilatérale et soutenus par des crédits publics. Pour les pays hôtes, l'avantage était tangible : les mines venaient avec les infrastructures nécessaires à leur exploitation et, parfois, avec l'amorce d'une croissance plus vaste.

Cette approche n'est pas unique à la Chine, mais peu d'acteurs l'ont déployée avec une telle ampleur et constance. Elle a permis aux entreprises chinoises de sécuriser un accès là où d'autres hésitaient, en offrant plus que du capital : une interface industrielle et logistique complète. Au fil du temps, cette stratégie a ancré la présence chinoise non seulement sous terre, mais aussi sur le territoire, dans les routes, les réseaux électriques, les ports et les relations politiques.

Intégrer l'innovation et la durabilité dans l'évolution des stratégies minières

La première phase d'expansion minière de la Chine a été marquée par l'échelle et la vitesse, souvent au détriment de l'environnement et des conditions sociales. Ces impacts sont documentés : pollution de l'eau, précarité du travail, dégâts écologiques en Chine comme à l'étranger. Mais avec le temps, et sous des pressions internes et externes, Pékin a ajusté son approche. De nouveaux standards ont été introduits, des projets pilotes lancés, et la réputation a pris une place croissante dans la planification.

Cette évolution reste inachevée, mais des signaux clairs existent : mines vertes, technologies à faible impact, alignement progressif sur des normes internationales de durabilité. Des sociétés comme Zijin Mining publient désormais des rapports ESG ; certains projets de lithium adoptent des technologies d'extraction directe (EDL) pour réduire la consommation d'eau. Les écarts persistent, mais la trajectoire est nette : la durabilité n'est plus une contrainte annexe, elle devient une source potentielle d'avantage compétitif.

Anticiper les changements géopolitiques et investir dans la résilience

La domination minérale de la Chine n'est pas passée inaperçue. Son expansion a déclenché des réactions : stratégies occidentales de « de-risking », contrôles à l'exportation, diversification des sources. Mais Pékin avait anticipé. Elle a accru ses stocks stratégiques, stimulé la demande nationale pour renforcer les chaînes internes et utilisé ses propres restrictions à l'export (gallium, germanium, graphite) comme instruments diplomatiques.

Il ne s'agit pas seulement de contrôler des matériaux : il s'agit de définir les termes de la dépendance mondiale. La Chine a compris que les minéraux ne sont plus de simples intrants industriels, mais des leviers stratégiques dans une économie mondiale de plus en plus disputée. En se préparant tôt, elle s'est donné des options : retenir, réorienter ou négocier en position de force.

L'étude de l'approche chinoise des minéraux critiques permet de mieux comprendre l'articulation entre ressources naturelles et puissance au XXIᵉ siècle. Chaque pays fait face à des conditions institutionnelles, économiques et politiques particulières : tous les éléments du modèle chinois ne sont pas reproductibles.

Mais les enseignements sous-jacents demeurent pertinents : anticiper les besoins futurs, aligner les secteurs sous une vision cohérente, et traiter les minéraux autrement que comme de simples commodités sont des étapes essentielles pour construire résilience et compétitivité dans un ordre mondial de plus en plus défini par les dynamiques de ressources.

Minéraux, puissance et vision : une stratégie qui laisse son empreinte

La trajectoire de la Chine dans le domaine des minéraux critiques illustre une convergence rare entre clairvoyance stratégique et exécution soutenue. De son anticipation précoce dans les années 1990 à son positionnement mondial dans les années 2020, la Chine n'a jamais considéré les minéraux comme de simples marchandises transactionnelles de court terme, mais comme des composantes structurelles d'un monde en transformation, et pour cela, elle a élaboré une stratégie cohérente.

La Chine a intégré sa politique minérale à ses objectifs industriels et technologiques, coordonné l'action de l'État et des entreprises, et étendu sa présence à l'international pour bâtir une infrastructure d'approvisionnement sans précédent. Ce faisant, elle a écrit le premier chapitre de ce que nous appelons désormais la géopolitique minière du XXIᵉ siècle, un domaine où les ressources naturelles se croisent avec une stratégie à long terme.

Ce chapitre a cherché à retracer objectivement cette évolution, en montrant comment une stratégie durable, alignée sur des objectifs industriels, technologiques et géopolitiques, peut transformer des réalités autrefois jugées inatteignables. Le cas chinois révèle comment les minéraux peuvent devenir plus que de simples intrants : ils peuvent se muer en instruments de positionnement global lorsqu'ils sont intégrés à une vision à long terme et mis en œuvre avec une discipline structurelle.

À l'heure où la communauté internationale s'efforce de construire des chaînes d'approvisionnement plus sûres et plus durables, l'expérience chinoise sert de point de référence. Dans cette nouvelle géopolitique des minéraux, le succès n'appartiendra pas nécessairement à ceux qui parlent le plus fort, mais à ceux qui atteindront le plus haut degré d'alignement stratégique, capables de se projeter dans le temps, d'exécuter avec constance et de répondre à la fois aux exigences du marché et aux attentes éthiques.

En effet, le modèle minier traditionnel s'efface. Mais la nouvelle géopolitique minière, dont la Chine a contribué à définir les contours, est bien vivante. Elle transforme le monde, un minéral après l'autre. Pourtant, même si le premier mouvement a été accompli, l'histoire n'est pas encore entièrement écrite : de nouvelles stratégies, différentes mais tout aussi ambitieuses, commencent à prendre forme.

TROIS

Qu'est-il arrivé à l'industrie minière en Occident ?

Analyser comment la Chine a su anticiper stratégiquement le marché mondial des minéraux critiques et transformer l'activité minière en pilier du pouvoir géopolitique conduit inévitablement à une question cruciale : que s'est-il passé en Occident ? À quel moment des pays dotés de traditions industrielles et technologiques puissantes, tels que les États-Unis, le Canada, l'Australie ou l'Union européenne, ont-ils perdu leur leadership précisément dans le secteur qui sous-tend leur vision stratégique de l'avenir : la transition énergétique, les technologies avancées, la défense nationale et l'innovation ?

Répondre à cette question exige d'examiner plusieurs vulnérabilités structurelles qui ont limité le potentiel minier de l'Occident. Une bureaucratie réglementaire excessive, une incertitude financière persistante, des conflits sociaux non résolus et l'érosion de la valeur symbolique et stratégique de l'activité minière ont creusé un vide difficile à résorber par les mécanismes institutionnels classiques. Pendant que les nations occidentales tardaient à réagir, d'autres dynamiques se développaient ailleurs — notamment la prolifération d'exploitations informelles et illégales —, conséquence indirecte de ce déficit stratégique.

Cependant, ce diagnostic n'a rien d'irréversible. Le Canada, l'Australie et les États-Unis, compte tenu de leurs abondantes ressources minérales, de leurs capacités technologiques avancées et de leurs institutions solides, sont particulièrement bien placés pour mener une relance stratégique de l'industrie minière occidentale. À leurs côtés, l'Union européenne, malgré une base minière domestique limitée, apporte sa force industrielle, son rôle de chef de file réglementaire, ses capacités spécialisées de transformation et un poids géoéconomique considérable en tant que grand consommateur et assembleur de produits à forte valeur ajoutée. Ensemble, ces acteurs proposent des modèles concrets et variés pour répondre aux défis structurels identifiés, allant de l'excellence institutionnelle et de l'efficacité technologique à l'agilité réglementaire et à la mise en place de cadres de traçabilité capables d'élever les normes mondiales.

Ce chapitre commencera par identifier clairement ces vulnérabilités structurelles communes qui ont freiné l'industrie minière occidentale, en montrant comment elles ont favorisé l'essor de l'exploitation informelle et illégale. Il s'attachera ensuite à analyser trois pays clés et l'Union européenne, en examinant comment chacun tente de revitaliser sa stratégie minière dans son propre contexte. Cette analyse permettra de dégager les conditions d'une relance réussie et durable, en démontrant que l'Occident dispose encore non seulement de l'opportunité mais aussi de tous les leviers nécessaires pour se repositionner efficacement.

Défis structurels de l'industrie minière occidentale : quand les atouts deviennent des limites

Dans cette section, nous examinerons les principaux goulets d'étranglement structurels qui ont freiné l'efficacité de l'industrie minière en Occident. Il ne s'agit pas de problèmes isolés, mais d'un ensemble de conditions profondes — institutionnelles, sociales, culturelles et économiques — qui, malgré leurs intentions initialement positives, se révèlent de plus en plus en décalage avec la vitesse et l'ampleur exigées par le nouveau contexte géopolitique et technologique.

L'objectif de cette analyse n'est ni de délégitimer ni de minimiser leur importance, mais de comprendre pourquoi un écosystème minier qui fut jadis à la pointe mondiale semble aujourd'hui en retrait. Identifier clairement ces tensions internes constitue une première étape essentielle pour les transformer en atouts stratégiques à l'avenir.

1. Goulots d'étranglement bureaucratiques et réglementaires : trouver l'équilibre entre les procédures et l'urgence

L'un des principaux obstacles à l'expansion de la capacité de l'industrie minière occidentale réside dans la complexité et la fragmentation des procédures d'autorisation, qui retardent considérablement le développement de nouveaux projets. Selon un rapport publié en 2024 par S&P Global, aux États-Unis, le délai moyen entre la découverte d'un gisement et sa mise en production atteint 29 ans, soit le deuxième délai le plus long au monde, après la Zambie (S&P Global & NMA, 2024). C'est un contraste saisissant avec les années 1990, lorsque ce délai n'était en moyenne que de 6 ans pour les mines mises en production entre 1990 et 1999. Aujourd'hui, avec l'allongement des phases d'exploration, de financement et surtout d'autorisations, le délai moyen est passé à 17,8 ans pour les projets entrés en production entre 2020 et 2024 (S&P Global, 2024).

Le Canada fait à peine mieux : 27 ans en moyenne, l'étape des permis étant fréquemment citée comme facteur principal des retards (S&P Global & NMA, 2024). En comparaison, certains pays en développement riches en ressources mettent leurs mines en production en 10 à 15 ans, tandis que l'Australie — pays occidental pourtant doté de normes environnementales strictes — enregistre une moyenne d'environ 20 ans (S&P Global, 2024).

Les évaluations d'impact environnemental (EIE) et les consultations communautaires, regroupées sous le concept de « licence sociale d'exploitation », sont des mécanismes nécessaires et légitimes, conçus pour limiter les dommages environnementaux et garantir la participation des populations locales. Toutefois, conçues à une époque moins urgente, ces procédures nécessitent aujourd'hui une simplification afin de s'aligner sur l'impératif stratégique d'assurer rapidement des chaînes d'approvisionnement en minéraux critiques indispensables à la transition énergétique.

Par ailleurs, les processus réglementaires occidentaux impliquent souvent de multiples agences aux niveaux fédéral, étatique et local, sans autorité centrale capable de coordonner les décisions. Aux États-Unis, par exemple, les entreprises doivent naviguer dans un réseau complexe d'agences pour obtenir l'accès aux terres, les autorisations environnementales et les permis d'eau, ce qui contribue fortement aux retards (S&P Global & NMA, 2024).

Le projet de la mine de cuivre Resolution Copper en Arizona illustre bien ce phénomène : malgré son importance stratégique, il reste bloqué depuis plus d'une décennie en raison de litiges et de lourdeurs administratives. Le rapport de S&P Global souligne que seuls trois grands projets miniers sont entrés en exploitation aux États-Unis au cours des vingt dernières années, tandis que de nombreux autres stagnent dans un « purgatoire réglementaire » (S&P Global & NMA, 2024).

L'Europe fait face à des difficultés similaires, ce qui a conduit l'Union européenne à adopter le Critical Raw Materials Act (CRMA) en 2024. Celui-ci fixe des délais maximums de 27 mois pour les projets miniers stratégiques et de 15 mois pour les installations de transformation, afin de réduire les goulots d'étranglement réglementaires (Commission européenne, 2024). Or, les délais d'autorisation, qui dépassent fréquemment une décennie, sont totalement inadaptés face à la croissance rapide de la demande mondiale en lithium et en cobalt, dont la consommation a augmenté respectivement de 30 % et de 8 à 15 % en 2023 (S&P Global, 2024).

Les gouvernements occidentaux commencent à réagir. Dès 2023, les États-Unis ont accéléré certains projets critiques grâce à des décisions présidentielles ciblées, même si une réforme systémique demeure urgente. Parmi les pistes : créer des bureaux centralisés pour les « projets stratégiques », à l'image du Canada ou de l'Australie ; simplifier les EIE pour maintenir des normes élevées tout en raccourcissant les délais ; améliorer la coordination inter-agences. Sans ces réformes, l'Occident risque non seulement des retards supplémentaires, mais aussi une marginalisation stratégique dans la course mondiale aux minéraux critiques, alors que des concurrents dotés de processus plus agiles sécurisent rapidement leurs chaînes d'approvisionnement.

L'analyse des causes profondes de ces délais chroniques pose une question essentielle : le problème réside-t-il uniquement dans la complexité bureaucratique, ou bien dans la narration même que les pays occidentaux entretiennent aujourd'hui autour de l'activité minière ? Derrière la multiplication des niveaux d'approbation — souvent redondants — se cache peut-être une logique moins technique qu'idéologique, symbolique ou politique. En d'autres termes, la bureaucratie occidentale n'a-t-elle pas commencé à privilégier la forme au détriment du fond, imposant une prudence excessive davantage tournée vers la validation symbolique que vers l'efficacité opérationnelle ou l'efficacité stratégique ?

Le fait que des projets déjà approuvés doivent repasser par des validations similaires indique une érosion progressive de la confiance institutionnelle. Cela suggère que les autorités, au lieu de s'appuyer sur leurs propres mécanismes techniques, recourent à des contrôles répétés davantage pour rassurer une opinion publique sceptique que pour répondre à de réels besoins d'évaluation. Dans cette perspective, le problème ne relève pas seulement de l'inefficacité administrative, mais d'une insécurité institutionnelle profonde, reflet d'une perception de plus en plus ambivalente, voire méfiante, qu'entretient la société occidentale vis-à-vis du rôle stratégique de l'activité minière.

Cette insécurité institutionnelle se traduit par des procédures toujours plus longues et complexes, non parce qu'elles seraient techniquement nécessaires à la protection de l'environnement ou des communautés, objectifs pourtant essentiels, mais parce que les institutions cherchent à démontrer, consciemment ou non, leur capacité de contrôle sur une industrie en permanence scrutée. Autrement dit, les mécanismes réglementaires redondants émergent moins d'une exigence technique que de la conviction largement partagée que « plus il y a de contrôles, plus le processus paraît légitime ». Cette quête symbolique de validation devient une dynamique auto-entretenue, où chaque nouveau contrôle renforce l'idée que les précédents étaient insuffisants, créant une spirale bureaucratique sans fin.

Ainsi, l'Occident pourrait se retrouver piégé dans un paradoxe : par crainte de perdre sa légitimité auprès des communautés et d'une opinion publique critique, il construit des systèmes réglementaires si redondants et exhaustifs qu'ils finissent par miner non seulement l'efficacité et la réactivité, mais, paradoxe suprême, la légitimité même qu'ils cherchaient à renforcer.

Un examen honnête et courageux de cette dynamique institutionnelle et culturelle est indispensable si l'Occident souhaite reconnecter l'activité minière avec ses objectifs stratégiques les plus urgents : sécurité énergétique, transition vers des économies durables et innovation technologique avancée. La véritable légitimité sociale ne découle pas de l'accumulation de contrôles symboliques, mais de processus transparents, d'évaluations techniquement solides, d'une gestion efficace dans des délais raisonnables et d'un alignement clair avec les objectifs stratégiques et collectifs. En définitive, l'Occident doit repenser en profondeur son récit minier et sa relation avec l'opinion publique, non pas en abandonnant la prudence ou la responsabilité environnementale et sociale, mais en les intégrant dans un cadre réglementaire plus agile, fiable et orienté stratégiquement, à la hauteur de ce moment historique.

2. Incertitude financière et hésitation à investir : le capital déteste l'inconnu

Le deuxième facteur structurel qui limite le potentiel minier occidental est d'ordre financier : un schéma persistant de sous-investissement et de fuite de capitaux, principalement alimenté par l'incertitude et une perception généralisée du risque. On dit souvent que le capital ne rejette pas intrinsèquement les projets « verts » ; ce qu'il fuit réellement, c'est l'incertitude. Bien que les normes strictes en matière d'ESG (environnement, social, gouvernance) soient fréquemment citées comme des obstacles à l'investissement, ce ne sont pas les objectifs de durabilité eux-mêmes qui découragent les investisseurs, mais plutôt la longueur, l'imprévisibilité et l'instabilité du chemin réglementaire pour les atteindre. Dans la pratique, les projets miniers occidentaux subissent des délais prolongés, de fréquentes contestations judiciaires et une incertitude permanente liée aux changements soudains de réglementation ou aux injonctions émanant des communautés locales. Ce manque de clarté et de stabilité temporelle alimente une extrême prudence des investisseurs.

Selon des données récentes de S&P Global (2024), les projets miniers aux États-Unis affichent des délais de développement nettement plus longs que dans des juridictions comparables comme le Canada ou l'Australie, alors même que les États-Unis disposent d'une base de ressources minérales beaucoup plus large (S&P Global & NMA, 2024). Résultat : les capitaux alloués à l'exploration et aux investissements miniers migrent souvent vers des régions offrant une plus grande certitude quant à la conversion efficace des découvertes en mines productives dans des délais raisonnables.

Un autre goulet d'étranglement financier réside dans l'absence historique de mécanismes clairs d'incitation et de soutien ciblé pour les investissements liés aux minéraux critiques en Occident. Pendant des décennies, l'activité minière a été perçue comme un secteur mûr ou en déclin dans de nombreux pays occidentaux, souvent exclu des politiques d'innovation ou des stratégies industrielles. Ce n'est que récemment que les grandes économies ont commencé à offrir des incitations spécifiques pour les projets stratégiques liés aux minéraux critiques. Parmi les exemples notables figurent les crédits d'impôt de l'Inflation Reduction Act aux États-Unis, visant à renforcer l'approvisionnement domestique en minéraux essentiels pour les batteries électriques, et les récentes initiatives européennes dans le cadre du Critical Raw Materials Act (CRMA), conçues pour mobiliser des garanties de financement public et réduire le risque perçu par les investisseurs (Commission européenne, 2024).

L'absence de ces mécanismes de soutien a longtemps laissé de nombreux projets occidentaux, en particulier dans les minéraux émergents comme les terres rares, en difficulté pour obtenir des financements. Les investisseurs privés trouvaient souvent des rendements plus attrayants dans des secteurs tels que la technologie ou la finance, percevant le secteur minier comme une activité à haut risque et à faible rentabilité. Par conséquent, de nombreuses petites entreprises tentant de développer des projets liés aux minéraux critiques se retrouvaient piégées dans une sorte de « vallée de la mort », coincées entre les phases initiales d'autorisation et la production à grande échelle, au moment même où des injections massives de capitaux étaient nécessaires et où la confiance des investisseurs était au plus bas. Faute de soutien financier intermédiaire adéquat, nombre de projets prometteurs sont restés indéfiniment bloqués ou se sont tournés vers des partenaires étrangers pour sécuriser les ressources nécessaires.

Pour répondre concrètement à ce défi, les gouvernements occidentaux doivent mettre en place des incitations claires, des mécanismes robustes de soutien financier et un accompagnement stratégique constant, en particulier dans les phases initiales des projets miniers. Compte tenu de la volatilité inhérente et de l'importance stratégique du marché, l'intervention de l'État est essentielle pour partager les risques avec le secteur privé et réduire l'incertitude des investisseurs. Sans ce soutien, les capitaux continueront de migrer vers des régions offrant des cadres plus clairs, une efficacité opérationnelle et une stabilité institutionnelle, laissant les démocraties occidentales dépendantes de pays tiers pour répondre à leurs besoins en minéraux critiques.

Cette volatilité financière se manifeste aussi dans la valorisation boursière des sociétés minières. Même lorsque les métaux comme l'or, l'argent ou le cuivre atteignent des sommets historiques, les actions des compagnies minières ne reflètent pas systématiquement ces gains. Des études récentes montrent que, si les prix des matières premières expliquent plus de 60 % des variations boursières à court terme (moins d'un an), cette influence tombe en dessous de 30 % sur le long terme. À ces horizons, la gestion interne des actifs, l'efficacité opérationnelle, le contrôle des coûts et la discipline financière deviennent déterminants (Zadeh, 2025). Certains cas documentés montrent des baisses allant jusqu'à 44 % des cours des actions minières sur cinq ans, alors même que les prix des métaux revenaient à leur niveau initial, soulignant la complexité de ce secteur exposé à de multiples risques opérationnels et géologiques (Zadeh, 2025).

Hathaway et Kargutkar (2023) attribuent également ce décalage structurel à divers facteurs : émissions d'actions dilutives pour financer les projets, allocation inefficace du capital après les pics de prix des métaux, hausse des risques juridictionnels, et marges rognées par l'augmentation des coûts de production et la longueur des procédures d'autorisation. D'autres analyses soulignent que les entreprises minières doivent composer avec des coûts imprévisibles, des dépenses d'investissement élevées et des obligations environnementales croissantes, qui affectent lourdement leur rentabilité et creusent l'écart avec l'évolution linéaire des prix des métaux (Wei, 2014). Les données récentes le confirment : en 2024, l'or a atteint des sommets historiques, mais l'indice NYSE Arca Gold BUGS reste très en deçà de son niveau de 2011, et des majors comme Newmont et Barrick ont vu leurs cours chuter (Venditti, 2024).

Le rôle de la narration sectorielle est également central pour comprendre ce décalage. Contrairement aux entreprises technologiques, qui suscitent l'enthousiasme grâce à leur potentiel de croissance exponentielle et bénéficient de multiples de valorisation élevés (20 à 50 fois les bénéfices), les sociétés minières manquent d'une narration équivalente. Leurs multiples de valorisation oscillent généralement entre 9 et 13 fois les bénéfices, reflétant une perception de faible potentiel de croissance et une moindre disposition à attendre des rendements différés (Hoddinott, 2025). Après le super-cycle des matières premières (2001–2011), les investisseurs se sont lassés des longs délais nécessaires pour mettre une mine en production, nourrissant aujourd'hui un scepticisme profond quant aux capacités d'exécution du secteur (Hoddinott, 2025).

Mais au-delà des incertitudes réglementaires et des mécanismes financiers spécifiques, la question structurelle est plus large : pourquoi le comportement du capital dans le secteur minier est-il si sensible, si volatil et si sujet à l'incertitude ? Pourquoi les flux d'investissement peinent-ils à se consolider, alors même que la demande en minéraux critiques est claire, croissante et structurelle ?

La comparaison avec le secteur technologique est révélatrice. Même face à des environnements réglementaires mouvants, à des cycles défavorables ou à des modèles non rentables, les investisseurs technologiques conservent leur confiance. Cette confiance ne découle pas seulement de données financières, mais d'une conviction culturelle : la perception largement partagée que la technologie est indispensable aux futurs économiques, sociaux et politiques. Autrement dit, la technologie ne génère pas seulement des rendements, elle génère du sens. Elle porte une narration mobilisatrice qui légitime les risques et justifie des horizons d'investissement prolongés.

L'industrie minière, à l'inverse, reste privée de cette couche symbolique. Malgré son rôle absolument essentiel — puisqu'elle sous-tend la transition énergétique, la défense et l'intelligence artificielle — son image publique et sa narration stratégique demeurent fragmentées, trop techniques, voire datées. Elle n'est pas perçue comme une « industrie du futur », mais comme une activité héritée du passé. Ce paradoxe est frappant : les secteurs technologiques, dépendants de la stabilité de l'approvisionnement en minéraux stratégiques, jouissent d'un avantage narratif et de valorisation, tandis que le secteur minier, qui rend ces industries possibles, reste perçu comme risqué, polluant ou secondaire.

Cette différence est fondamentale. Le capital ne réagit pas seulement à des fondamentaux économiques ; il répond aussi aux symboles, aux récits et aux futurs imaginés. Or, sur ce plan, l'industrie minière est désavantagée face à des secteurs ayant su élaborer des narrations puissantes et aspirationnelles, associant leurs activités à des valeurs largement partagées : durabilité, innovation, numérisation, inclusion. À l'inverse, l'activité minière n'a pas encore solidement ancré sa proposition de valeur dans une narration qui la positionne comme indispensable à l'atteinte de ces objectifs collectifs.

Ainsi, la sensibilité du capital vis-à-vis de l'industrie minière ne relève pas seulement de la finance : elle découle directement d'un vide narratif. En l'absence d'un récit fort légitimant son rôle, chaque litige, chaque retard ou chaque changement réglementaire devient un facteur de risque amplifié. L'investissement se retire non seulement en raison de circonstances présentes, mais par crainte d'évolutions futures. Cette perception de fragilité — réelle ou symbolique — mine la stabilité financière du secteur.

Pour que l'industrie minière retrouve une attractivité durable, l'amélioration des fondamentaux techniques ou des politiques publiques ne suffira pas. Elle doit reconstruire sa narration stratégique, tournée non vers les peurs du passé, mais vers sa contribution active à l'avenir. Ce récit doit affirmer clairement que sans mines, il n'y a ni numérisation, ni transition énergétique, ni défense stratégique. Sans cuivre, pas de réseaux intelligents. Sans lithium, pas de batteries. Sans terres rares, pas d'intelligence artificielle. Sans une industrie minière robuste et légitime, le récit même de l'avenir reste privé de sa base matérielle.

En définitive, le comportement volatil du capital n'est pas une fatalité mais un signal : celui que l'industrie minière doit réaffirmer — avec vision stratégique — son rôle structurel au XXIe siècle.

3. Frictions sociales et culturelles : quand le consensus devient paralysie

L'activité minière ne se limite pas aux roches et au capital ; elle concerne aussi des personnes et des communautés. Dans les pays occidentaux, une société civile active et des communautés locales autonomes sont, à juste titre, considérées comme des piliers de la démocratie. Pourtant, le contexte social entourant l'industrie minière est devenu un défi structurel de plus en plus profond. Dans de nombreuses démocraties avancées, le secteur a perdu la maîtrise de son récit, apparaissant dans la perception publique comme dépassé, destructeur pour l'environnement ou exploiteur sur le plan politique.

Selon Marin et Palazzo (2024), cette résistance n'est ni anecdotique ni marginale : elle est systémique et croissante. Sur la base d'une analyse mondiale utilisant les données du projet GDELT entre 2015 et 2022, les auteurs montrent que les conflits liés à l'activité minière sont largement répandus et particulièrement intenses aux États-Unis et au Canada, qui présentent certains des taux d'opposition communautaire les plus élevés au monde. Le projet GDELT (Global Database of Events, Language, and Tone) est une initiative académique internationale recourant à l'intelligence artificielle et à l'analyse avancée de données pour surveiller et analyser les événements mondiaux. Cette plateforme compile en temps réel des informations issues de médias, d'agences de presse et de sources numériques du monde entier, constituant une vaste base de données sur les conflits sociaux, les mouvements politiques, les protestations et les dynamiques communautaires. La résistance des communautés découle d'un ensemble de facteurs sociaux, environnementaux et politiques : contamination de l'eau, dégradation des sols, exclusion des processus décisionnels et sentiment d'injustice — notamment envers les peuples autochtones.

Ce qui rend cette dynamique particulièrement complexe, c'est que le même pouvoir civique, conçu pour favoriser des transitions plus inclusives et plus justes, peut en pratique conduire à une polarisation profonde et à une paralysie institutionnelle. Marin et Palazzo documentent comment ce pouvoir communautaire se manifeste par des protestations, des actions en justice, des blocages et des campagnes médiatiques. Si ces actions sont des expressions légitimes de l'engagement citoyen, elles entraînent souvent des retards prolongés, une stagnation réglementaire, voire l'annulation de projets, surtout dans les contextes où font défaut des cadres de gouvernance capables de traiter les conflits et de construire du consensus.

Le concept de « licence sociale d'exploitation » est apparu en réponse à ces pressions citoyennes, avec l'intention d'intégrer activement les communautés aux décisions minières. Toutefois, l'étude souligne que cette notion a évolué — dans bien des cas — d'un outil de dialogue vers un mécanisme informel de droit de véto. Dans des contextes où une minorité vocale peut bloquer indéfiniment un projet, même après l'obtention des autorisations officielles, il se crée une impasse : tous les acteurs disposent de la capacité de freiner, mais aucun n'a la légitimité institutionnelle pour débloquer la situation.

Pour surmonter cette paralysie, l'étude propose de repenser la gouvernance autour de ce qu'elle appelle la démocratisation des décisions d'investissement. Cela suppose d'aller au-delà des modèles traditionnels de consultation et de responsabilité sociale des entreprises, pour instaurer de véritables structures inclusives où les communautés ne se contentent pas de participer, mais co-

conçoivent, co-décident, voire co-investissent dans les projets. Selon Marin et Palazzo, de telles structures seraient déterminantes pour réduire la polarisation, rétablir la confiance et permettre une activité minière stratégique et responsable dans le cadre de transitions justes.

Au-delà des projets spécifiques et des conflits locaux, l'Occident fait face à un défi culturel encore plus profond : son image publique. Dans de nombreux pays développés, l'industrie minière souffre d'une défiance structurelle qui dépasse les incidents isolés ou les conflits ponctuels. Selon l'enquête GlobeScan Radar 2023, menée pour le Conseil international des mines et métaux (ICMM), le secteur minier se classe systématiquement parmi les derniers en matière de responsabilité sociale perçue. Au Canada, il se situe à la 17e place sur 18 secteurs ; aux États-Unis, il occupe la dernière place, avec des résultats tout aussi faibles en Europe et en Australie. Un contre-exemple notable est celui du Chili, qui se distingue positivement en se plaçant au 8e rang. Cet exemple illustre clairement que la perception publique peut s'améliorer lorsque des pratiques responsables, transparentes et culturellement alignées sont intégrées de manière structurelle au secteur. Le cas chilien n'est pas anecdotique : il révèle un potentiel inexploité de transformation positive dans les contextes occidentaux.

Les raisons de ces perceptions négatives apportent des nuances révélatrices. En Amérique du Nord et en Europe, les préoccupations citoyennes portent moins sur les impacts directs au niveau des communautés que sur des enjeux environnementaux plus larges. Les critiques les plus fréquentes concernent les dommages écologiques, l'utilisation intensive des ressources naturelles et la contribution au changement climatique. À l'inverse, les préoccupations liées aux impacts sur les peuples autochtones ou les communautés locales, aux conditions de travail ou à l'inclusion apparaissent comme moins prioritaires (ICMM, 2023). Cette distribution montre que les défis réputationnels ne proviennent pas seulement d'oppositions dans les territoires miniers, mais qu'ils sont intégrés dans un récit sociétal plus large, où les valeurs environnementales occupent une place dominante. Il ne s'agit pas d'une radicalisation, mais d'une sensibilité sociale de plus en plus marquée, qui tend à occulter d'autres dimensions du rôle de l'industrie. L'écart entre ce que le secteur fait et la manière dont il est perçu suggère qu'il ne s'agit pas uniquement d'un problème de communication, mais peut-être d'un besoin culturel plus profond de repositionner l'activité minière dans le cadre du développement responsable.

Les perceptions positives, bien qu'existantes, demeurent fragmentées. La création d'emplois, l'approvisionnement en minéraux pour les technologies propres et la contribution économique sont reconnues par une part significative de citoyens, mais aucune de ces dimensions n'atteint 50 % des réponses. Même l'aspect le plus cité — la création d'emplois — reste mentionné par moins de la moitié des répondants. Cela révèle l'absence d'un récit cohérent et dominant autour de la valeur sociétale de l'industrie minière. Trois personnes sur dix seulement associent le secteur au développement économique ou à la transition énergétique ; deux sur dix à l'innovation ou à la protection de l'environnement ; une sur dix aux bénéfices pour les communautés autochtones ou au rayonnement culturel. Autrement dit, un vaste espace symbolique et narratif reste à occuper. L'industrie est reconnue, mais elle n'est pas encore intégrée dans l'imaginaire collectif comme une activité stratégique, moderne et socialement pertinente. Ce constat n'est pas une condamnation, mais une opportunité : là où il n'existe pas de récit, il est possible d'en construire un nouveau.

Le signe le plus encourageant est que le public n'a pas totalement renoncé à l'industrie. Selon l'enquête GlobeScan (2023), 79 % des répondants au niveau mondial déclarent qu'ils reconsidéreraient leur opinion si le secteur montrait des améliorations tangibles dans des domaines clés. Seule une minorité estime que l'industrie « ne fera jamais les choses correctement » ou que leur opinion se dégraderait malgré des évolutions positives. Cette ouverture est particulièrement significative en Occident : les citoyens en Europe et en Amérique du Nord identifient clairement les transformations susceptibles d'améliorer leur perception du secteur : protéger et restaurer la nature, réduire et recycler les ressources pour éviter de nouvelles extractions, garantir des conditions de travail sûres, améliorer la vie des communautés locales et contribuer activement à la lutte contre le changement climatique. Cet enseignement est crucial : la société n'est pas radicalisée ni fermée au dialogue, mais elle exige des signaux crédibles. La légitimité de l'industrie n'est pas acquise : elle est conditionnelle à de nouvelles pratiques et, surtout, à de nouveaux récits.

Ce que ces données révèlent de plus frappant, c'est le paradoxe qu'elles illustrent. D'un côté, les conflits liés à l'activité minière s'intensifient, notamment dans les démocraties occidentales. Marin et Palazzo (2024) montrent que des pays comme les États-Unis et le Canada connaissent parmi les niveaux de résistance les plus élevés au monde, avec plus de 12 000 événements conflictuels en moins d'une décennie, exprimés à travers des manifestations, des procès et des blocages organisés. Mais de l'autre, une lecture plus fine des données de perception publique offre un tableau moins sombre. Comme le démontre l'étude ICMM/GlobeScan (2023), malgré la faible confiance sociale, une majorité significative — 79 % — n'a pas définitivement abandonné le secteur. Au contraire, ces citoyens seraient prêts à reconsidérer leur opinion si des améliorations tangibles étaient mises en œuvre. En Amérique du Nord et en Europe, beaucoup reconnaissent encore la contribution du secteur à l'emploi, au développement économique et aux technologies propres. Ils n'ont pas tourné le dos à l'industrie : ils s'interrogent sur sa compatibilité avec les valeurs sociales et environnementales contemporaines. La critique existe, certes, mais elle s'accompagne d'une opportunité.

Le problème n'est donc pas seulement celui d'une industrie contestée, mais celui d'une industrie qui ne sait pas encore comment être comprise. Notre analyse met en évidence une citoyenneté ambivalente : elle reconnaît l'importance structurelle du secteur, mais doute de sa finalité. La tension ne naît pas d'une opposition frontale, mais d'une déconnexion symbolique. L'industrie agit, mais ne résonne pas. Elle livre, mais n'inspire pas. Elle respecte des standards, mais ne construit pas de sens. Ce qui manque, ce n'est pas seulement une meilleure communication, mais une traduction symbolique entre deux univers qui s'observent sans se connecter : le monde technique, réglementé et productif de l'industrie, et le monde quotidien, émotionnel et politique des communautés.

Dans ce vide, des intermédiaires, souvent peu représentatifs, finissent par parler à la place des autres : porte-parole externes, réseaux militants, ONG aux cadres rigides. Faute de liens directs et légitimes entre entreprises et territoires, le dialogue se fragmente et se polarise. Par conséquent, même sans hostilité explicite, certains projets deviennent intenables. L'indifférence ne crie pas, mais elle bloque. La licence sociale ne se perd pas dans un conflit unique, mais dans une accumulation de fractures non résolues. Le véritable défi n'est pas de regagner l'approbation, mais de restaurer le sens. Il ne s'agit pas seulement de mieux expliquer ce que l'on fait, mais de reconstruire pourquoi on le fait.

Réussir dans ce contexte exige bien plus que des rapports techniques ou des campagnes institutionnelles. Cela suppose un repositionnement culturel de l'industrie minière au XXIᵉ siècle : non pas comme un mal nécessaire ni comme une concession aux objectifs écologiques, mais comme un acteur légitime parlant le langage d'aujourd'hui — participation, communauté, réciprocité. L'avenir ne sera pas façonné par ceux qui se contentent d'extraire, mais par ceux qui construisent des relations durables.

4. Lacunes en formation et en talents : quand l'industrie minière cesse de parler à l'avenir

L'un des défis les moins visibles, mais peut-être le plus structurel, auxquels fait face aujourd'hui l'industrie minière occidentale est l'érosion progressive de son capital humain. Tout commence avec une vague de départs à la retraite, régulièrement signalée par les dirigeants du secteur, qui laisse un vide sans remplaçants clairs à l'horizon. Le problème est plus profond : ce manque de renouvellement générationnel ne semble pas devoir se corriger à moyen terme. Les inscriptions dans les disciplines stratégiques reculent, les programmes universitaires se réduisent, et les nouvelles générations ne perçoivent pas l'industrie minière comme un espace où construire leur avenir. Voici la première fracture, un décalage qui menace d'affaiblir le secteur depuis ses racines les plus humaines.

Les données traduisent clairement cette tendance. Selon la Society for Mining, Metallurgy, and Exploration (SME, 2022), le nombre d'étudiants inscrits en génie minier aux États-Unis a chuté de 60 %, passant d'environ 1 500 étudiants en 2015 à quelque 600 en 2022. En parallèle, des programmes académiques disparaissent ou se réduisent. En 2023, seules 15 universités proposaient encore des spécialisations en ingénierie minière, contre 25 il y a quelques décennies (SME, 2022). Ce phénomène ne se limite pas aux États-Unis : on l'observe également au Canada, en Australie et dans d'autres pays occidentaux. Il s'agit moins d'un problème local que d'un défi systémique. À mesure que l'Occident subit cette contraction, le contraste global devient plus évident et plus stratégique.

À l'inverse, des pays comme la Chine ont fait du développement du capital humain un atout stratégique. Avec des dizaines d'universités spécialisées, la Chine forme chaque année des centaines d'ingénieurs, de géologues et de techniciens hautement qualifiés, préparés à piloter ses ambitions minières. Ce que perd l'Occident n'est pas seulement un volume d'inscriptions dans des filières clés. C'est aussi la connexion culturelle entre la jeunesse et l'industrie minière qui s'efface. La génération en quête de sens, de flexibilité, d'impact et de perspectives ne trouve pas de récit mobilisateur dans le secteur. L'industrie offre de la technologie, mais pas de sens. Elle parle de production, mais pas d'appartenance. Dans cet espace laissé vacant, d'autres secteurs, comme les énergies renouvelables, les sciences des données et les biotechnologies, occupent l'imaginaire et relèguent l'industrie minière au passé.

Cette déconnexion se reflète nettement dans la perception des jeunes. L'enquête nationale réalisée en 2023 par MiHR et Abacus Data auprès des Canadiens de 15 à 30 ans place l'industrie minière en bas de classement. Seuls 27 % des répondants expriment une opinion favorable du secteur, loin derrière la santé (62 %), la culture (54 %) et la technologie (53 %). Le pétrole et le gaz atteint 29 %. Ce déficit de réputation n'est pas un détail : il signale un problème structurel. L'industrie minière ne se bat pas seulement pour des ressources et des permis, mais aussi pour le sens. Dans l'imaginaire des nouvelles générations, elle ne s'est pas positionnée comme une industrie d'avenir. Derrière ces chiffres se dessine un poids symbolique qui limite sa capacité à inspirer.

Au-delà des données chiffrées, l'enquête met en lumière la mauvaise réputation que l'industrie traîne dans l'esprit des jeunes. Lorsqu'on leur demande quels mots leur viennent immédiatement à l'esprit à propos du secteur minier, les réponses les plus fréquentes sont : charbon, or, dangereux, sale, dur, pollution, pétrole. Avant même une évaluation rationnelle, l'industrie est associée à des éléments du passé, à des risques professionnels, à des impacts environnementaux et aux énergies fossiles. Ce fardeau sémantique, ancré dans une narration extractive traditionnelle, complique l'association de l'industrie avec des concepts d'avenir comme l'innovation, la transition énergétique ou la quête de sens. Le défi dépasse donc l'économique pour devenir symbolique. Il s'agit de reconstruire la signification de l'activité minière dans la culture contemporaine, étape essentielle pour la rendre de nouveau attractive.

Le contraste avec d'autres secteurs accentue ce fossé. Soixante-cinq pour cent des jeunes Canadiens reconnaissent que l'industrie minière offre de bons salaires et des avantages, ce qui est positif. Elle est toutefois en retrait sur la plupart des autres attributs évalués. Quarante-six pour cent perçoivent des perspectives d'évolution de carrière. Trente-deux pour cent jugent l'équilibre travail-vie personnelle satisfaisant. À peine 26 % estiment que l'environnement de travail est sûr. La comparaison avec la technologie ou la santé, qui dominent presque tous les indicateurs, renforce ce constat. Les jeunes ne voient pas dans l'industrie minière un lieu de développement, de sécurité et d'inspiration. La déconnexion ne se limite pas aux dimensions environnementales ou symboliques. Elle est aussi fonctionnelle. Il faut des améliorations concrètes en matière d'employabilité, de bien-être et de sens.

Pourtant, tout n'est pas perdu. Malgré ces difficultés de perception et de positionnement, l'intérêt pour une carrière dans l'industrie minière montre de timides signes de reprise. Selon MiHR (2023), 34 % des jeunes Canadiens interrogés envisageraient une carrière dans le secteur, en hausse de trois points par rapport à 2020. Bien que ce chiffre reste très inférieur à celui des secteurs comme la technologie, la culture ou la santé (tous au-dessus de 60 %), il suggère que l'industrie n'est pas condamnée : il reste encore du temps. Le vrai risque n'est pas un rejet total, mais une indifférence structurelle. Si l'industrie parvient à reformuler son récit, à élargir sa proposition de valeur et à offrir de meilleures expériences de travail, le terrain pour attirer les nouvelles générations n'est pas encore complètement perdu. L'opportunité existe toujours, mais elle ne durera pas éternellement.

Cet espoir trouve écho ailleurs. L'étude australienne Gen Z Perceptions of Mining (AUSMASA, 2024) confirme les résultats canadiens : il existe un décalage structurel entre l'industrie minière et les jeunes générations, même dans des pays historiquement favorables au secteur. En Australie, 73 % des jeunes estiment que l'industrie fait plus de mal que de bien, et 3 % seulement ont une vision très positive du secteur. Pourtant, 66 % reconnaissent son importance pour l'économie nationale et 72 % la relient aux stratégies de décarbonation. Mais 44 % seulement considèrent qu'elle est pertinente pour soutenir leur mode de vie moderne. Ce décalage révèle une fracture narrative profonde : l'industrie est perçue comme utile, mais pas comme personnellement significative. La majorité des jeunes Australiens associent encore le secteur au charbon, au pétrole et au gaz, et moins de 30 % savent que l'Australie produit aussi des minéraux stratégiques comme le lithium ou le cuivre. L'industrie fournit, mais ne connecte pas.

La déconnexion s'étend aux dimensions professionnelles et culturelles. 14 % seulement considèrent l'industrie comme extrêmement importante pour leur vie quotidienne, et 77 % expriment des inquiétudes sur la culture du travail, la diversité et l'inclusion. La moitié des jeunes interrogés ignorent les opportunités autres que le travail physique, et 24 % seulement envisageraient de rejoindre le secteur si une formation et un emploi garantis leur étaient proposés. Pourtant, ce portrait n'est pas entièrement pessimiste. La même étude montre que 60 % des jeunes améliorent leur perception en apprenant que des objets du quotidien, du téléphone portable aux panneaux solaires, dépendent des minéraux. De plus, 75 % pensent que l'exploitation minière du futur nécessitera des professionnels hautement qualifiés, et 62 % se disent prêts à parler positivement du secteur si on leur fournit des arguments solides. La porte reste donc ouverte. Ce qui manque, ce n'est pas la volonté, mais un récit transformateur qui redonne à l'industrie un sens et un lien d'appartenance.

Les données et tendances montrent que, dans un avenir proche, le risque n'est pas seulement un déficit de jeunes talents attirés par le secteur, mais aussi l'érosion de sa capacité d'innovation et de leadership. Sans renouvellement générationnel, l'industrie risque de se répéter. Sans voix nouvelles, elle perd sa capacité à se réinventer et à s'adapter aux défis géopolitiques, technologiques et environnementaux du XXIe siècle.

L'Occident ne manque pas de talents. Il manque d'une industrie minière capable de parler clairement à ces talents. Et ce défi ne se résoudra pas uniquement par des bourses ou des campagnes de communication institutionnelles. Il nécessite de reformuler la place que l'industrie souhaite occuper dans l'architecture symbolique du XXIe siècle : non comme une activité du passé, mais comme un secteur d'avenir, capable d'affirmer clairement qu'ici aussi, nous construisons du sens, de la valeur sociale et de la transformation technologique. L'Occident n'a pas seulement besoin de professionnels : il a besoin de professionnels qui croient dans le secteur. Sans eux, sa capacité à rivaliser et à diriger dans le nouvel ordre minier mondial sera irréversiblement compromise.

Combler ce déficit de talents exige des stratégies immédiates et de long terme. À court terme, gouvernements et entreprises occidentales ont commencé à financer des bourses, des stages et des programmes de sensibilisation pour attirer des étudiants vers les disciplines liées aux ressources, souvent en les reformulant autour de la durabilité et des technologies de pointe, par exemple des programmes en ingénierie des ressources terrestres ou en science des matériaux pour batteries, plutôt que sous l'étiquette traditionnelle de génie minier. Des universités comme la Colorado School of Mines ont renouvelé leurs cursus en mettant l'accent sur la résolution de défis mondiaux (transition énergétique, durabilité des ressources), montrant aux étudiants comment les compétences minières peuvent répondre à des problèmes d'échelle planétaire. Ces premiers pas sont prometteurs, mais un changement plus profond est nécessaire.

À long terme, le réalignement narratif sera crucial. Si la société reconnaît l'industrie minière comme critique, moderne et même noble — moteur de la transition énergétique et de l'économie numérique — de nouveaux talents s'y tourneront. Les pays occidentaux ne manquent pas de jeunesse éduquée et motivée ; le défi est de les convaincre que construire la prochaine génération de mines et de technologies minérales est une mission digne. Sans cela, l'Occident risque non seulement moins de mines, mais aussi d'importer des expertises ou de perdre son avance technologique. Le renouvellement éducatif et générationnel ne fera peut-être pas les gros titres comme les permis miniers ou les guerres commerciales, mais il est une pièce essentielle du puzzle pour reconstruire le leadership occidental. Sans personnes formées pour diriger et développer les projets, même les meilleures politiques échoueront. Cette vulnérabilité découle paradoxalement du succès occidental : en évoluant vers une économie de services et de savoir, beaucoup ont oublié que ce savoir doit aussi s'ancrer dans la sécurisation des matériaux sur lesquels repose cette économie.

En somme, le déficit de talents dans l'industrie minière occidentale n'est pas un symptôme isolé, mais le reflet d'un processus plus profond : la perte de connexion symbolique entre le secteur et les nouvelles générations. Il ne s'agit pas seulement de former des professionnels, mais de leur offrir une cause à laquelle adhérer. Car le vrai leadership ne se construit pas uniquement avec des machines ou des subventions, mais avec une vision. Aujourd'hui plus que jamais, l'industrie doit réaffirmer cette vision pour parler à nouveau, avec honnêteté, sens et clarté tournée vers l'avenir, à celles et ceux qui en définiront le destin.

Quand une industrie perd sa place dans le récit

L'examen des quatre défis structurels auxquels l'industrie minière occidentale est aujourd'hui confrontée, des goulots d'étranglement réglementaires au déficit de talents, révèle un fil conducteur qui dépasse les aspects techniques. Bien que distincts dans leur forme, ces problèmes partagent une cause profondément enracinée : une industrie dépourvue d'un récit mobilisateur. Plus précisément, une industrie qui a perdu sa place dans l'histoire collective de l'Occident.

Il ne s'agit pas seulement d'une crise d'efficacité ou de réputation. Ce qui émerge, c'est une crise de sens. L'industrie minière occidentale a respecté les normes, soutenu des secteurs stratégiques et consenti des efforts substantiels pour s'adapter. Pourtant, à un moment donné, elle a cessé d'inspirer. Elle a cessé de nourrir un sentiment d'appartenance. Et dans des contextes où le capital, les talents et le soutien civique se mobilisent de plus en plus autour de finalités partagées plutôt qu'autour de données ou de nécessités économiques, cette déconnexion symbolique devient une faiblesse structurelle.

Historiquement, l'activité minière incarnait le progrès, le développement territorial et la mobilité sociale. Aujourd'hui, elle apparaît souvent comme une industrie secondaire, déconnectée du récit contemporain de l'avenir, de la durabilité ou de la transformation numérique. Elle n'a pas cessé d'être stratégique ; elle a cessé d'être perçue comme faisant partie de l'ensemble. Elle est devenue un secteur que la société accepte de tolérer, mais pas nécessairement un secteur qu'elle souhaite imaginer. Cette différence, apparemment sémantique, est en réalité politique, économique et culturelle.

Cette perte de récit n'est ni une anomalie ni uniquement la faute de l'industrie. Elle reflète quelque chose de plus profond : une transformation des codes symboliques et des priorités collectives dans de nombreuses sociétés occidentales. Ces dernières années, les valeurs partagées se sont réorganisées autour de récits globaux tels que la durabilité, la transition énergétique, l'inclusion et la gouvernance. Dans ce processus, certaines activités productives qui n'ont pas su s'intégrer rapidement à ces nouveaux langages ont été symboliquement laissées de côté.

L'activité minière n'a pas disparu du système : elle a continué de fonctionner, de créer de l'emploi, des exportations et des intrants essentiels. Mais elle l'a fait de manière opérationnelle, et non narrative. Elle a rempli une fonction, sans occuper de rôle symbolique. Or, dans des environnements où les décisions institutionnelles, financières et sociales sont de plus en plus activées par le sens, cette omission est devenue un piège. L'industrie s'est retrouvée prise dans une dissonance systémique : essentielle, mais non reconnue comme telle. Lorsqu'une activité perd son sens dans le système qui la produit, ce système cesse de la protéger, de la représenter, de la prioriser.

À ce stade, il convient de s'interroger sur la légitimité recherchée. Se peut-il qu'en se concentrant presque exclusivement sur les indicateurs ESG et la conformité procédurale, l'industrie ait relégué au second plan son récit symbolique, communautaire et stratégique ? Est-il possible que, dans son effort nécessaire pour s'adapter aux cadres de gouvernance environnementale et sociale, elle ait perdu la capacité d'expliquer pourquoi elle existe, ce qu'elle représente et pourquoi elle mérite d'être intégrée à la vision collective de l'avenir ? Alors que, dans d'autres régions, comme en Chine, l'activité minière a toujours été perçue comme la base du développement national, peut-être qu'en Occident elle n'est devenue qu'une activité à gérer, plutôt qu'un secteur à projeter.

Ce vide narratif ne peut être comblé par du marketing. Il ne se résout pas par des campagnes institutionnelles ou des slogans bien intentionnés. Car l'enjeu n'est pas l'image du secteur, mais la place symbolique que la société assigne à ses activités productives. Quand cette place devient floue, tout se complique : les processus d'autorisation s'allongent, les jeunes se tournent ailleurs, le capital cherche des espaces où la friction sociale est moindre. Plus profondément encore, la base sur laquelle reposent les licences sociales, la régulation efficace et la stabilité institutionnelle s'affaiblit.

Ce que nous observons n'est donc pas une industrie non rentable, inutile ou technologiquement dépassée. C'est une industrie qui n'est pas intégrée, sur le plan symbolique, à la vision d'avenir que de nombreuses sociétés veulent construire. Et c'est pour cette raison que, même lorsqu'elle respecte rigoureusement les normes, elle peine à obtenir un soutien plein et entier. Le paradoxe est clair : plus elle devient stricte, plus elle semble isolée. Dans son zèle de conformité, elle s'enferme dans des cadres réglementaires qui la protègent mais l'éloignent. Et dans cet éloignement, elle perd le contact avec le langage émotionnel, aspirationnel et social qui définit les priorités contemporaines.

Ainsi, l'exploitation minière formelle ralentit, se judiciarise et se bureaucratise, tandis que d'autres formes d'extraction, moins régulées, plus rapides et sans engagement d'intégration, progressent en marge. Mais cela ne doit pas être la fin de l'histoire. Au contraire, cela peut être le seuil d'une transformation possible. L'Occident n'est pas condamné à la marginalisation minière. Il doit d'abord réévaluer son architecture institutionnelle et symbolique, non pour renoncer aux standards qui le définissent, mais pour retrouver la question centrale : quel rôle l'industrie minière joue-t-elle dans le récit que nous voulons écrire en tant que société ?

Reconstruire le récit ne consiste pas à tout justifier. Il s'agit d'intégrer. De reconnaître que, comme toute industrie, l'activité minière a commis des erreurs. Mais aussi de démontrer que ses contributions peuvent s'inscrire dans quelque chose de plus vaste : transition énergétique, cohésion territoriale, résilience productive, ancrage matériel de l'innovation.

Une industrie minière dotée de sens ne se défend pas ; elle se propose comme partie prenante d'un pacte collectif pour l'avenir. Là où ce récit réémerge, appuyé non seulement sur des données mais aussi sur des relations, des symboles et une vision partagée, l'industrie retrouve légitimité, licence sociale, investissements et talents. Non par imposition, mais en regagnant le sens. En parlant à nouveau une langue que la société est prête à entendre. C'est à cette condition qu'elle pourra devenir plus efficace, plus visible, plus respectée et, surtout, mieux choisie.

Ce qui rend cette réflexion encore plus urgente, c'est que ces défis structurels n'apparaissent pas isolément. Tandis que l'exploitation minière formelle affronte des réglementations de plus en plus exigeantes, des cadres institutionnels fragmentés et des attentes sociales croissantes, un autre phénomène se développe à la marge du système mondial : la montée de l'exploitation minière illégale. Et il ne s'agit pas seulement d'activités illicites. Dans de nombreux territoires — pas forcément occidentaux, mais étroitement liés à la demande occidentale — émergent des formes d'extraction qui opèrent avec rapidité, organisation et capacité à occuper l'espace symbolique. Là où le modèle formel échoue à répondre légitimement, il ne laisse pas un vide : une autre logique s'impose. Souvent, elle contredit directement les principes que l'Occident affirme défendre : traçabilité, État de droit, soutenabilité, droits humains.

Ainsi, pour comprendre ce qui est en jeu, il ne suffit pas d'examiner les faiblesses du modèle formel ; il faut aussi observer quelles forces occupent l'espace lorsque ce modèle ne répond plus. Ce sera l'objet central de la prochaine section.

Quand l'Occident ne fournit plus : l'exploitation minière illégale et informelle comble le vide

Lorsque la capacité de production minière ralentit dans des environnements fortement régulés, le vide qui en résulte ne reste pas statique. D'autres formes d'extraction, avec des cadres réglementaires distincts, des capacités institutionnelles variables et des rythmes opérationnels plus agiles, tendent à occuper cet espace. Ce qui apparaît alors n'est pas un échec isolé, mais une dynamique systémique résultant de pressions structurelles : l'urgence mondiale de sécuriser les minéraux stratégiques essentiels à la transition énergétique et technologique. Cette pression ne peut pas toujours se permettre des délais délibératifs ni la complexité des processus formels. Comme le souligne l'analyse mondiale 2025 de l'ONUDC sur les crimes environnementaux (Partie 2b : crimes liés aux minéraux), la combinaison d'une forte demande et de la hausse des valorisations de ressources comme l'or, le lithium ou le cobalt a favorisé l'expansion de circuits d'extraction opérant dans des contextes institutionnellement fragiles. Là où les structures formelles échouent à répondre ou à agir rapidement, des méthodes alternatives tendent à se consolider. Loin d'être une anomalie, ce phénomène apparaît de plus en plus comme la conséquence structurelle du déséquilibre entre demande mondiale et offre régulée.

Le cas du cobalt en République démocratique du Congo (RDC) illustre clairement cette tension structurelle. Portée par l'essor mondial des véhicules électriques, l'extraction de cobalt s'est rapidement développée, mêlant opérations industrielles formelles et un vaste réseau d'exploitation artisanale informelle. Selon l'ONUDC (2025), une part significative de cette production, souvent dépourvue de garanties de sécurité pour les travailleurs et de traçabilité vérifiable, se retrouve intégrée aux chaînes d'approvisionnement internationales. Même dans des contextes où s'appliquent des normes strictes de certification, les premières étapes telles que la concentration, le transport ou le raffinage rendent l'identification précise des origines du minerai difficile, voire impossible. Ce qui apparaît théoriquement comme des circuits séparés peut, en pratique, s'entremêler sans preuve claire. Cette ambiguïté ne reflète pas un dysfonctionnement ponctuel, mais une tension persistante entre les principes réglementaires mondiaux et les réalités opérationnelles locales.

En Asie, cette dynamique prend d'autres formes, tout aussi significatives. En Indonésie, par exemple, les politiques de développement industriel ont fortement encouragé la croissance du secteur du nickel, un intrant clé pour la fabrication de batteries. Mais cette expansion s'est également accompagnée de pratiques informelles, de tensions réglementaires et de circuits de production difficiles à contrôler de manière exhaustive. En 2024, plus de vingt personnes ont fait l'objet d'enquêtes pour leur implication dans des exportations non autorisées d'étain, révélant des contextes où cadres réglementaires et incitations productives avancent rarement de façon coordonnée. Comme le note l'ONUDC (2025), une demande accélérée, combinée à des capacités institutionnelles limitées, peut orienter l'expansion selon des trajectoires inattendues. Même lorsque l'origine est floue ou la traçabilité incomplète, cette production tend à s'intégrer aux marchés mondiaux qui se revendiquent pourtant respectueux de normes de durabilité et de droits du travail.

L'Amérique latine connaît son propre paradoxe. Malgré des réserves abondantes de lithium, de cuivre et d'or, plusieurs territoires sont devenus des terrains favorables à l'essor de réseaux d'extraction informelle ou illégale, surtout là où la présence de l'État est faible. En Colombie, par exemple, 73 % de l'extraction aurifère alluviale recensée en 2022 s'est déroulée dans des conditions classées comme illégales ou irrégulières, une partie de cette production étant exportée à partir de zones franches dépourvues de traçabilité claire (ONUDC, 2025). Des dynamiques similaires sont documentées au Pérou, au Brésil et au Venezuela : de l'or extrait dans des conditions informelles est ensuite fondu, documenté et exporté sans origine certaine. Dans ce scénario, une baisse de la production régulée ailleurs ne réduit pas la demande, elle redistribue simplement le risque. Le rapport souligne qu'une part importante de l'or extrait en Amazonie, dans des zones marquées par la déforestation et des conditions de travail précaires, finit insérée dans les marchés internationaux via de grands centres mondiaux de raffinage et de négoce. Nombre de ces destinations ne produisent pas d'or elles-mêmes, mais jouent un rôle central dans la chaîne de valeur. Une fois le métal fondu, documenté et exporté, la traçabilité s'estompe. À ce stade, les distinctions se brouillent et le contrôle diminue, révélant un dilemme structurel : lorsque la production interne est découragée, les régulations occidentales ne suppriment pas la consommation, elles la redirigent vers des voies moins visibles.

Au-delà des tensions institutionnelles et réglementaires, l'essor de l'exploitation minière illégale entraîne des impacts concrets qui ne peuvent être ignorés. Dans de nombreuses régions, cette activité s'exerce sans études d'impact environnemental, sans contrôle des intrants chimiques et sans limites d'expansion territoriale. Les résultats sont dévastateurs : contamination massive au mercure des rivières, déforestation accélérée, destruction d'écosystèmes, disparition d'habitats critiques. Dans les zones à haute biodiversité, l'exploitation illégale fragmente les corridors écologiques, affecte les populations de poissons et de mammifères, et dégrade les ressources en eau utilisées par des communautés entières. S'y ajoutent des violations systématiques des droits humains : traite de personnes, travail forcé, exploitation sexuelle, déplacements de populations autochtones ou afrodescendantes en Amérique latine, en Afrique et en Asie. Dans les régions rurales de l'Amazonie ou du Sahel, l'exploitation illégale ne détruit pas seulement l'environnement, elle érode les structures sociales, reproduit la violence territoriale et expose des communautés entières à des maladies chroniques sans réponse gouvernementale efficace. Même les critiques les plus sévères des modèles formels reconnaissent que l'absence de régulation n'atténue pas les dommages environnementaux : elle les amplifie, les dissimule et les aggrave.

Cette réalité tangible renvoie à une dynamique plus profonde. Ce que montre ce livre — et ce qui devient de plus en plus visible dans différents territoires — n'est pas simplement l'expansion de pratiques illégales, mais le fonctionnement prévisible d'un système mondial déséquilibré. Lorsque l'exploitation minière formelle est freinée par des restrictions multiples, qu'elles soient réglementaires, judiciaires, financières ou symboliques, sa capacité opérationnelle diminue fortement. Le marché, lui, ne s'arrête pas : la demande persiste. Là où l'offre régulée ralentit ou s'interrompt, des formes alternatives d'extraction occupent l'espace disponible, souvent sans permis, sans audiences ni mécanismes de contrôle préalable. L'exploitation informelle ne progresse pas par confrontation directe, mais par déplacement. Elle ne force pas l'entrée, elle s'installe là où l'institutionnel ne parvient plus à intervenir.

Ce phénomène ne peut être compris uniquement à travers le prisme de l'illégalité. Pour en saisir la logique sous-jacente, le concept sociologique d'anomie s'avère particulièrement utile. L'anomie décrit une situation où les normes perdent leur capacité à guider l'action collective : elles existent encore, mais cessent d'avoir un effet pratique. Dans les contextes miniers, l'anomie apparaît lorsque les exigences réglementaires dépassent en permanence la capacité opérationnelle du système formel. Le cadre légal demeure, mais il devient inefficace comme outil de canalisation de l'activité. La légalité cesse alors d'être perçue comme une voie praticable et, dans cette zone grise, les projets informels prolifèrent : ils n'observent pas toutes les normes, mais fonctionnent avec une certaine normalité, non parce qu'ils passent inaperçus, mais parce que le système n'offre plus d'alternative viable.

Dans ce scénario, la légalité ne fonctionne plus comme un espace habilitant, elle opère de fait comme un système d'exclusion. Non parce que les cadres réglementaires seraient intrinsèquement défaillants, mais parce qu'ils accumulent des couches d'exigences, de validations et de délais qui finissent par décourager même les acteurs les plus formels. Face à cette surcharge réglementaire, de nombreux projets se figent. Or le besoin en minéraux stratégiques ne disparaît pas. Dans cet interstice, où les ressources existent mais où la viabilité réglementaire fait défaut, émergent des opérations plus flexibles et moins visibles, soumises à moins de contraintes. Ainsi, le système formel, dans son zèle à maintenir les niveaux d'exigence les plus élevés, cède du terrain à des logiques qui échappent à son contrôle.

Le paradoxe est évident : cette dérive ne découle pas d'un manque de régulation, mais d'un excès de régulations non coordonnées. Au lieu de fonctionner comme des outils facilitateurs, nombre de politiques publiques deviennent des labyrinthes normatifs qui fragmentent, dupliquent et ralentissent les processus. Loin de renforcer l'exploitation minière responsable, cette toile réglementaire complexe l'affaiblit, poussant les projets vers l'inaction ou la frustration. Dans cet espace latent, où les ressources existent mais où les permis n'aboutissent pas, où la demande est forte mais où la viabilité opérationnelle est absente, des formes alternatives d'extraction apparaissent, non nécessairement animées par une intention criminelle, mais opérant en dehors des cadres institutionnels.

Dans bien des cas, ces méthodes d'extraction informelle ne se contentent pas de progresser en marge, elles se consolident en systèmes parallèles, pas toujours illégaux, mais déconnectés des structures réglementaires formelles. Généralement de petite taille et bénéficiant d'un certain degré d'acceptation locale, ces projets fonctionnent efficacement avec une visibilité institutionnelle minimale. Certains génèrent de l'emploi, stimulent les économies locales et répondent partiellement à la demande mondiale, même s'ils ne respectent pas les critères ESG. Cette situation crée une tension structurelle : tandis que l'exploitation minière formelle s'embourbe dans des processus pouvant durer des décennies, l'informelle gagne en agilité, en échelle et, dans certains cas, en légitimité territoriale. Le système se renverse : les processus formels ralentissent, les opérations informelles avancent.

Ce qui inquiète particulièrement, ce n'est pas seulement que cette dynamique sape le respect des normes internationales, mais aussi qu'elle limite la capacité de l'Occident à influencer la configuration du modèle minier mondial. En restreignant sa propre offre pour des raisons légitimes — protection de l'environnement, participation sociale, exigences réglementaires — il laisse un vide rapidement comblé par d'autres acteurs. Ce vide ne reste pas confiné au Sud global : une part significative des minéraux extraits de manière informelle ou illégale se retrouve intégrée dans des chaînes d'approvisionnement servant directement ou indirectement les industries occidentales. Quand l'offre régulée est insuffisante, la demande ne s'éteint pas, elle se déplace vers des canaux échappant à la supervision institutionnelle. Ainsi, ne pas produire devient aussi une forme d'influence. Et lorsque cette influence n'est pas exercée, d'autres modèles avancent, avec d'autres critères, d'autres rythmes et d'autres conséquences.

Une part importante du problème tient au fait que l'opinion publique ne distingue pas toujours clairement l'exploitation illégale, informelle et formelle. Quand cette différence n'est pas communiquée de manière précise, toutes les formes d'extraction risquent d'être associées symboliquement aux impacts négatifs, aux injustices ou aux atteintes environnementales, y compris celles qui opèrent sous des standards élevés et des cadres de responsabilité reconnus. Dans ce scénario, l'exploitation minière formelle perd de la légitimité non pas à cause de ses pratiques réelles, mais à cause du bruit narratif qui l'entoure. Façonner le récit n'est donc pas périphérique : c'est stratégique. Si l'Occident aspire à maintenir son influence dans le nouvel ordre minier, il doit reconstruire un cadre symbolique qui ne se contente pas de défendre les principes de durabilité et de traçabilité, mais qui démontre de manière convaincante la valeur publique d'une exploitation régulée, transparente et compétitive. Toute exploitation n'est pas égale et toute extraction informelle ne doit pas être criminalisée. Mais les contraintes réglementaires imposées au modèle formel ne devraient pas affaiblir sa capacité à agir face à des alternatives précaires. L'exploitation minière formelle doit clarifier ses frontières, se distinguer et montrer pourquoi sa présence est essentielle à un avenir plus juste et plus durable, aligné sur les valeurs qu'elle revendique.

L'expansion de ces réseaux informels entraîne aussi des conséquences géopolitiques trop souvent négligées. Dans plusieurs pays, l'exploitation minière illégale ne se limite pas à une extraction informelle : elle est associée à des économies criminelles, à des structures armées non étatiques et à des dynamiques de contrôle territorial qui défient l'État et les cadres multilatéraux. En Afrique de l'Ouest, en Amérique latine et en Asie du Sud-Est, l'extraction non régulée finance des groupes insurgés, fragilise le contrôle des frontières et déstabilise des zones stratégiques pour l'approvisionnement en minéraux critiques. Dans ce contexte, les événements survenus dans ces territoires informels ne restent pas isolés : ils affectent les chaînes d'approvisionnement mondiales, influencent les prix, affaiblissent les traités environnementaux et compromettent les efforts multilatéraux visant à bâtir un modèle de transition énergétique crédible, traçable et coopératif.

Pourtant, le scénario reste ouvert. Les pays confrontés aujourd'hui à des restrictions réglementaires, à un scepticisme social ou à des processus institutionnels fragmentés disposent encore, souvent, de capacités techniques, de réserves de minéraux stratégiques et d'infrastructures installées pour se repositionner. S'ils parviennent à reconstruire leur légitimité symbolique, à aligner leurs cadres réglementaires sur une vision partagée et à établir des conditions claires et favorables, l'Occident conserve le potentiel de produire une grande partie de ce que son propre marché exige. Reconquérir cet espace ne signifie pas imiter les modèles informels, mais agir à une autre échelle : avec des règles claires, de la technologie, de la traçabilité et, surtout, du sens. Car la meilleure façon de contrer la précarité n'est pas la rhétorique, mais une offre viable.

L'industrie minière en Occident : quatre modèles pour une relance stratégique

Les défis structurels auxquels l'industrie minière occidentale est aujourd'hui confrontée, de la lenteur institutionnelle à la perte de légitimité symbolique, ne sont pas insurmontables. Dans un contexte plus large de transformation géopolitique et technologique, quatre acteurs clés, chacun occupant un rôle distinct dans la chaîne de valeur des minéraux critiques, apparaissent comme des leaders potentiels d'une relance stratégique : le Canada, l'Australie, les États-Unis et l'Union européenne.

Chacun, en s'appuyant sur ses atouts propres et son héritage historique, adopte des mesures concrètes pour repositionner l'industrie minière, ou ses segments associés, dans son cadre productif national ou régional. Au Canada, la solidité institutionnelle, l'abondance de ressources critiques et des partenariats affirmés avec les communautés autochtones ont favorisé l'émergence d'un écosystème combinant raffinage et fabrication avancée. L'Australie a considérablement développé ses capacités de traitement industriel, même si l'ancrage en aval de l'industrie reste limité. Aux États-Unis, après des décennies de dépendance extérieure, la base minière et industrielle a commencé à se réactiver de manière décisive, avec une accélération en 2025 grâce à des politiques visant à simplifier les délais réglementaires, encourager l'investissement et renforcer l'autosuffisance stratégique. Quant à l'Union européenne, malgré une base minière réduite, elle s'est imposée comme un nœud mondial incontournable en tant que grand consommateur et pôle industriel avancé, spécialisé dans les technologies propres de traitement, le recyclage à haut niveau, des normes ESG exigeantes et une diplomatie minérale active, sécurisant ses approvisionnements par des alliances internationales.

Malgré leurs différences, ces quatre modèles partagent une aspiration commune : établir un nouveau cadre minier, non pas en répliquant l'échelle chinoise, mais en offrant une alternative crédible, traçable et technologiquement sophistiquée. Ils visent à intégrer l'activité minière et ses industries connexes, avec des règles claires, une légitimité sociale et une innovation industrielle, dans les chaînes de valeur qui façonnent l'économie du XXIe siècle. Dans les sections suivantes, nous examinerons comment chacun de ces acteurs négocie ce processus de transformation.

Canada : leadership institutionnel et émergence d'un modèle intégré en aval

Le Canada s'affirme comme l'une des nations minières les plus pertinentes au monde, non seulement en raison de ses abondantes réserves de nickel, de lithium, de cobalt, de cuivre, d'uranium, de graphite et de terres rares (USGS, 2025), mais aussi grâce à sa capacité institutionnelle à traduire cette richesse en valeur ajoutée responsable. Dans la nouvelle ère de la géopolitique minière, l'atout stratégique du Canada réside moins dans l'abondance de ses ressources que dans son effort croissant pour les raffiner, les transformer et les intégrer dans des chaînes de valeur locales alignées sur des principes réglementaires, des engagements ESG et des alliances stratégiques. Bien qu'une part importante de sa production soit encore exportée sans transformation, le pays réalise d'importants investissements et met en œuvre des politiques spécifiques pour développer ses capacités de traitement domestiques et les relier directement aux industries de haute valeur ajoutée, comme la fabrication de batteries et les technologies propres.

Depuis 2022, le gouvernement fédéral a lancé une Stratégie nationale sur les minéraux critiques, dotée de plus de 4 milliards de dollars canadiens (CAD), visant à accélérer l'exploration, le raffinage, la fabrication et le recyclage (Gouvernement du Canada, 2024). Cette stratégie inclut des investissements dans les infrastructures, des incitations fiscales pour la production propre, des financements en R&D, ainsi que des alliances structurées avec les communautés autochtones. L'objectif est clair : fermer la boucle productive, en passant d'un statut d'exportateur de matières brutes à celui de fournisseur intégré d'intrants technologiques clés.

Aujourd'hui, plus de 150 projets actifs ou avancés liés aux minéraux stratégiques se répartissent dans presque toutes les provinces. Le Québec se distingue dans le lithium, avec des projets visant à produire jusqu'à 18 000 tonnes par an d'hydroxyde de lithium de qualité batterie ; l'Ontario et l'Alberta développent des raffineries pour le nickel, le cobalt et les matériaux de cathode (Gouvernement du Canada, 2024). Ces projets s'inscrivent dans une dynamique de plus de 40 milliards de CAD d'investissements privés depuis 2020 dans les usines de batteries, composants et véhicules électriques (Gouvernement du Canada, 2025). Le pays commence ainsi à consolider un écosystème industriel complet, où les minéraux canadiens sont traités localement, intégrés dans la fabrication, puis revalorisés par le recyclage.

Un trait distinctif du modèle canadien réside dans la solidité de ses institutions réglementaires. Le pays maintient un cadre transparent, exigeant des études d'impact environnemental rigoureuses, une participation publique significative et, surtout, des consultations approfondies avec les communautés autochtones (Ressources naturelles Canada, 2024). Cette dimension, souvent perçue comme un frein, est au contraire utilisée de façon stratégique au Canada. Plusieurs projets clés ont établi des alliances structurelles avec les Premières Nations, incluant la participation au capital, des accords de bénéfices mutuels et des programmes de formation technique. Loin d'être symboliques, ces partenariats renforcent la licence sociale et favorisent une répartition plus équitable de la valeur.

Le secteur privé joue également un rôle central dans cette évolution. Des entreprises comme Barrick Gold, Teck Resources, First Quantum Minerals et Agnico Eagle ont non seulement élevé les standards ESG à l'échelle internationale, mais intègrent de plus en plus, au niveau local, des technologies propres, des opérations électrifiées, des mécanismes de traçabilité environnementale et des dispositifs de suivi communautaire (Teck Resources, 2024 ; Barrick, 2024). Ces pratiques consolident la réputation du Canada comme juridiction minière responsable, susceptible de devenir un avantage compétitif sur des marchés qui privilégient la traçabilité et la transparence.

Parallèlement, universités, agences publiques et start-up développent des technologies de traitement moins polluantes, des procédés de récupération des minéraux contenus dans les résidus, ainsi que des modèles innovants de recyclage. Le Programme fédéral de R&D sur les minéraux critiques a financé plus de 40 projets depuis 2023, visant à réduire l'impact chimique du raffinage, à réutiliser les sous-produits et à certifier la traçabilité ESG de chaque tonne produite (Ressources naturelles Canada, 2024). Ces innovations servent autant l'efficacité opérationnelle que la réputation internationale.

Cependant, les infrastructures de traitement demeurent insuffisantes face à la demande future. Selon les projections officielles, l'alimentation de seulement quatre gigafactories nécessiterait au moins 19 nouvelles installations de raffinage (Gouvernement du Canada, 2024). De plus, le pays se heurte à un goulet d'étranglement structurel : les délais d'autorisation peuvent atteindre 27 ans entre découverte et mise en production (S&P Global, 2024), ce qui impose une refonte agile du cadre réglementaire afin d'accélérer les projets sans compromettre la légitimité.

En 2025, la politique canadienne reste fortement orientée vers la transition verte et la chaîne de valeur des batteries. Bien que la Stratégie nationale reconnaisse l'importance des minéraux critiques pour des secteurs comme la défense, l'aérospatiale ou les technologies avancées, la majorité des investissements, incitations et alliances internationales mis en œuvre cette année visent à renforcer le rôle du Canada comme hub nord-américain pour le lithium, le nickel, le cobalt, le graphite et le manganèse — essentiels aux véhicules électriques et au stockage d'énergie. La coopération avec les États-Unis, dans le cadre de l'Inflation Reduction Act (IRA), accentue cette orientation, puisque les crédits d'impôt américains favorisent les matériaux et composants produits dans les pays liés par des accords commerciaux, à condition qu'ils répondent à des exigences strictes de traçabilité et de contenu régional. Cette interdépendance avec les industries automobile et énergétique américaines aligne largement le développement industriel du Canada sur les objectifs nord-américains de décarbonation et de mobilité électrique, davantage que sur une diversification géostratégique, comme le poursuivent les États-Unis eux-mêmes ou partiellement l'UE.

Malgré ces défis et sa focalisation thématique sur la transition verte, le Canada pose des bases solides. Sa véritable capacité ne repose pas uniquement sur l'abondance de ses minéraux, mais sur ses efforts pour bâtir un modèle industriel démocratique, durable sur le plan environnemental, aligné sur les valeurs de ses partenaires et adapté aux exigences émergentes du marché mondial. Si le pays parvient à consolider une approche intégrée — de la mine à la batterie — et à élargir progressivement sa vision vers d'autres applications stratégiques des minéraux critiques, il pourrait devenir bien plus qu'un fournisseur fiable d'intrants : un référent occidental en matière d'écosystèmes miniers modernes, où compétitivité, légitimité et durabilité ne sont pas des récits séparés, mais les piliers centraux de sa projection géopolitique.

Australie : forte capacité d'extraction et de raffinage, mais quelle destination industrielle ?

L'Australie a historiquement été une puissance minière et développe aujourd'hui de manière significative ses capacités de raffinage pour les minéraux stratégiques. Entre 2023 et 2025, le pays s'est imposé parmi les principaux producteurs mondiaux de lithium, de terres rares, de nickel et d'autres minéraux critiques, en cherchant à transformer cette force en avantage pour progresser vers des étapes de traitement à plus forte valeur ajoutée (Government of Western Australia, 2024). Mais une question clé demeure : quelle part de cette valeur ajoutée alimente réellement les industries domestiques, et quelle part est destinée à l'exportation ?

En matière de raffinage, l'Australie a considérablement amélioré ses capacités. L'État d'Australie-Occidentale, cœur du secteur minier national, a développé une industrie de traitement des métaux pour batteries compétitive à l'échelle mondiale (Government of Western Australia, 2024). Plusieurs raffineries chimiques de lithium y ont été construites : de nouvelles usines à Kwinana et à Kemerton convertissent le concentré de spodumène local en hydroxyde de lithium de qualité batterie, faisant partie des premières installations de ce type hors de Chine (Government of Western Australia, 2024). Dès 2024, deux de ces raffineries étaient déjà opérationnelles, marquant l'entrée de l'Australie dans le traitement avancé du lithium.

Pour le nickel, BHP a investi près de 3 milliards de dollars américains (USD) dans Nickel West (Australie-Occidentale) afin de produire du sulfate de nickel destiné aux batteries de véhicules électriques, faisant de ce complexe l'une des rares installations de ce type hors d'Asie (Circulor, 2024). Bien que les opérations aient été temporairement suspendues fin 2024 en raison de prix bas, cet investissement a posé les bases du développement d'un « nickel vert », alimenté par des énergies renouvelables et soutenu par des accords d'approvisionnement avec des entreprises comme Tesla (Circulor, 2024). D'autres opérations, comme Murrin Murrin (Glencore), continuent de produire des intermédiaires de nickel et de cobalt adaptés aux chaînes de valeur des batteries.

Dans le domaine des terres rares, l'Australie a franchi une étape majeure en 2024 avec la première installation locale de traitement à Kalgoorlie, détenue par Lynas. Cette usine traite le concentré extrait de la mine de Mt Weld pour produire des carbonates mixtes de terres rares, réduisant partiellement la nécessité d'expédier tous les matériaux à l'étranger (Listcorp, 2024 ; Argus Media, 2024). C'est une étape critique vers une chaîne d'approvisionnement locale intégrée, qui pourrait s'élargir si de nouvelles usines de séparation ou de fabrication d'aimants permanents venaient à être développées.

Au-delà de ces avancées, des projets pilotes et des développements en cours visent à produire du graphite de qualité batterie, de l'alumine de haute pureté (HPA) pour l'électronique, des électrolytes de vanadium pour les batteries à flux, ainsi que du sulfate de cobalt — le tout en Australie (Government of Western Australia, 2024). Des stratégies comme la Battery and Critical Minerals Strategy 2024 de l'Australie-Occidentale fixent explicitement la priorité d'élargir les capacités de traitement intermédiaire afin de capter davantage de valeur domestique (Government of Western Australia, 2024).

Cependant, malgré ces avancées dans le raffinage, l'utilisation industrielle en aval demeure limitée en Australie. Le pays dispose actuellement de peu de demande interne dans des secteurs comme la fabrication de véhicules électriques, l'assemblage de batteries ou les équipements de défense, consommateurs naturels de ces matériaux raffinés. Contrairement aux États-Unis, l'Australie n'a plus d'industrie automobile significative (ses dernières usines ayant fermé en 2017) et ne possède qu'un secteur embryonnaire d'assemblage de batteries (Government of Western Australia, 2024). En conséquence, une grande partie des matériaux traités est exportée : l'hydroxyde de lithium de Kwinana est expédié vers des fabricants asiatiques ; les carbonates de terres rares de Kalgoorlie sont envoyés en Malaisie ou ailleurs pour la séparation finale ; le sulfate de nickel sera vraisemblablement exporté pour la production de cathodes à l'étranger.

Des efforts émergents cherchent toutefois à inverser cette tendance. Le Queensland a proposé la création d'une gigafactory locale, et une petite usine d'assemblage de batteries au lithium a déjà commencé à produire des batteries spécialisées pour le stockage d'énergie (Government of Western Australia, 2024). Des entreprises australiennes participent également à des partenariats internationaux pour fournir des matériaux à des usines de véhicules électriques étrangères. Mais, à ce stade, la captation de valeur en aval reste modeste : l'Australie ajoute de la valeur au raffinage, mais omet en grande partie les étapes de fabrication finale, manquant les produits les plus rémunérateurs comme les batteries assemblées, les moteurs électriques et les dispositifs technologiques avancés.

Le gouvernement australien comme l'industrie reconnaissent ce manque et explorent des voies pour développer davantage d'industries en aval ou différencier leur modèle actuel. Une option stratégique consiste à mettre en avant des procédés propres et durables comme élément distinctif, en réponse à la demande croissante de matériaux produits de manière éthique. L'Australie a déjà mis en place des standards environnementaux et de sécurité rigoureux pour ses nouvelles raffineries, avec des politiques strictes de recyclage de l'eau et de gestion des déchets dans les usines de lithium, ainsi que le respect des normes de radioprotection pour le traitement des terres rares (Circulor, 2024).

De plus, l'intérêt pour la traçabilité est croissant. Des entreprises australiennes testent des technologies comme la blockchain pour certifier que leurs minéraux critiques ont une faible empreinte carbone et proviennent d'une exploitation responsable. Par exemple, un projet australien de nickel utilise la blockchain pour suivre l'empreinte carbone du minerai jusqu'à la batterie (Circulor, 2024). Cette emphase sur l'ESG pourrait permettre aux produits raffinés australiens d'accéder préférentiellement à des marchés tels que l'Europe, où durabilité et transparence sont hautement valorisées.

En parallèle, l'Australie investit dans des technologies de traitement propre. Des instituts de recherche comme le **CSIRO** (Commonwealth Scientific and Industrial Research Organisation), soutenus par des financements publics, développent des méthodes innovantes telles que l'extraction de lithium à faible acidité, l'électrolyse alimentée par des énergies renouvelables pour les métaux, ainsi que des procédés avancés de recyclage pour les batteries et les terres rares (Government of Western Australia, 2024). Bien qu'encore à un stade précoce, ces initiatives pourraient renforcer le rôle de l'Australie dans des chaînes d'approvisionnement mondiales durables.

Le défi stratégique fondamental pour l'Australie est de déterminer jusqu'où aller dans le développement en aval domestique. Ses forces sont claires : des réserves minérales de classe mondiale, une expertise technique et une capacité de raffinage significative. Mais la pièce manquante reste un marché intérieur en aval suffisamment vaste, notamment dans les véhicules électriques ou les systèmes de défense, capable de consommer localement ces matériaux (Government of Western Australia, 2024).

La direction stratégique présentée dans les documents officiels suggère de développer ou d'attirer des industries de niche en aval lorsqu'elles sont viables, par exemple l'assemblage local de batteries pour le stockage d'énergie ou la fabrication de composants pour engins miniers électriques, en tirant parti de la demande domestique (Government of Western Australia, 2024). L'objectif n'est donc pas seulement d'extraire et d'exporter, mais de devenir un leader de la valeur ajoutée minérale responsable, même si le marché final national demeure limité par rapport aux États-Unis, à l'UE ou à la Chine.

En définitive, la véritable capacité de l'Australie réside dans son secteur intermédiaire robuste : elle peut raffiner à grande échelle et de manière durable. La prochaine étape clé consiste à déterminer quelle part de ce matériau raffiné pourra être intégrée à des écosystèmes de fabrication locaux. Pour l'instant, l'Australie se positionne comme un fournisseur fiable, offrant des minéraux de haute qualité, traités de façon éthique, aux industries mondiales et jouant un rôle de partenaire pivot au sein de l'alliance minière occidentale.

États-Unis : renforcer la chaîne d'approvisionnement en minéraux critiques avec une vision intégrée

En 2025, les États-Unis ont profondément réorienté leur politique minière, élargissant leur perspective au-delà de la transition énergétique pour positionner les minéraux critiques comme des actifs fondamentaux de l'ensemble de leur architecture productive, technologique et de défense nationale (U.S. Geological Survey [USGS], 2025). Ce changement de paradigme consiste à dépasser la vision dominante instaurée depuis l'Inflation Reduction Act (IRA) de 2022, où l'exploitation minière stratégique était surtout perçue comme un intrant pour les batteries et l'énergie propre, et à l'intégrer dans une stratégie industrielle plus large. Désormais, des minéraux tels que le lithium, les terres rares, le nickel, le cobalt, le cuivre et le scandium sont reconnus non seulement comme essentiels à la mobilité électrique, mais aussi comme l'ossature matérielle de secteurs à haute valeur ajoutée et à fort impact stratégique : semiconducteurs, télécommunications, intelligence artificielle, aérospatiale et applications militaires avancées (Council on Foreign Relations [CFR], 2025). Cette vision place les minéraux critiques au même niveau stratégique que d'autres actifs fondamentaux, et reconnaît que leur disponibilité stable et traçable est indispensable pour maintenir la compétitivité technologique, le leadership industriel et la supériorité militaire des États-Unis dans un paysage mondial de plus en plus fragmenté et concurrentiel.

Sur le plan institutionnel, un mécanisme accéléré de délivrance des permis a été mis en place pour les projets stratégiques sur les terres fédérales, afin de réduire de manière significative les délais des études environnementales et des autorisations administratives, historiquement l'un des principaux goulots d'étranglement du développement minier américain (Maison Blanche, 2025a). Cette procédure prioritaire ne se contente pas d'accélérer l'approbation de nouvelles mines : elle garantit également un traitement spécial aux projets déjà en phase avancée, permettant d'intégrer plus rapidement les ressources critiques aux chaînes d'approvisionnement, en concurrence avec les autres puissances minières. En parallèle, l'application élargie du Defense Production Act (DPA) — historiquement utilisé en temps de guerre ou d'urgence nationale — finance et facilite désormais la mise en production de mines et d'usines de traitement jugées vitales pour la sécurité nationale, via des investissements directs et des garanties d'achat qui réduisent le risque pour les investisseurs privés et raccourcissent le délai entre exploration et production commerciale.

Cette nouvelle architecture réglementaire est renforcée par la création du National Energy Dominance Council (NEDC), organe de coordination interministériel centralisant le dialogue entre les autorités fédérales, étatiques et locales impliquées dans l'approbation et la supervision des projets de minéraux critiques (Deloitte, 2025). Le NEDC vise non seulement à éviter les duplications bureaucratiques, mais aussi à fixer des priorités stratégiques communes, à faciliter le partage d'informations techniques et à garantir l'alignement des décisions réglementaires avec les objectifs géopolitiques et industriels du pays. Collectivement, ces mesures traduisent des avancées vers un modèle de gouvernance minière plus intégré et plus proactif, capable de répondre avec davantage d'agilité à la concurrence internationale pour le contrôle des chaînes d'approvisionnement stratégiques.

Le tournant le plus significatif de 2025 s'est produit sur le plan financier, avec un précédent historique : pour la première fois depuis des décennies, le Département de la Défense a acquis une participation directe dans une entreprise minière (MP Materials, 2025 ; Bipartisan Policy Center, 2025). Cette décision rompt avec des décennies de politique industrielle américaine fondée sur le principe selon lequel l'État agit comme régulateur et facilitateur, mais non comme propriétaire d'actifs miniers productifs. Par un accord avec MP Materials, opérateur de Mountain Pass, seule mine de terres rares à l'échelle industrielle aux États-Unis, le gouvernement fédéral a sécurisé un contrôle plus étroit de l'ensemble de la chaîne de valeur des aimants permanents, intrant critique pour des secteurs allant des éoliennes et des moteurs de véhicules électriques aux systèmes de guidage, radars et armements de précision pour la défense nationale.

Cet accord dépasse la seule participation au capital : il inclut plus de 500 millions de dollars américains (USD) d'investissements publics destinés à l'extraction, au traitement et à la fabrication de produits liés aux minéraux critiques. Ces fonds accélèrent la construction d'installations de séparation des terres rares légères et lourdes, segments historiquement dominés par la Chine, et réduisent le risque des investisseurs privés via des accords d'achat à long terme garantis. Le programme comprend également le développement de la première filière nationale de scandium au Nebraska, minéral très recherché pour les alliages légers destinés à l'aérospatiale et aux composants structurels soumis à des conditions extrêmes (USGS, 2025).

Cette participation directe de l'État dans un actif minier représente non seulement un changement d'échelle dans la politique industrielle américaine, mais aussi un signal géopolitique clair : le gouvernement est désormais prêt à intervenir activement et structurellement pour garantir un accès stable aux ressources vitales pour la sécurité technologique, énergétique et militaire. Dans un contexte où les chaînes d'approvisionnement en minéraux critiques sont devenues des terrains de compétition stratégique, cette décision positionne les États-Unis non seulement comme consommateurs et régulateurs, mais aussi comme producteurs et actionnaires au cœur de leur économie matérielle.

La stratégie ne se limite pas à l'extraction primaire. En 2025, l'USGS a lancé un programme national de récupération des minéraux critiques à partir des résidus, dépôts secondaires et mines abandonnées, financé par la Bipartisan Infrastructure Law (USGS, 2025). Ce programme part d'un constat : une part significative des minéraux critiques nécessaires à l'industrie et à la défense existe déjà dans des matériaux extraits par le passé, non traités avec les technologies actuelles ou jugés peu valorisables lors de leur extraction initiale. Revaloriser ces résidus réduit la dépendance à de nouveaux projets miniers dans des zones sensibles et offre une voie à faible impact pour accroître l'offre nationale. Concrètement, récupérer des minéraux dans des terrils et des anciens sites transforme des passifs environnementaux en actifs stratégiques, alignant la politique industrielle sur les objectifs de réhabilitation écologique.

Cette recherche de sources alternatives s'accompagne de l'intégration de technologies d'intelligence artificielle dans l'exploration et la gestion logistique (Business Insider, 2025). Ces outils traitent de vastes volumes de données géologiques, géochimiques et satellitaires pour identifier des motifs annonciateurs de gisements potentiels, réduisant considérablement les délais et les coûts d'exploration. En logistique, l'IA optimise le transport et la distribution des matériaux, en privilégiant les itinéraires et méthodes qui maximisent l'efficacité énergétique et réduisent les risques de perturbation des chaînes d'approvisionnement.

En parallèle, un nouvel executive order publié en avril 2025 a ouvert la voie à l'exploration des minéraux des fonds marins relevant de la juridiction américaine (Maison Blanche, 2025b). L'objectif est d'élargir l'approvisionnement en nickel, en cobalt et en terres rares contenus dans les nodules polymétalliques et les croûtes ferromanganésifères, à des profondeurs techniquement et économiquement inaccessibles il y a encore quelques années. Bien que l'exploitation des fonds marins pose des défis environnementaux et réglementaires majeurs, l'initiative vise à développer une capacité scientifique et technologique pour évaluer précisément le potentiel de ces ressources, tout en établissant des standards d'extraction responsables susceptibles de devenir des références internationales. Ces initiatives convergent vers un modèle de diversification et de résilience, combinant récupération secondaire, innovation technologique et exploration de nouvelles frontières géologiques.

Les avancées clés de 2025 incluent des jalons inédits depuis des décennies, redessinant la carte de l'exploitation stratégique américaine. Parmi les plus notables : la découverte du gisement Brook Mine, dans le Wyoming, présentée comme la première découverte significative de terres rares depuis plus de soixante-dix ans (USGS, 2025). Les premières estimations suggèrent qu'il pourrait fournir entre 3 % et 5 % de la demande nationale en aimants permanents, composants essentiels pour les technologies de transition énergétique, l'électronique avancée et les applications de défense telles que les radars, les systèmes de guidage et les moteurs de précision. Étant donné que les aimants en terres rares constituent l'un des segments de chaîne les plus sensibles, historiquement dominé par la Chine, Brook Mine revêt une importance stratégique pour la sécurité industrielle et géopolitique des États-Unis.

Dans le même temps, la mine de Mountain Pass, en Californie, actuellement la seule mine de terres rares à l'échelle industrielle aux États-Unis, poursuit l'expansion de ses capacités de traitement (MP Materials, 2025). Ces efforts visent à combler l'écart qui obligeait historiquement à exporter les concentrés à l'étranger pour leur séparation et leur raffinage, exposant le pays à des perturbations externes. Grâce aux investissements de 2025, le complexe progresse vers une capacité domestique de séparation des terres rares légères et lourdes, réduisant la dépendance technologique et renforçant la résilience des chaînes d'approvisionnement pour les industries avancées.

En parallèle, des usines de recyclage avancé de batteries sont en construction pour récupérer le lithium, le nickel et le cobalt des batteries en fin de vie (U.S. Department of Energy [DOE], 2025). Ces installations réduisent la pression sur les nouveaux projets miniers et intègrent l'économie américaine dans un modèle circulaire combinant exploitation primaire, traitement local et récupération de matériaux stratégiques, garantissant ainsi un approvisionnement durable et diversifié.

Dans leur ensemble, l'activation de nouveaux gisements, l'expansion des capacités domestiques de traitement et l'intégration du recyclage avancé représentent un saut qualitatif dans la stratégie américaine d'indépendance minérale, en alignant la production avec des objectifs industriels, environnementaux et de sécurité nationale.

Cette séquence d'actions traduit un changement de paradigme dans la manière dont les États-Unis conçoivent leur sécurité matérielle, et redéfinit le rôle de l'industrie minière dans leur architecture stratégique. Sous l'administration Trump, en 2025, la politique minière s'est affranchie du récit purement « vert », centré sur la transition énergétique, pour devenir une composante d'une stratégie industrielle à large spectre. Les minéraux critiques sont désormais traités comme des intrants vitaux pour l'économie nationale, l'innovation technologique et la sécurité de défense. Ce tournant se traduit par des mesures plus offensives d'accélération réglementaire, par des investissements publics directs, par l'usage d'instruments comme le Defense Production Act, et par l'exploration de nouvelles frontières : recyclage avancé, remise en état de sites anciens et exploitation des fonds marins.

L'administration Trump a adopté une approche qui combine exécution rapide et vision géopolitique explicite : veiller à ce que les chaînes d'approvisionnement en minéraux critiques, de l'extraction au traitement puis à la fabrication, se consolident sur le territoire américain ou chez des alliés stratégiques, afin de réduire la vulnérabilité face aux interruptions contrôlées par ses rivaux, en particulier la Chine. Dans ce cadre, la prise de participation du Département de la Défense au capital de MP Materials, les investissements massifs dans des projets stratégiques et les programmes de récupération minérale constituent des jalons fondateurs d'une nouvelle étape de la politique industrielle américaine.

Si cette tendance se maintient, elle renforcera l'influence des États-Unis comme pilier de l'alliance minière occidentale, en appui de partenariats avec le Canada, l'Australie et l'Union européenne. Dans un contexte mondial marqué par la compétition technologique, la fragmentation des chaînes d'approvisionnement et la lutte pour le contrôle des ressources, ce modèle plus interventionniste, agile et autosuffisant pourrait devenir la pierre angulaire du leadership économique et géopolitique américain pour les décennies à venir.

Union européenne : de la transition verte à une sécurité stratégique globale

En 2025, l'Union européenne (UE) a refondu son approche des minéraux critiques, passant d'une vision les traitant principalement comme des intrants de la transition énergétique à une conception qui en fait des piliers centraux de l'autonomie stratégique, de la sécurité économique et de la résilience géopolitique (Commission européenne, 2025). Cette reconfiguration intervient sur fond de concurrence internationale accrue, de tensions commerciales et de vulnérabilités mises en évidence dans des chaînes d'approvisionnement essentielles au cours de la dernière décennie. Bruxelles reconnaît désormais explicitement que le lithium, les terres rares, le nickel, le cobalt, le cuivre et le graphite ne sont pas seulement vitaux pour les batteries et les énergies renouvelables, mais qu'ils sont tout aussi indispensables à l'aérospatiale, aux télécommunications, à la fabrication de semi-conducteurs, à l'intelligence artificielle et aux applications de défense. Cette compréhension politique et technique place les minéraux critiques sur un pied d'égalité avec la sécurité énergétique, la cybersécurité et les infrastructures stratégiques, et affirme que la sécurisation de l'approvisionnement minéral relève d'un intérêt collectif à l'échelle du bloc.

La dimension géopolitique de cet agenda n'a jamais été aussi claire. En 2025, l'UE a intensifié des partenariats d'approvisionnement stratégiques avec le Canada, l'Australie, la Namibie et le Chili, non pas seulement pour diversifier les fournisseurs, mais aussi pour établir des accords d'investissement réciproques dans le traitement et la traçabilité. Ces partenariats intègrent des clauses de transparence, des critères ESG et des engagements de stabilité contractuelle destinés à protéger les chaînes de valeur européennes contre les ruptures externes. Ils dépassent les accords purement commerciaux en englobant la coopération technologique, le transfert de savoir-faire, le renforcement des capacités et des accès préférentiels aux marchés pour les matériaux répondant à des critères spécifiés. En parallèle, la Commission européenne intègre désormais de façon systématique des évaluations de risque géopolitique par minéral dans son Economic Security Package, un outil qui oriente les investissements et les décisions réglementaires en fonction de la vulnérabilité de chaque chaîne d'approvisionnement. Il s'agit d'un tournant : les minéraux critiques sont évalués comme des actifs stratégiques, et non comme de simples matières premières industrielles.

Ce basculement stratégique se traduit sur plusieurs fronts. Sur le plan réglementaire, le Critical Raw Materials Act (CRMA), entré en vigueur en 2025, fixe des objectifs contraignants pour réduire la dépendance externe : d'ici 2030, au moins 10 % de l'extraction, 40 % du traitement et 25 % du recyclage des minéraux critiques devront avoir lieu au sein de l'UE (Commission européenne, 2025). La loi établit des délais d'instruction maximum — 27 mois pour les projets miniers stratégiques, 15 mois pour les usines de traitement — et crée la catégorie des « projets stratégiques européens », bénéficiant d'un traitement prioritaire et d'un accès facilité aux financements de la Banque européenne d'investissement. En outre, le CRMA permet, pour la première fois, de mettre en place des réserves stratégiques pour les minéraux à haut risque, sur le modèle de pratiques déjà établies au Japon et envisagées aux États-Unis.

Sur le plan industriel, 2025 marque le lancement de projets visant à fermer la boucle de production en Europe. L'Allemagne pilote le projet de Vulcan Energy dans le fossé du Rhin supérieur, qui extrait du lithium de saumures géothermiques pour produire de l'hydroxyde de lithium de qualité batterie *zéro carbone*, soutenu par 104 M€ de fonds publics. La Finlande avance avec l'usine Terrafame, spécialisée dans les sulfates de nickel et de cobalt via biolixiviation. La Suède et la France testent des technologies propres de séparation des terres rares, tandis que l'Estonie modernise l'historique Silmet pour l'aligner sur les normes environnementales européennes (Commission européenne, 2025 ; Agence internationale de l'énergie [AIE], 2025). Parallèlement, de nouvelles raffineries pour concentrés importés ont ouvert, comme l'installation de Rock Tech Lithium en Allemagne, qui traite des matériaux en provenance du Canada, refermant un maillon critique historiquement externalisé.

Sur les axes technologique et circulaire, l'UE renforce sa focalisation sur la traçabilité et la récupération avancée. Le Règlement Batteries, applicable à partir de 2025, impose un passeport numérique pour toutes les batteries mises sur le marché, indiquant de manière certifiée composition, origine et empreinte carbone, avec des technologies telles que la blockchain (Circularise, 2025). Cette réglementation positionne l'UE en pionnière mondiale de la traçabilité obligatoire pour les minéraux utilisés dans les batteries, avec un potentiel d'entraînement sur les normes internationales. En parallèle, les capacités de recyclage se développent (Umicore, Northvolt et d'autres), bien qu'elles restent insuffisantes face à la demande. D'ici 2030, des taux de récupération obligatoires pour le lithium, le cobalt et le nickel visent à réduire la dépendance à l'extraction primaire dans des pays tiers.

Malgré ces progrès, des vulnérabilités structurelles persistent et pèsent sur la capacité de l'UE à déployer sa stratégie au rythme que le contexte mondial exige. La production minière domestique demeure limitée, en volume comme en diversité, forçant le recours à des pays tiers pour l'approvisionnement initial de la plupart des matières premières critiques (AIE, 2025). Même là où des réserves existent — lithium, tungstène, terres rares — les projets se heurtent à des délais de développement longs, à des résistances sociales et à des procédures réglementaires complexes retardant leur mise en production.

Le premier traitement de nombreux minerais continue d'être réalisé hors du bloc, dans des pays qui contrôlent des étapes stratégiques de la chaîne de valeur (Chine, Malaisie, Afrique du Sud). Il en résulte un goulet d'étranglement : l'UE peut importer des concentrés ou minerais bruts, mais la dépendance externe pour leur transformation limite le contrôle de la traçabilité, accroît l'exposition aux perturbations logistiques ou aux restrictions commerciales et affaiblit le pouvoir de négociation sur les marchés mondiaux.

De plus, l'exigence environnementale et sociale européenne — un atout de réputation et un facteur différenciant face à des producteurs à bas coûts — implique aussi des coûts opérationnels et de conformité plus élevés : procédés de traitement moins polluants, gestion intégrale des déchets, réduction de l'empreinte carbone, normes strictes du travail. Si cela fait de l'UE une référence de l'exploitation responsable, ces facteurs peuvent contraindre la compétitivité dans des marchés où le prix prime encore sur la traçabilité ou la durabilité.

Ce cadre réglementaire peut toutefois devenir un avantage stratégique sur des marchés où la conformité ESG et la traçabilité sont des prérequis — contrats avec des constructeurs de véhicules électriques en Amérique du Nord, accords gouvernementaux avec des pays qui priorisent des critères de durabilité. L'enjeu sera de convertir cet atout de réputation en valeur économique tangible, en permettant à l'industrie européenne de capitaliser sur la confiance générée par ses standards élevés pour accéder à des segments prêts à payer un premium et conduire la normalisation internationale.

Ainsi, l'inflexion opérée en 2025 constitue une étape décisive vers une politique des minéraux critiques pensée comme une défense économique collective, où la sécurisation traçable des ressources stratégiques est comprise comme essentielle au maintien de la compétitivité du bloc, de sa cohésion sociale et de sa sécurité. L'UE ne vise plus seulement à diriger la technologie propre ou à fixer des références environnementales : elle entend désormais assurer la base matérielle qui sous-tend son industrie et son innovation, de manière sécurisée, diversifiée et, autant que possible, maîtrisée dans son propre cadre. Cela suppose non seulement de développer des projets internes, mais aussi de tisser un réseau d'alliances stratégiques faisant office de bouclier géopolitique contre une dépendance excessive à des acteurs peu alignés sur les principes politiques et réglementaires européens.

Le défi est toutefois double. D'abord, mobiliser des investissements massifs pour combler rapidement les déficits en extraction, traitement et recyclage, afin d'éviter que les étapes à plus forte valeur ajoutée ne demeurent concentrées hors du bloc. Ensuite, coopérer étroitement avec des partenaires stratégiques — Canada, Australie, Chili, Namibie — pour partager technologies, coordonner normes et sécuriser des chaînes d'approvisionnement résilientes et éthiques. Si l'UE parvient à conjuguer force réglementaire, capacité d'exécution industrielle et diplomatie économique active, elle pourra évoluer d'un acteur dépendant à une référence mondiale d'approvisionnement éthique et durable en minéraux critiques, influençant les normes internationales et reconfigurant les règles du commerce de ces intrants stratégiques.

Reste que, comme pour les États-Unis, la vitesse d'exécution sera décisive. Dans la nouvelle économie des ressources stratégiques, l'avantage ne se gagne pas en rédigeant des politiques ambitieuses, mais en les convertissant rapidement en projets opérationnels. La concurrence internationale pour les minéraux critiques ne se mesure plus en décennies ; elle se joue dans des cycles d'investissement de plus en plus courts, où l'accès en amont à des projets productifs, à des accords d'approvisionnement ou à des unités de traitement peut sceller des positions durables. Dans ce contexte, les délais tranchent entre diriger ou dépendre, et tout retard d'instruction, de financement ou d'infrastructures laisse à d'autres le soin d'occuper l'espace que l'UE cherche à consolider.

La fenêtre d'opportunité pour ancrer ce nouveau modèle se referme rapidement, sous l'effet de trois facteurs convergents : l'accélération des investissements chinois dans les pays producteurs, le déploiement massif d'incitations aux États-Unis et la montée en puissance d'économies émergentes qui se positionnent comme pôles régionaux de traitement. Si l'UE ne parvient pas à transformer ses cadres réglementaires et ses alliances stratégiques en résultats industriels concrets avant la consolidation de ces chaînes d'approvisionnement, elle risque de voir ses ambitions stratégiques subordonnées à des fournisseurs externes qui se positionnent agressivement sur la carte mondiale des minéraux critiques.

Dans un monde où la capacité d'influencer normes et standards dépend de plus en plus du contrôle des flux matériels réels, il ne suffit pas de fixer des objectifs ou d'adopter des réglementations pionnières : celles-ci doivent se matérialiser en capacités installées, contrats d'approvisionnement et présence sur toute la chaîne de valeur. Le véritable défi de l'UE consiste donc à passer d'une stratégie aujourd'hui robuste sur le papier à un déploiement industriel et diplomatique qui avance au moins au rythme de ses concurrents — voire plus vite.

Questions ouvertes pour un nouvel ordre

Cette analyse invite à réfléchir sur des scénarios inédits qui émergent dans le nouvel ordre minier mondial. Dans ce contexte en constante évolution, il est essentiel de s'interroger sur l'ampleur de la transformation que pourrait connaître le modèle capitaliste occidental si les États assumaient un rôle plus actif, en s'associant stratégiquement à leurs industries minières, à l'instar de ce qu'a fait la Chine. Peut-être avançons-nous vers des modèles hybrides, où l'État ne se contente plus de réguler, mais participe activement à la promotion et à la protection de secteurs stratégiques, critiques pour la sécurité technologique, énergétique et économique.

Par ailleurs, cette évolution soulève une autre question : les grandes multinationales occidentales peuvent-elles, de manière indépendante, soutenir des stratégies minières géopolitiques efficaces, ou nécessitent-elles inévitablement un appui gouvernemental plus explicite pour rivaliser à armes égales avec le modèle intégré, soutenu par l'État, qui a propulsé la Chine dans sa position dominante actuelle ? Cette situation appelle à une profonde reconsidération des relations entre secteurs public et privé, redéfinissant la manière dont les stratégies minières s'articulent en Occident.

Dans le même temps, l'avenir des entreprises de taille moyenne et des juniors minières suscite des inquiétudes croissantes. Dans un environnement concurrentiel marqué par des exigences accrues d'intégration verticale, de solidité financière et de soutien étatique stratégique, ces sociétés font face à des défis existentiels qui pourraient menacer leur viabilité si elles ne s'adaptent pas rapidement aux nouvelles conditions du marché.

Enfin, il devient évident que si l'Occident ne modernise pas et ne simplifie pas significativement ses cadres réglementaires internes, il restera difficile de réduire efficacement la dépendance vis-à-vis de chaînes d'approvisionnement dominées par d'autres puissances, notamment la Chine.

Vers un nouveau modèle minier stratégique et narratif

Répondre à la question posée au départ — qu'est-il arrivé à l'industrie minière occidentale ? — suppose de reconnaître que ses faiblesses actuelles ne sont pas le fruit d'une seule cause, mais le résultat d'une combinaison de facteurs réglementaires, financiers, sociaux et culturels accumulés au fil du temps. Toutefois, notre analyse suggère que ces défis ne constituent pas des barrières infranchissables, mais bien des opportunités claires pour renouveler en profondeur une industrie stratégique. Ils reflètent des décisions et des valeurs cultivées par les sociétés occidentales depuis des décennies, et c'est précisément pour cette raison qu'ils peuvent évoluer. Loin de représenter une crise définitive, le contexte actuel offre une fenêtre unique pour explorer de nouvelles voies et renforcer l'industrie minière occidentale grâce à une perspective neuve, créative et stratégique.

La première étape consiste à reconnaître que le contexte mondial a radicalement changé. Les politiques traditionnelles, valides à une autre époque, doivent aujourd'hui s'adapter à une réalité dynamique marquée par des transformations technologiques, climatiques et géopolitiques. Reconnaître cela n'est pas une critique du passé, mais une invitation à aborder l'avenir avec innovation, vision stratégique et ouverture d'esprit.

Premièrement, il est essentiel de repenser le cadre réglementaire minier occidental — non pour l'affaiblir, mais pour le rendre plus agile, plus efficace et plus stratégiquement orienté. Les procédures bureaucratiques doivent être rationalisées, les délais clairs et prévisibles, et les institutions dotées de ressources suffisantes pour mener des examens rigoureux mais rapides. La rapidité ne doit pas compromettre des standards environnementaux et sociaux élevés ; ces deux dimensions peuvent, et doivent, progresser en parallèle pour favoriser des projets stratégiques robustes et durables.

Deuxièmement, l'Occident a l'opportunité d'adopter une stratégie explicite d'investissement public-privé dans les minéraux critiques. Utiliser des instruments financiers qui réduisent l'incertitude et soutenir des projets miniers respectueux des standards environnementaux et sociaux n'est pas seulement une démarche éthique : c'est un choix économiquement intelligent et stratégiquement indispensable. Les précédents réussis dans d'autres secteurs stratégiques — comme la biotechnologie ou les semi-conducteurs — démontrent clairement qu'une vision de long terme peut être mise en œuvre avec succès.

Troisièmement, il est crucial de renouveler le contrat social autour de l'industrie minière. Les communautés doivent se sentir participantes actives, et non spectatrices, du développement minier. Une répartition équitable des bénéfices économiques et sociaux dès le départ est essentielle pour bâtir une légitimité durable. Mais surtout, il est vital de transformer en profondeur le récit public dominant. Trop longtemps, l'industrie a été perçue comme un « mal nécessaire », une activité du passé jugée incompatible avec les valeurs contemporaines de durabilité et d'innovation. Cette perception a créé une déconnexion profonde entre la société et l'exploitation minière formelle, limitant la capacité d'attirer investissements, jeunes talents et soutien social authentique.

Changer cette perception ne relève pas uniquement du discours : il faut démontrer en pratique que l'industrie peut être un moteur essentiel de la transition énergétique, de l'innovation technologique et de l'autonomie stratégique. Cet effort doit aussi s'accompagner d'un renouveau éducatif, permettant aux nouvelles générations de voir l'exploitation minière comme un secteur moderne, technologiquement avancé et aligné avec les valeurs du XXIe siècle.

Bien sûr, aucun de ces changements ne se produira instantanément, mais tous sont faisables et stratégiquement nécessaires. La voie vers une industrie minière moderne, légitime et résiliente est ouverte, à condition que l'Occident agisse avec décision, cohérence et vision stratégique, en alignant discours et action. Cela n'implique pas de copier des modèles extérieurs ni de sacrifier des principes fondamentaux, mais de reconnaître avec humilité les marges d'amélioration et de tirer parti de ses atouts intrinsèques : innovation technologique, solidité institutionnelle et cohésion sociale.

Cependant, tous ces efforts resteront insuffisants si l'on n'aborde pas explicitement le défi symbolique et narratif auquel l'industrie minière est confrontée. Au-delà des obstacles techniques ou financiers, l'Occident doit combler un vide fondamental dans le récit public entourant l'exploitation minière formelle. Trop longtemps, celle-ci est restée prisonnière d'un imaginaire social l'associant uniquement à des impacts négatifs. Ce récit limitant a affaibli sa légitimité publique, générant des difficultés tangibles pour son développement stratégique.

Ainsi, redéfinir le récit minier n'est pas une question de communication : c'est une question de souveraineté stratégique. Il s'agit de savoir quels secteurs une société choisit de considérer comme essentiels, quelles activités elle juge dignes de protection et comment elle imagine son propre développement et son bien-être futur. Dans le nouvel ordre minier géopolitique, le récit devient un outil puissant d'influence, capable de générer légitimité et soutien durable. L'Occident doit d'urgence reconstruire le sens public de l'exploitation minière formelle, en la reliant explicitement à l'autonomie énergétique, à l'innovation technologique, à la cohésion territoriale et à la sécurité démocratique. Ce nouveau récit doit positionner l'industrie pour ce qu'elle est réellement : une pierre angulaire du bien-être collectif et un pilier stratégique indispensable d'un avenir propre, prospère et sûr.

En somme, les défis décrits dans ce chapitre ne signalent pas un échec, mais constituent un appel constructif à l'action stratégique. L'Occident dispose de tous les éléments nécessaires pour prendre le leadership dans ce nouvel ordre minier géopolitique, mais pour y parvenir, il doit embrasser pleinement l'innovation institutionnelle, la vision stratégique et la cohérence symbolique. Ce n'est pas le moment de regretter les occasions manquées, mais de saisir avec décision celles qui s'ouvrent. L'industrie minière traditionnelle appartient au passé, mais une nouvelle industrie minière — stratégique, technologique et socialement légitime — est en train d'émerger et peut se renforcer de manière décisive si l'Occident relève ce défi.

L'industrie minière traditionnelle est morte. Vive la géopolitique minière.

Quel rôle l'Amérique latine joue-t-elle réellement dans la concurrence mondiale pour les minéraux critiques ?

L'exploitation minière n'est plus une activité technique secondaire, elle est devenue un axe stratégique de la géopolitique mondiale. La clairvoyance stratégique de la Chine, la réponse accélérée de l'Occident et la reconfiguration de la carte mondiale des minéraux critiques ont placé l'Amérique latine au centre d'un terrain de jeu hautement compétitif. Mais quel rôle la région joue-t-elle véritablement dans cette dispute globale ?

Vue de l'extérieur, l'Amérique latine apparaît souvent homogène, un territoire uniforme, riche et stratégiquement indispensable. Pourtant, de l'intérieur, la réalité est toute autre. L'Amérique latine n'est pas un bloc unique, mais une mosaïque de pays qui, malgré une géologie privilégiée, connaissent de profondes différences politiques et institutionnelles façonnant leur capacité réelle à tirer parti de cette richesse. Ce paradoxe, abondance minérale combinée à une fragmentation politique, est précisément ce qui fait de la région un scénario clé pour comprendre les nouvelles règles du jeu minier mondial.

L'Amérique latine possède des réserves extraordinaires de lithium, de cuivre, de graphite, de nickel, de terres rares et d'autres minéraux stratégiques essentiels à la transition énergétique, à la révolution technologique et à la nouvelle ère de la sécurité internationale (USGS, 2025). Mais ces réserves ne constituent qu'un potentiel. Le véritable avantage compétitif ne réside pas uniquement dans la quantité de ressources détenues par un pays, mais dans la manière dont il les gouverne, les régule et les transforme en influence stratégique. La force institutionnelle, les décisions politiques et l'efficacité de l'exécution, et non pas seulement les ressources naturelles, définissent désormais qui parvient à se positionner et qui reste en retrait.

Ce chapitre analyse comment différents pays latino-américains prennent des décisions stratégiques diverses pour faire face à cette nouvelle réalité géopolitique. Il ne cherche pas à imposer un modèle idéal, mais observe de manière critique les trajectoires distinctes que chaque nation choisit pour gérer ses ressources minérales. Certains pays avancent résolument vers une industrialisation intégrée, tandis que d'autres restent empêtrés dans des débats internes. Certains bâtissent leur légitimité sociale grâce à des cadres réglementaires clairs, tandis que d'autres affrontent des conflits territoriaux qui ralentissent les investissements critiques.

En Amérique latine, l'exploitation minière a cessé d'être une simple question technique. Elle reflète aujourd'hui des dynamiques politiques plus profondes, une équation complexe impliquant acteurs internationaux, gouvernements locaux, communautés autochtones, investisseurs mondiaux et organisations environnementales. C'est précisément cette complexité qui fait de la région un baromètre révélateur de la manière dont l'avenir stratégique des minéraux critiques est négocié, régulé et redéfini.

La question directrice de ce chapitre est la suivante : comment exactement les pays latino-américains gèrent-ils la tension entre leur richesse minérale, leurs défis institutionnels internes et les pressions géopolitiques externes liées aux minéraux stratégiques ?

Cette interrogation structure l'analyse pays par pays, illustrant que le facteur déterminant pour l'avenir minier de l'Amérique latine ne sera pas simplement l'abondance géologique, mais bien la capacité institutionnelle, politique et stratégique de transformer cette richesse en influence mondiale réelle.

L'Amérique latine n'est pas un bloc : fragmentation structurelle

Vue de l'extérieur, l'Amérique latine est souvent perçue comme un bloc homogène — une région riche en ressources qui pourrait facilement devenir une puissance stratégique. Pourtant, la réalité interne est profondément différente. En pratique, il n'existe ni stratégie minière régionale unifiée, ni vision partagée de la manière de transformer l'abondance minérale en véritable pouvoir. Chaque pays a développé sa propre approche, façonnée par des dynamiques politiques spécifiques, des trajectoires institutionnelles distinctes et des priorités nationales particulières.

Alors que certains gouvernements privilégient des modèles ouverts et favorables à l'investissement, capables d'attirer rapidement des capitaux, d'autres optent pour des stratégies plus prudentes, plus lentes et davantage contrôlées par l'État. Certains mettent l'accent sur la légitimité sociale, d'autres sur l'efficacité opérationnelle.

Ce chapitre propose donc une exploration stratégique de ces différences — une cartographie politique de l'exploitation minière en Amérique latine, où le dénominateur commun n'est pas l'unité mais la diversité des trajectoires choisies par chaque nation pour se positionner dans le nouvel ordre minier mondial

Argentine : entre opportunité et urgence

Depuis des années, l'Argentine se caractérise par une géologie prometteuse et une politique imprévisible. Avec d'importantes réserves de lithium et de cuivre, le pays figurait régulièrement sur les cartes des cabinets de conseil internationaux, mais restait systématiquement en retrait par rapport à ses voisins, pour des raisons étrangères à sa géologie. Tandis que le Chili consolidait un modèle mixte avec une forte présence de l'État et que le Pérou misait agressivement sur le capital étranger, l'Argentine demeurait prisonnière d'un paradoxe structurel : elle recherchait l'investissement sans traiter pleinement les facteurs institutionnels qui éloignaient les investisseurs.

Ce paradoxe a commencé à se modifier en 2024, à la suite d'un tournant politique inattendu. L'arrivée de Javier Milei a introduit une réforme disruptive centrée sur le Régime pour les grands investissements (RIGI), conçu explicitement pour repositionner l'Argentine comme une destination crédible pour l'investissement minier mondial. Cette fois, non pas seulement comme un pays au potentiel prometteur, mais comme un partenaire tangible et attractif pour le capital international.

Le RIGI va au-delà d'un simple ensemble d'incitations : il incarne un engagement institutionnel visant à stabiliser les réglementations, garantir des avantages fiscaux et douaniers, simplifier les procédures bureaucratiques et faciliter un arbitrage international clair. C'est aussi un signal sans ambiguïté : le gouvernement argentin comprend que, dans un monde où les minéraux critiques sont des actifs stratégiques, le temps est une ressource rare. Les provinces conservent la propriété des ressources, mais l'État central cherche à créer des conditions favorables pour assurer l'arrivée de capitaux, leur permanence et des investissements transformateurs.

Cette combinaison de fédéralisme constitutionnel et d'ouverture économique aboutit à un modèle singulier. Les provinces gardent le contrôle territorial des ressources, tandis que le cadre national offre un soutien sans précédent. En juillet 2024, les premiers grands projets sous RIGI ont été approuvés, dont l'expansion de Galan Lithium et un ambitieux projet de Rio Tinto à Salta. En 2025, le géant australien BHP a officiellement fait son retour en Argentine après des décennies, en partenariat avec Lundin, pour développer deux gisements majeurs de cuivre dans la province de San Juan.

Derrière ce nouvel élan subsistent toutefois des questions stratégiques. Un cadre fiscal attractif peut-il compenser la volatilité macroéconomique historique de l'Argentine ? Ces incitations suffisent-elles face à des infrastructures fragiles et une réglementation environnementale fragmentée entre juridictions provinciales ? Quelle marge l'Argentine a-t-elle réellement pour maintenir une stabilité réglementaire dans un contexte de changements politiques constants ?

Le pari stratégique est clair : l'Argentine entend abandonner son statut de potentiel inexploité pour se repositionner en acteur sérieux du secteur minier mondial. Elle progresse déjà rapidement dans le lithium et vise, pour le cuivre, à entrer dans le top 10 mondial d'ici la fin de la décennie. Le RIGI est le principal levier pour accélérer cette transformation. Mais l'enjeu réel dépasse l'attraction de capitaux : il s'agit de construire un nouveau récit minier national, fondé sur des actions concrètes, une stabilité institutionnelle, une traçabilité opérationnelle et un accès fiable aux gisements dans un contexte mondial fragmenté.

Le chemin vers ce nouveau récit reste néanmoins semé de frictions. Dans la province de Jujuy, les tensions territoriales et les revendications liées au droit à la consultation préalable se sont fortement intensifiées. En avril 2024, des organisations internationales — dont la FIDH, l'AIDA et la FARN — ont dénoncé que des réformes constitutionnelles provinciales et l'expansion rapide des projets de lithium avançaient sans respecter pleinement les droits des communautés autochtones consacrés par la Convention 169 de l'OIT (FIDH et al., 2024). En mars 2025, la Banque mondiale a suspendu une étude hydrogéologique à Salinas Grandes et Laguna de Guayatayoc, à la demande formelle de 38 communautés autochtones préoccupées par les impacts environnementaux et l'absence de véritable consultation préalable. Cet épisode a montré clairement que la licence sociale n'est plus seulement un enjeu local, mais un élément fondamental de la légitimité mondiale (Página/12, 2025).

Ces tensions ne sont pas des obstacles ponctuels, mais des éléments structurels d'un modèle minier marqué par la décentralisation provinciale, la montée du contrôle international et une société civile de plus en plus organisée. Chaque projet devient un test institutionnel et chaque manquement un signal scruté de près à l'échelle mondiale.

L'Argentine n'incarne donc pas un modèle fermé ou achevé, mais un processus en construction. Son approche pragmatique, sa décentralisation opérationnelle, sa recherche de légitimité sociale et sa volonté d'accélérer l'investissement sans renoncer au contrôle institutionnel font du pays l'une des expériences stratégiques les plus observées en Amérique latine. Contrairement à des nations dotées de récits miniers bien définis, l'Argentine continue d'écrire le sien. Et c'est précisément dans cet espace, entre urgence économique et opportunité géopolitique, que réside son plus grand défi — et peut-être son atout stratégique le plus décisif.

Chili : un leadership en pause stratégique

Pendant des décennies, le Chili a été synonyme, en Amérique latine, de stabilité, d'institutions solides et de compétitivité minière élevée. Avec le cuivre comme colonne vertébrale de son économie, le pays s'est bâti une réputation mondiale fondée sur des réglementations claires, une ouverture à l'investissement international et un fort leadership étatique exercé principalement par l'entreprise publique Codelco. Cette architecture institutionnelle a permis un flux d'investissements soutenu, des niveaux de production record et la consolidation du Chili comme premier producteur mondial de cuivre raffiné. Cette robustesse se reflète également dans la réputation minière du pays qui, selon des études récentes du Conseil international des mines et métaux (ICMM, 2024), demeure nettement supérieure à celle d'autres pays latino-américains.

Cependant, ces dernières années, cette stabilité est entrée dans une transition stratégique délibérée. Sous la présidence de Gabriel Boric, le Chili a engagé une refonte significative de son modèle minier. Ce tournant ne représente pas une rupture abrupte, mais un pivot clair : l'État ne se limite plus à un rôle de régulateur, il cherche à devenir acteur direct. La Stratégie nationale du lithium, annoncée en 2023, a marqué ce point d'inflexion. Depuis, tous les nouveaux projets de lithium doivent inclure une participation majoritaire de l'État, soit via Codelco, soit via ENAMI. L'accord conclu entre Codelco et SQM pour exploiter conjointement le salar d'Atacama après 2030 en fut la première manifestation concrète (Reuters, 2025).

Le Chili n'a ni exproprié d'actifs ni fermé la porte au secteur privé, mais il a clairement indiqué que, pour les minéraux critiques, l'État jouerait un rôle plus actif dans la capture des rentes, la gouvernance stratégique et la création de valeur domestique. Codelco a été mandatée pour piloter des alliances stratégiques avec des entreprises mondiales comme Rio Tinto, et la clause de « golden share » garantit à l'État un droit de veto sur les projets jugés stratégiques.

Cette montée en puissance du rôle étatique soulève néanmoins des questions stratégiques majeures. Malgré son expérience mondialement reconnue, Codelco affronte de lourds défis financiers, avec des niveaux d'endettement parmi les plus élevés du secteur minier mondial. De son côté, ENAMI a historiquement souffert de problèmes persistants d'efficacité opérationnelle et de viabilité financière. Une interrogation centrale s'impose : ces entreprises publiques ont-elles réellement les capacités techniques, financières et opérationnelles pour mener efficacement la nouvelle stratégie nationale ambitieuse ? Bien qu'elles disposent d'une expertise historique, piloter de nouveaux secteurs stratégiques comme le lithium pourrait exiger un niveau d'agilité financière, d'efficacité opérationnelle et de sophistication technologique qui leur fait aujourd'hui défaut, mettant en péril la rapidité et l'efficacité de la mise en œuvre du nouveau modèle.

Ce défi institutionnel coïncide avec une réforme fiscale d'ampleur, mise en œuvre quasiment en parallèle. En 2023, après des années de débats, le Chili a introduit un nouveau régime de redevance sur le cuivre, augmentant la charge fiscale effective à 47 % pour les grands producteurs. Bien qu'initialement jugée excessive par l'industrie, la réforme a introduit des tranches, des plafonds et des compensations, établissant un nouvel équilibre : une fiscalité plus lourde mais plus prévisible. Des entreprises comme BHP, qui avaient retardé leurs investissements, ont repris leurs projets, reconnaissant que ce nouveau cadre — exigeant mais clair — fournissait la stabilité nécessaire pour avancer (Reuters, 2023).

Dans le même temps, les tensions socio-environnementales se sont intensifiées dans les territoires miniers du nord du pays. La rareté de l'eau a conduit à d'énormes investissements dans des usines de dessalement : aujourd'hui, plus d'un quart de l'eau utilisée dans les grandes opérations minières chiliennes provient de la mer. Les communautés autochtones — Quechua, Aymara, Atacameña — ont également renforcé leurs revendications autour du droit à la consultation préalable, en particulier face aux projets de lithium situés dans des écosystèmes sensibles. Bien que ces tensions n'aient pas dégénéré en violences ouvertes, elles ont conduit à des procédures judiciaires, des autorisations conditionnelles et des exigences environnementales accrues.

Le Chili reste une référence régionale, mais il n'avance plus automatiquement. Son modèle minier est en transition stratégique : d'une juridiction parmi les plus ouvertes et libérales d'Amérique latine, il évolue vers l'un des cadres les plus contrôlés de manière stratégique. Le défi est clair : réussir cette transformation sans sacrifier la compétitivité. Son avantage demeure une base institutionnelle solide ; son principal risque est qu'un excès de conception institutionnelle ralentisse l'exécution concrète.

Sur la scène mondiale actuelle, le Chili n'avance plus en tête ; il calcule, observe et redessine. Mais, dans un contexte où les fenêtres stratégiques s'ouvrent et se referment rapidement, même un pays institutionnellement robuste risque de perdre du terrain s'il tarde trop à passer de la conception à l'action concrète. Contrairement à d'autres nations régionales qui ont défini clairement leur trajectoire — comme l'Argentine avec son modèle accéléré pro-investissement ou le Brésil avec son orientation industrielle — le Chili demeure dans une pause stratégique. Il n'est pas paralysé, mais il n'accélère pas non plus. Sa stratégie progresse sur le plan normatif et institutionnel, mais, opérationnellement, le pays reste en phase d'ajustement.

Cette pause stratégique, davantage délibération qu'immobilité, reflète historiquement l'approche chilienne de la gestion des ressources : stabilité institutionnelle, prudence et planification minutieuse. Mais l'environnement mondial actuel exige plus que de la solidité institutionnelle : il requiert agilité tactique, réactivité et décisions stratégiques opportunes. Le Chili observe, régule et planifie ; le défi critique consiste désormais à transformer cette planification prudente en décisions exécutées en temps voulu. La géopolitique des minéraux critiques n'attend pas, et un leadership technique sans décision politique rapide risque de perdre rapidement de son influence.

Dans ce contexte, les questions stratégiques ne sont plus théoriques. Le Chili saura-t-il transformer sa solide réputation institutionnelle en une légitimité minière renouvelée et efficace ? Réussira-t-il à combiner leadership étatique et attraction du capital privé sans perdre en efficacité opérationnelle ni en vitesse stratégique ? Parviendra-t-il à construire un récit public qui soutienne le développement minier sans tomber dans une polarisation interne paralysante ? Et combien de temps cette pause stratégique pourra-t-elle durer avant que d'autres nations, plus agiles, ne prennent sa place sur la scène mondiale ?

Le Chili ne fait pas face à une crise, mais à une décision stratégique non résolue. Il dispose de ressources, de talents, d'un savoir-faire éprouvé et d'un prestige mondial. Mais il affronte aussi un dilemme : passer efficacement de son modèle passé, qui a fait ses preuves, à celui dont il a désormais besoin pour diriger dans le nouvel ordre minier mondial. Dans un monde où les opportunités stratégiques sont éphémères, décider tard peut coûter aussi cher que décider mal.

L'industrie minière de demain exige plus que des capacités techniques ou institutionnelles : elle exige des décisions politiques opportunes et une vision stratégique agile. Dans la nouvelle géopolitique des minéraux critiques, l'avantage compétitif repose moins sur la seule stabilité que sur l'adaptabilité stratégique dans un environnement global de plus en plus accéléré. Le Chili observe, planifie et calibre. Il est temps, désormais, d'exécuter.

Pérou : richesse géologique, gouvernance fragile

Peu de pays possèdent le potentiel minier du Pérou. Deuxième producteur mondial de cuivre, deuxième pour l'argent, sixième pour l'or et acteur majeur dans le zinc et l'étain, le pays combine une géologie privilégiée avec des coûts d'exploitation hautement compétitifs. Pendant des décennies, ces atouts ont suffi à attirer le capital étranger et à consolider la position du Pérou comme l'un des leaders miniers de la région. Mais, dans le nouvel ordre mondial des minéraux critiques, la géologie ne suffit plus. Aujourd'hui, la capacité d'exécuter les projets, de maintenir des relations communautaires efficaces et d'assurer une stabilité institutionnelle est devenue aussi décisive que les ressources naturelles elles-mêmes. C'est là que réside le défi le plus profond du Pérou (Aquino, 2023).

Depuis les années 1990, le Pérou a adopté un modèle ouvertement pro-investissement : absence d'entreprises minières publiques en activité, concessions étendues, accords de stabilité fiscale à long terme. Ce cadre a attiré des géants mondiaux comme Freeport-McMoRan, BHP, Glencore, MMG ou Anglo American, qui exploitent aujourd'hui des projets de classe mondiale tels que Cerro Verde, Antamina, Las Bambas ou Quellaveco. Le Pérou est ainsi devenu un succès technique, mais ce succès a aussi révélé des fractures institutionnelles de plus en plus visibles (CEPALC, 2023).

La tension entre entreprises minières, État et communautés est devenue structurelle. De Conga à Tía María, en passant par les blocages récurrents à Las Bambas, le scénario se répète : les projets avancent techniquement mais s'enlisent politiquement. L'écart persistant entre richesse minière et développement territorial tangible alimente une profonde méfiance. Bien que le canon minier redistribue des ressources importantes, celles-ci se traduisent rarement en développement local concret. Les communautés réclament davantage de participation, des consultations réelles et des bénéfices tangibles ; lorsque ces demandes ne sont pas satisfaites, les interruptions deviennent fréquentes (Villarroel, 2022).

Entre 2023 et 2024, le gouvernement a tenté une double stratégie : institutionnaliser le dialogue territorial et mettre en œuvre un guichet unique pour simplifier les procédures minières. Des tables rondes multisectorielles ont été réactivées, le Bureau de gestion des conflits du ministère de l'Énergie et des Mines a été renforcé, et des progrès limités ont été réalisés dans la formalisation des petits mineurs, notamment à Puno et Madre de Dios. Néanmoins, l'exploitation minière illégale — particulièrement celle de l'or — s'est consolidée en une distorsion structurelle. Au Pérou, l'orpaillage illégal n'est pas marginal, mais répandu, soutenu par des réseaux sophistiqués de financement illicite. Il détruit des écosystèmes sensibles, fausse les marchés internationaux, mine la légitimité de l'État et alimente des économies criminelles locales (ONUDC, 2025).

Paradoxalement, malgré ces dysfonctionnements, le pays continue d'attirer des investissements miniers significatifs — non pas en raison de sa stabilité politique (le Pérou a connu six présidents entre 2018 et 2024 ; Infobae, 2024), mais grâce à ses infrastructures existantes, à son expertise technique et à son potentiel géologique. En 2024, le Pérou a de nouveau dépassé les 2,3 millions de tonnes de production de cuivre, maintenant sa position de deuxième exportateur mondial (CEPALC, 2025). Toutefois, le portefeuille de nouveaux projets s'est fortement ralenti. Des entreprises comme Freeport et Anglo American ont différé des décisions clés, attendant une plus grande clarté institutionnelle. Bien que le Congrès tente de réduire les obstacles réglementaires, la polarisation politique bloque toute réforme plus profonde.

Pendant ce temps, la présence chinoise s'est renforcée. MMG contrôle la mine de Las Bambas, Chinalco opère Toromocho, et de grands projets comme Galeno et Michiquillay sont dominés par des consortiums à majorité asiatique. Cette expansion est pragmatique, mais aussi stratégique : la Chine sécurise ses approvisionnements critiques tandis que le Pérou cherche à résoudre ses tensions internes. Du côté occidental, des entreprises comme Newmont, Pan American Silver ou Hudbay maintiennent des opérations importantes mais restent prudentes, gelant de nouvelles explorations. Personne ne se retire totalement, mais chacun observe attentivement (Infobae, 2024).

Le Pérou ne manque ni de ressources, ni d'infrastructures, ni de capacités techniques. Ce à quoi il est confronté, c'est à une crise silencieuse de gouvernance. Le défi central n'est pas géologique mais politique. Il ne s'agit pas de forer plus profond, mais de reconstruire la confiance en surface.

Dans ce contexte, des questions stratégiques deviennent inévitables : Le Pérou saura-t-il retrouver sa capacité à exécuter des projets sans se couper davantage de ses territoires ? Pourra-t-il transformer sa richesse minérale en véritable influence géopolitique, ou restera-t-il prisonnier d'un modèle générant croissance économique mais peu de consensus social ? Comment restaurer la légitimité institutionnelle dans un environnement où la méfiance est déjà structurelle ? Et, enfin, combien de temps le Pérou pourra-t-il maintenir son attractivité fondée uniquement sur sa géologie, alors que le monde avance vers de nouvelles normes de gouvernance, des alliances géopolitiques et des règles de plus en plus complexes ?

Le Pérou se trouve à une croisée des chemins stratégique. Il dispose de tout le nécessaire pour être un protagoniste du nouvel ordre minier mondial, mais également de toutes les conditions pour perdre cette place. Les décisions prises dans les prochaines années détermineront non seulement l'avenir de son secteur minier, mais aussi sa capacité à gérer le lien essentiel : la relation stratégique entre État, territoires et société. Dans un monde où les minéraux critiques ne sont plus de simples intrants industriels mais des composantes réelles du pouvoir géopolitique, le temps — ici aussi — est devenu une ressource non renouvelable.

Brésil : puissance minière à vocation industrielle

Le Brésil n'a plus besoin d'être présenté dans le secteur minier, il est déjà une puissance mondiale établie. Deuxième exportateur mondial de minerai de fer, leader incontesté du niobium et acteur majeur dans la bauxite, l'or, le cuivre, le nickel et, plus récemment, le lithium, le pays combine ampleur géologique, diversité des ressources et capacités industrielles uniques en Amérique latine (CEPALC, 2023). Pourtant, ce qui distingue véritablement le modèle brésilien n'est pas seulement son abondance minérale, mais une vision stratégique profondément enracinée : au-delà de l'extraction, le Brésil cherche à transformer ses ressources et à capter la valeur sur son propre territoire.

Cette approche stratégique repose sur un cadre institutionnel centralisé et solide. Selon la Constitution, toutes les ressources minières du sous-sol appartiennent à l'État fédéral, qui exerce un contrôle souverain sur elles. La gestion effective est confiée à l'Agence nationale des mines (ANM), entité fédérale technique et autonome, chargée d'accorder les concessions, de réguler le secteur et de superviser l'ensemble des opérations minières à l'échelle nationale. Cette structure institutionnelle centralisée — atypique en Amérique latine — confère au secteur minier brésilien une prévisibilité réglementaire et une stabilité opérationnelle remarquables.

Si la plupart des opérations minières au Brésil sont privées, l'État conserve une influence stratégique indirecte, particulièrement visible dans la puissante Vale S.A., privatisée en 1997 mais encore influencée par des fonds de pension publics et par l'État via une action spécifique (« golden share »). Dans les minéraux stratégiques sensibles, comme l'uranium, la présence étatique est directe et explicite (Public Eye, 2024).

Grâce à cette clarté institutionnelle et à cette vision stratégique, le Brésil a consolidé des chaînes de valeur industrielles intégrées dans plusieurs minéraux clés. L'exemple le plus parlant est celui de la filière fer-acier, portée par des acteurs mondiaux tels que Vale, Gerdau et CSN, qui couvrent l'ensemble du cycle : extraction, transformation, fabrication et exportation de produits semi-finis. Cette capacité place le Brésil comme le seul pays d'Amérique latine à avoir développé des chaînes industrielles intégrées dans la grande métallurgie.

L'industrie de l'aluminium suit une logique similaire. Le Brésil n'exporte pas seulement de la bauxite : il transforme le minerai en alumine, puis en aluminium primaire. Bien qu'il n'ait pas encore atteint des niveaux technologiques avancés comparables à ceux des industries aérospatiales, il a consolidé des étapes intermédiaires de transformation industrielle, ce qui le distingue nettement de ses voisins.

Le modèle le plus abouti d'industrialisation minière au Brésil est celui du niobium. Avec 91 % du marché mondial, le pays contrôle pratiquement toute la chaîne de production via CBMM, entreprise brésilienne aux actionnaires internationaux mais sous domination nationale. CBMM n'exporte pas des matières premières, mais des produits raffinés à forte valeur ajoutée : oxydes avancés, superalliages industriels, matériaux spécialisés pour batteries. Elle alimente des secteurs stratégiques tels que l'aérospatiale, l'automobile et les technologies, faisant du Brésil une référence mondiale et un exemple unique d'industrialisation minière pleinement développée en Amérique latine (USGS, 2024).

Conscient du nouvel ordre géopolitique qui place au premier plan les minéraux critiques du XXIe siècle, le Brésil a décidé en 2023 d'opérer un nouveau virage stratégique : appliquer cette logique de valeur ajoutée au lithium. À travers une politique industrielle verte, explicitement axée sur la construction de chaînes de valeur technologiques liées à la transition énergétique et à l'électromobilité, le pays cherche à répliquer son modèle industriel déjà éprouvé. Les premiers signes sont visibles : le lancement de la production industrielle de lithium par Sigma Lithium dans le Minas Gerais et l'annonce de la construction d'une usine de batteries électriques par le groupe BYD en Bahia illustrent ce nouveau pari stratégique.

Parallèlement à ses forces industrielles, le Brésil a renforcé de manière significative ses standards environnementaux et de sécurité, notamment après les catastrophes des barrages de résidus de Mariana (2015) et Brumadinho (2019). Ces événements ont constitué des points de bascule, entraînant l'interdiction de technologies obsolètes, l'adoption de réglementations plus strictes et la mise en place de mécanismes robustes de compensation sociale et de protection environnementale. Aujourd'hui, la sécurité — physique et réputationnelle — du secteur minier est une priorité stratégique, portée autant par l'État que par une société civile de plus en plus active, informée et exigeante.

Des défis critiques persistent néanmoins. L'orpaillage illégal en Amazonie, notamment sur les terres indigènes Yanomami, a déclenché de graves crises écologiques et humanitaires (Mongabay, 2023). Le crime organisé, l'extraction illicite et la dévastation environnementale constituent un réseau complexe qui représente l'un des principaux défis socio-environnementaux du pays. À cela s'ajoutent des procédures environnementales lentes et certains chevauchements bureaucratiques qui freinent l'exécution agile de nouveaux projets stratégiques.

Malgré ces problèmes, le Brésil conserve une position exceptionnellement favorable pour rivaliser non seulement en volume, mais aussi en pertinence stratégique mondiale. Son vaste marché intérieur, ses infrastructures consolidées, sa base industrielle robuste et ses capacités réglementaires avancées constituent des avantages uniques en Amérique latine. Mais, pour l'avenir, le défi critique consiste précisément à étendre et approfondir le modèle industriel du niobium vers les minéraux critiques émergents, comme le lithium.

Dans ce contexte de potentiel et de défis, des questions stratégiques vitales se posent pour le Brésil : Jusqu'où le pays pourra-t-il consolider des chaînes industrielles dans des minéraux critiques encore naissants ? Saura-t-il maintenir sa stratégie industrielle sans céder aux pressions visant à assouplir les standards environnementaux et sociaux ? Quelles tensions nouvelles pourraient surgir de la combinaison entre contrôle étatique, capital étranger et haute technologie dans des territoires socialement sensibles ?

Le Brésil possède déjà ce dont beaucoup de pays latino-américains rêvent : une infrastructure industrielle consolidée, des acteurs miniers mondiaux, des institutions solides et une vision stratégique. Son défi n'est pas de construire à partir de rien, mais d'accélérer stratégiquement sur les nouveaux minéraux critiques, en capitalisant sur la fenêtre d'opportunité mondiale actuelle. Le modèle industriel du niobium est un succès et constitue déjà une référence. La question clé qui façonnera l'avenir du Brésil est de savoir s'il parviendra à répliquer ce succès avec le lithium et d'autres minéraux stratégiques, s'imposant ainsi comme un acteur décisif dans la nouvelle géopolitique minière mondiale — avant que cette fenêtre ne se referme.

Bolivie : une souveraineté sans résultats

En Bolivie, l'exploitation minière est plus qu'une activité économique : c'est une affirmation idéologique. Depuis la Constitution de 2009, toutes les ressources minérales ont été déclarées propriété exclusive de l'État, gérées selon une logique de souveraineté axée sur l'autonomie nationale. Pourtant, cette posture politique ne s'est pas toujours traduite par une efficacité opérationnelle ou une performance industrielle.

Cette tension est particulièrement visible dans le cas du lithium. La Bolivie possède certaines des plus grandes ressources mondiales, concentrées dans le salar d'Uyuni ; pourtant, pendant des années, elle a systématiquement rejeté l'investissement étranger direct, privilégiant un contrôle absolu par l'entreprise publique Yacimientos de Litio Bolivianos (YLB). Malgré cette domination étatique, la production de lithium est restée marginale pendant plus d'une décennie (El País, 2025a).

Pour tenter de sortir de cette impasse, le gouvernement de Luis Arce a initié en 2023 un virage pragmatique, ouvrant partiellement le secteur au capital étranger sous conditions strictes : majorité étatique obligatoire (51 %) et transferts technologiques contraignants. Dans ce cadre, la Bolivie a signé des contrats majeurs avec un consortium mené par la société chinoise CATL, qui s'est engagée à investir près d'1 milliard USD dans deux usines industrielles, ainsi qu'un autre accord avec la firme russe Uranium One, spécialisée dans les technologies d'extraction directe du lithium (DLE), pour un investissement supplémentaire d'environ 970 millions USD (Reuters, 2024 ; Mongabay, 2025).

Mais, à la mi-2025, ces projets se sont heurtés à des obstacles significatifs. En juin, un tribunal de Potosí a suspendu temporairement les deux contrats, à la suite de recours déposés par des communautés autochtones dénonçant l'absence de consultation préalable et des insuffisances dans les études environnementales (Mining.com, 2025). Parallèlement, les communautés du Consejo de Nor Lípez ont intensifié leur opposition, exprimant leurs inquiétudes face aux impacts négatifs sur des ressources en eau déjà rares dans la région (El País, 2025b ; Business & Human Rights Resource Centre, 2025).

Bien que l'YLB ait inauguré une usine industrielle en 2023, celle-ci ne fonctionnait en 2024 qu'à 13–14 % de sa capacité annuelle projetée — produisant environ 2 064 tonnes contre un objectif de 15 000 — très loin des cibles ambitieuses initiales qui évoquaient jusqu'à 150 000 tonnes par an (El País, 2025a ; YLB, 2025). La Bolivie se trouve donc face à un paradoxe structurel : plus l'État concentre le contrôle, plus ses limites opérationnelles deviennent visibles. L'absence d'alliances transparentes, les fragilités institutionnelles, les résistances politiques internes et les pressions sociales constantes créent un scénario où la promesse du lithium apparaît fragile et complexe.

Simultanément, le pays fait face à une crise socio-environnementale liée à l'orpaillage illégal en Amazonie. Dans des départements comme La Paz, Beni et Pando, des coopératives informelles exploitent des dragues dans les rivières amazoniennes sans aucun contrôle adéquat, provoquant une contamination massive au mercure et de graves dommages aux communautés autochtones riveraines (Mongabay, 2023).

Sur la scène internationale, la Bolivie a tenté de capitaliser politiquement sur sa richesse en lithium en promouvant des initiatives régionales, comme l'idée d'une « OPEP du lithium » aux côtés du Mexique et de l'Argentine. Mais, compte tenu de sa production limitée, de son absence de capacités de raffinage et de sa faible intégration dans les chaînes technologiques mondiales, son influence réelle demeure réduite.

Ainsi, la souveraineté minière bolivienne affronte des défis qui dépassent la sphère technique ou environnementale : ils sont fondamentalement politiques. La Bolivie peut-elle transformer son récit de souveraineté en une politique minière véritablement efficace ? Jusqu'où est-il durable de maintenir un contrôle étatique rigide sans sacrifier efficacité, innovation et légitimité sociale ? Quel modèle de développement peut émerger dans un pays où l'exclusion du capital privé coexiste avec des alliances ambiguës et une faible capacité d'exécution opérationnelle ? Et combien de temps encore la Bolivie pourra-t-elle soutenir la promesse du lithium sans résultats concrets pour appuyer ses ambitions stratégiques ?

La Bolivie demeure, en somme, un territoire de tensions historiques et de potentiel inachevé. Elle pourrait devenir le symbole réussi d'une souveraineté minière efficace, ou, à l'inverse, un nouvel exemple manqué dans la quête d'autonomie productive de l'Amérique latine.

Mexique : à la recherche d'un nouvel équilibre stratégique

Le Mexique possède une tradition minière séculaire et figure parmi les acteurs les plus historiques du secteur en Amérique latine. Pendant des décennies, l'ouverture réglementaire a attiré d'importants investissements étrangers, en particulier du Canada et des États-Unis, positionnant le pays comme un leader régional dans des minéraux tels que l'argent, le cuivre et l'or. Cependant, à partir de 2018, le Mexique a amorcé une redéfinition stratégique de son modèle minier, affirmant une souveraineté accrue et un rôle plus actif de l'État dans la gestion de ses ressources critiques.

L'administration d'Andrés Manuel López Obrador (AMLO) a initié de profondes réformes réglementaires : suspension de l'octroi de nouvelles concessions minières, nationalisation du lithium et création de l'entreprise publique LitioMX en 2022 (Maxwell Radwin, 2023). Si ces mesures reflétaient une aspiration légitime à un plus grand contrôle souverain sur des ressources stratégiques, elles ont également généré de l'incertitude chez les investisseurs internationaux, préoccupés par des règles en constante évolution. Cette tension réglementaire s'est traduite par un ralentissement des investissements, des contentieux juridiques internationaux et des retards dans le développement de projets clés.

Parallèlement à cette réorientation stratégique, le Mexique a été confronté à des défis structurels liés à la sûreté opérationnelle et à des conflits sociaux localisés dans certaines régions. Plusieurs projets miniers majeurs ont rencontré des difficultés significatives, révélant l'urgence de renforcer les capacités institutionnelles en matière de gestion des conflits territoriaux et de sûreté opérationnelle (Martínez, 2023). De plus, sur le plan environnemental, le pays est devenu un nœud critique dans la chaîne informelle d'approvisionnement en mercure vers l'Amérique du Sud, ce qui pose des défis écologiques majeurs affectant non seulement le Mexique, mais aussi la région dans son ensemble.

Avec l'arrivée à la présidence de Claudia Sheinbaum en décembre 2024, le Mexique a engagé des efforts pour rééquilibrer sa vision souveraine avec l'impératif stratégique de restaurer la confiance internationale. Son administration a envoyé des signaux clairs : si le contrôle étatique sur les minéraux stratégiques comme le lithium restera ferme, la stabilité réglementaire et la coopération avec les investisseurs privés dans les minéraux traditionnels seront activement recherchées. Sheinbaum vise ainsi à reconstruire progressivement la confiance dans le secteur, en offrant une clarté réglementaire sans renoncer au principe de souveraineté.

Néanmoins, des défis significatifs demeurent. Les initiatives minières publiques n'ont pas encore atteint une production notable de lithium, et le Mexique doit de toute urgence traiter les tensions structurelles liées à la gestion environnementale, au contrôle de substances sensibles comme le mercure, ainsi qu'à l'amélioration substantielle de la sécurité opérationnelle pour les investissements miniers formels.

Dans ce contexte, la question centrale pour le Mexique est de savoir comment construire un modèle minier stable, pragmatique et stratégiquement cohérent, un modèle qui intègre la vision souveraine légitime du pays tout en offrant un cadre réglementaire attractif et efficace pour les investisseurs internationaux. Le Mexique peut-il trouver un juste milieu, une formule institutionnelle claire qui garantisse le contrôle souverain sans décourager les investissements stratégiques ? Quelles actions concrètes doit-il mettre en œuvre pour renforcer la légitimité environnementale du secteur, notamment sur des enjeux critiques comme la gestion régionale du mercure ? Et comment le pays pourra-t-il accroître ses capacités institutionnelles et opérationnelles pour transformer sa richesse géologique en influence géopolitique effective ?

Le Mexique fait face à une opportunité historique : redéfinir son modèle minier avec équilibre, vision stratégique et cohérence institutionnelle. Le défi immédiat est de dépasser les tensions internes, de transformer les obstacles en réformes concrètes et de consolider un cadre minier qui, tout en respectant la souveraineté nationale, positionne solidement et durablement le pays dans le nouvel ordre mondial des minéraux critiques.

Colombie : un potentiel stratégique en suspens

La Colombie n'est pas étrangère à la carte mondiale des minéraux stratégiques. Avec d'importants gisements de cuivre, d'or, de nickel et de terres rares — dont nombre restent sous-explorés — le pays bénéficie d'une position géographique privilégiée. Pendant des décennies, la Colombie a su attirer des capitaux internationaux en s'appuyant sur un écosystème entrepreneurial dynamique, une localisation stratégique et des accords commerciaux robustes, séduisant de grands acteurs comme Glencore, AngloGold Ashanti, Zijin Mining et B2Gold. Aujourd'hui, pourtant, la Colombie est confrontée à un paradoxe critique : son défi majeur n'est plus géologique, mais institutionnel.

Depuis l'arrivée au pouvoir du président Gustavo Petro en 2022, le secteur minier colombien est entré dans une phase de redéfinition stratégique, orientée vers un rôle accru de l'État, une plus grande inclusion sociale et des standards environnementaux renforcés. Le gouvernement a créé une entreprise publique, Ecominerales, pour explorer les ressources stratégiques en partenariat avec les communautés locales, et a établi des zones de réserve stratégique assorties de restrictions temporaires à l'exploitation. De plus, il a limité l'octroi de nouvelles concessions pour certains minéraux, comme le charbon thermique et l'or, au nom de la protection de l'eau et de la biodiversité.

Cependant, cette vision ne s'est pas encore traduite par un cadre réglementaire clair et efficace. Dans les faits, les nouvelles politiques ont généré de l'ambiguïté opérationnelle, ralentissant les processus administratifs, compliquant les licences environnementales et retardant les consultations communautaires nécessaires pour des projets clés (Brigard Urrutia, 2024). Entre 2023 et 2025, plusieurs projets miniers majeurs ont été reportés ou annulés, et les investissements directs étrangers ont fortement reculé. Ce ralentissement institutionnel coïncide avec un autre défi de taille : l'expansion significative de l'exploitation illégale, notamment aurifère, dans des zones sensibles comme l'Amazonie, la côte Pacifique et les régions frontalières. Ces opérations informelles, souvent contrôlées par des acteurs illégaux, provoquent d'importants impacts environnementaux — contamination au mercure, atteintes aux écosystèmes fragiles — et génèrent des tensions territoriales qui soulignent l'urgence de renforcer le contrôle étatique dans ces espaces critiques (MAAP, 2025).

En parallèle, certains projets miniers formels ont rencontré des difficultés en raison de tensions croissantes impliquant communautés locales, mouvements environnementalistes et entreprises établies. La situation complexe de Buriticá, dans l'Antioquia, où Zijin Mining a affronté des conflits directs avec des groupes locaux, a clairement illustré l'importance de renforcer la gouvernance territoriale et la capacité de l'État à offrir des garanties opérationnelles et juridiques (Reuters, 2025).

Le gouvernement colombien a cherché à répondre à ces défis à travers des cadres innovants, tels que des modèles d'association communautaire, des projets miniers à focalisation ethnique et des forums environnementaux multipartites, visant à consolider une légitimité sociale plus large. Mais les résultats concrets demeurent, à ce jour, limités, et les investisseurs formels restent prudents, dans l'attente d'une plus grande clarté institutionnelle.

Malgré ces défis internes, le potentiel minier de la Colombie demeure hautement stratégique. Le pays possède des ressources clés, une infrastructure partiellement développée, des techniciens qualifiés et un accès privilégié aux grands marchés internationaux. Ce qui fait défaut n'est pas la géologie ni la capacité technique, mais un cadre institutionnel clair, pragmatique et efficace, capable de garantir la sécurité juridique, la stabilité réglementaire et la légitimité territoriale.

Dans le nouvel ordre minier mondial, les pays qui ne parviennent pas rapidement à définir leurs modèles finissent souvent par s'adapter aux conditions imposées de l'extérieur. La Colombie dispose encore du temps et des ressources pour tracer sa propre trajectoire stratégique, mais la fenêtre d'opportunité se referme rapidement.

Les questions critiques pour l'avenir du secteur minier colombien ne sont plus théoriques mais stratégiques : la Colombie saura-t-elle rétablir un cadre institutionnel robuste et efficace sans compromettre ses relations avec les communautés et les territoires ? Comment construire une légitimité sociale et environnementale à une époque où les citoyens exigent une participation décisive aux processus miniers ? Quelles actions concrètes devra-t-elle entreprendre pour regagner et attirer des investissements stratégiques dans un contexte d'incertitude réglementaire et de tensions territoriales ?

Les réponses à ces questions ne façonneront pas seulement la trajectoire immédiate du secteur minier colombien : elles détermineront aussi la capacité du pays à se positionner stratégiquement dans un contexte mondial où l'exploitation minière n'est plus une simple extraction, mais un pilier central de la transition énergétique, de l'innovation technologique et de la stabilité géopolitique globale.

La politique au cœur du modèle minier latino-américain

Au-delà de la diversité des modèles miniers présentés dans ce chapitre, une réalité commune se dégage : en Amérique latine, l'exploitation minière n'est pas seulement une activité économique, mais avant tout une équation politique. La trajectoire minière de chaque pays est façonnée par un réseau complexe de relations : entre gouvernements centraux et autorités régionales, institutions publiques et communautés locales, entreprises et société civile, mais aussi entre États latino-américains et grandes puissances étrangères. Ces dynamiques forment un véritable système de relations qui pèse souvent plus lourd que la géologie ou les signaux du marché dans la détermination des résultats.

La politique apparaît ainsi comme l'axe structurel du modèle minier latino-américain : elle définit la stabilité, les niveaux de risque, la confiance des investisseurs et la légitimité sociale des projets. Il ne s'agit pas seulement d'un point de départ analytique, mais d'une conclusion centrale de cette comparaison régionale.

Premièrement, l'équilibre des pouvoirs entre gouvernements centraux et autorités locales est déterminant. Dans certains pays, la décentralisation confère aux provinces ou aux États un rôle décisif dans les décisions minières, leur donnant un contrôle direct sur les concessions et la réglementation. Si cet arrangement rapproche la décision des territoires, il comporte aussi des limites : la concurrence interprovinciale peut freiner la construction d'une stratégie nationale cohérente. À l'inverse, les modèles fortement centralisés affrontent des tensions croissantes avec les autorités locales et les communautés lorsque les décisions sont imposées verticalement, sans véritable dialogue territorial. Cette asymétrie, particulièrement visible en Argentine et en Bolivie, alimente régulièrement les revendications pour une distribution plus équitable des bénéfices, contribuant à une instabilité chronique. La leçon est claire : la relation entre l'État et les territoires est décisive et, si elle est mal calibrée, elle peut compromettre la stabilité, même dans les pays les plus riches en ressources.

Deuxièmement, la relation entre gouvernements et communautés — en particulier les communautés autochtones et rurales — constitue un autre facteur clé. Dans toute la région, les projets miniers dépendent directement du consentement local et de leur légitimité pour avancer. Même si chaque pays adopte une approche différente, la réalité est la même : les gouvernements peinent à concilier réellement les droits communautaires et les objectifs miniers. Les conséquences sont visibles : conflits prolongés, mobilisations de masse et recours judiciaires paralysent régulièrement des projets entiers, comme on l'a vu à répétition au Pérou, en Colombie ou au Mexique. Au final, un modèle minier durable repose fondamentalement sur cette relation politique : une mine sans légitimité locale fonctionne sous menace permanente, aussi riche que soit son gisement.

Troisièmement, l'interaction entre entreprises, investisseurs et société civile constitue un pilier fondamental du paysage minier latino-américain. Organisations environnementales, groupes de défense des droits humains et une opinion publique de plus en plus active et informée exercent une surveillance renforcée sur l'industrie, transformant la gestion de l'eau, la conservation des écosystèmes ou la protection du patrimoine culturel en facteurs décisifs de viabilité opérationnelle. Dans ce contexte, les acteurs non gouvernementaux ne se contentent pas d'observer : ils influencent directement les cadres réglementaires, la perception publique et les décisions d'investissement. En réponse, les entreprises ont dû adapter leurs stratégies : transparence accrue, alignement avec les standards ESG, investissements plus robustes dans les relations communautaires. Ce qui pouvait être optionnel est désormais indispensable. Là où les liens de confiance ne se construisent pas, les projets subissent retards, contestations ou blocages irréversibles. En Amérique latine, le capital politique — la capacité à construire une légitimité relationnelle — est aussi décisif que le capital financier. Naviguer dans cet environnement, où les attentes sociales pèsent autant que les considérations économiques, exige de nouvelles compétences institutionnelles et une lecture stratégique fine des dynamiques territoriales.

Enfin, la dimension géopolitique — c'est-à-dire les relations entre États latino-américains et puissances étrangères — ajoute un niveau de complexité supplémentaire. La demande mondiale

croissante en minéraux critiques, alimentée par la transition énergétique, la numérisation, les systèmes de défense autonomes et les
industries avancées, a ravivé l'intérêt stratégique pour les
ressources de la région. La Chine, les États-Unis et l'Europe
cherchent un accès stable à long terme à des minéraux clés
comme le lithium, le cuivre, le graphite ou les terres rares. La
Chine, en particulier, a élargi sa présence par des investissements
directs et des partenariats commerciaux, s'imposant comme un
acteur incontournable — du lithium en Bolivie et en Argentine
aux grands projets cuprifères au Chili et au Pérou.

Au sein de cette dynamique complexe, le Brésil apparaît comme
une exception notable. Son modèle minier-industriel, bien qu'exposé à des tensions internes, semble relativement protégé des fluctuations politiques de court terme qui affectent d'autres pays
latino-américains. La combinaison d'institutions fédérales solides,
d'un cadre réglementaire centralisé et d'une tradition industrielle
consolidée permet au Brésil de poursuivre une stratégie minière
cohérente à long terme. Cette stabilité institutionnelle transcende
les alternances politiques et assure une continuité stratégique
dans des minéraux critiques comme le minerai de fer, l'aluminium ou, surtout, le niobium. Bien que le pays doive encore
relever des défis dans les nouveaux minéraux comme le lithium,
son expérience récente suggère une meilleure capacité à éviter la
volatilité observée ailleurs dans la région.

Ainsi, l'Amérique latine n'est ni un bloc géopolitique homogène
ni une simple addition de modèles convergents. C'est une carte
complexe de décisions politiques disputées, où chaque pays —
façonné par son cadre institutionnel, son récit national et ses
urgences particulières — choisit comment transformer sa
géologie en influence, en investissement ou en légitimité. Le
Brésil offre une perspective alternative dans ce paysage, démon-

trant qu'une gouvernance minière stable et forte est possible, même dans des contextes politiques changeants.

En définitive, dans l'arène minière latino-américaine, la politique compte davantage que la géologie, la légitimité locale pèse autant que la rentabilité économique, et les stratégies nationales doivent s'articuler dans un espace mondial en tension permanente. La clé pour comprendre le rôle de l'Amérique latine dans le nouvel ordre minier global n'est pas de chercher une unité régionale artificielle, mais d'observer avec réalisme et précision sa profonde diversité. Car s'il est une certitude qui ressort de cette analyse, c'est qu'en Amérique latine, les minéraux ne se négocient jamais dans l'abstrait : ils se négocient depuis des territoires spécifiques, sous des règles locales, et avec une pluralité d'acteurs. Ici, le technique devient politique. Le local, profondément stratégique. Et l'exploitation minière, inévitablement géopolitique.

Symptômes partagés : signaux de fragilité structurelle

En dépit de la diversité des approches et des stratégies minières adoptées en Amérique latine, la région est confrontée à des symptômes structurels communs qui révèlent de profondes vulnérabilités. Ces problèmes récurrents ne sont pas des phénomènes isolés : ils traduisent au contraire des défis systémiques qui limitent considérablement la capacité de l'Amérique latine à tirer pleinement parti de sa richesse minérale stratégique dans cette ère de transition énergétique et de révolution technologique.

Trois symptômes interconnectés définissent cette fragilité structurelle. Ils doivent être traités de manière intégrée si la région veut réellement assumer un rôle actif dans le nouvel ordre minier mondial :

- une dépendance historique aux exportations de minéraux, avec une transformation industrielle limitée ;
- une instabilité réglementaire chronique et une insécurité juridique persistante ;
- l'expansion continue et accélérée de l'exploitation minière illégale.

Chacun de ces facteurs reflète non pas de simples problèmes opérationnels, mais des dysfonctionnements politiques profonds qui traversent la région, façonnent son présent et menacent son avenir.

Dépendance historique aux exportations de minéraux sans véritable transformation industrielle

L'Amérique latine a toujours été une région extraordinairement riche en ressources, mais elle reste paradoxalement enfermée dans une dynamique structurelle à faible valeur ajoutée. Loin de s'atténuer, cette dépendance s'est même intensifiée au XXIe siècle, précisément au moment où les minéraux stratégiques sont devenus des pièces centrales sur l'échiquier mondial de la transition énergétique et technologique. Au lieu de se positionner comme des producteurs intégrés capables de développer leurs propres technologies, la plupart des pays latino-américains demeurent relégués à des rôles secondaires dans les chaînes de valeur mondiales : ils exportent des ressources brutes, puis réimportent des produits finis hautement technologiques. Ce cycle vicieux ne constitue pas seulement une faiblesse économique ; il représente une limitation stratégique profonde pour la transformation productive de la région.

Les données récentes révèlent clairement la persistance de ce schéma. Le Chili, premier producteur mondial de cuivre, continue d'exporter environ la moitié de sa production sous forme de concentré, tandis qu'à peine un tiers de ses exportations correspond à du cuivre raffiné, prêt à l'usage industriel. Le Pérou, deuxième producteur mondial du même métal, illustre une situation encore plus extrême, dépendant largement de l'exportation de cuivre brut pour équilibrer sa balance commerciale, sans avoir développé une industrie nationale de transformation significative. Ainsi, même si les volumes exportés augmentent, la plus grande part de la valeur générée par le cuivre est captée à l'étranger.

Le cas du lithium accentue cette fragilité stratégique. En équivalent carbonate de lithium (LCE), les exportations argentines ont atteint en moyenne environ 35 000 tonnes par an entre 2020 et 2023, avant de doubler à environ 70 000 tonnes en 2024, sans développement corrélatif d'une capacité nationale de transformation intermédiaire ou finale (HCSS, 2024). La Bolivie, qui détient pourtant les plus grandes ressources mondiales de « l'or blanc », n'a réussi à exporter qu'environ 50 tonnes au premier semestre 2024. Ce résultat modeste reflète les difficultés persistantes d'une stratégie officiellement axée sur la valeur ajoutée, mais freinée par des contraintes technologiques, logistiques et de gouvernance (Mining.com, 2025). Dans ces deux pays, la question stratégique reste sans réponse : comment capter véritablement la valeur si le développement industriel demeure en retard sur l'extraction ?

Le Brésil présente une image plus nuancée, mais encore incomplète. S'il a consolidé avec succès des chaînes industrielles intégrées comme l'acier, et surtout le niobium dont il domine la chaîne de valeur mondiale avec des produits raffinés et technologiques, il continue d'exporter des volumes massifs de minerai de fer non transformé. Certaines initiatives, comme la production de ferronickel ou l'installation d'usines de véhicules électriques par BYD dans l'État de Bahia, montrent des efforts ciblés pour créer de la valeur localement. Mais le modèle reste hybride : l'existence de capacités industrielles installées ne suffit pas ; il faut aussi une stratégie intégrée, des politiques cohérentes et une intégration verticale assumée entre extraction, fabrication et technologie.

Le Mexique illustre une autre nuance critique. Bien qu'il possède une industrie automobile avancée et qu'il s'affirme comme un hub nord-américain de production de véhicules électriques, son potentiel minier stratégique — notamment autour du lithium — demeure en suspens. La nationalisation des ressources en 2022 a suscité d'importantes attentes, mais elle n'a pas encore permis d'installer une chaîne de valeur industrielle nationale capable de compléter son secteur automobile. Le résultat paradoxal est une dépendance totale vis-à-vis de matériaux importés pour les batteries, ce qui revient à gâcher une opportunité historique de se positionner stratégiquement sur un marché mondial émergent (El País, 2024).

La Colombie, pour sa part, illustre de manière dramatique les limites de ses infrastructures industrielles. À l'exception notable des opérations de ferronickel à Cerro Matoso, le pays n'a pas développé de capacités significatives de traitement pour des minéraux stratégiques comme le cuivre ou l'or (BNamericas, 2024). La majorité de l'or colombien quitte le pays sous forme brute, empêchant la capture locale de la valeur qu'une industrie intégrée pourrait générer. L'absence d'usines de raffinage ou de transformation limite non seulement la création de valeur économique, mais freine aussi le développement des capacités technologiques nationales, l'innovation et la génération d'emplois qualifiés (BNamericas, 2024).

Au-delà des chiffres, ce schéma régional révèle une dépendance structurelle profonde. Les pays latino-américains continuent d'occuper des positions subalternes dans les chaînes de valeur mondiales, ce qui implique une faible résilience face aux fluctuations des prix, une création limitée d'emplois qualifiés et une accumulation réduite de savoir productif. L'absence d'industries de transformation en aval signifie également que les décisions clés — quoi produire, avec quelles technologies et pour quels marchés — sont prises hors de la région, reléguant les nations latino-américaines au rang de simples fournisseurs, subordonnés aux stratégies industrielles étrangères.

Ce problème n'est pas seulement économique, il est aussi géopolitique. Dans un contexte où les minéraux critiques redéfinissent les hiérarchies mondiales, demeurer exportateur de concentrés revient à renoncer à de l'influence et à du pouvoir de négociation. Alors que des pays comme l'Indonésie ont restreint l'exportation de minerais non transformés pour favoriser les investissements en raffinage et en fabrication, les incitations en Amérique latine restent mal alignées avec ces objectifs stratégiques. Bien qu'il existe des initiatives prometteuses — comme le régime argentin RIGI — elles nécessitent encore d'être consolidées dans le cadre d'une politique minière et industrielle régionale intégrée et cohérente.

De plus, cette dépendance structurelle entretient un cercle vicieux. Faute d'industries de transformation solides, les pays dépendent excessivement des cycles internationaux des matières premières pour soutenir leurs économies. Lorsque les prix des minéraux montent, l'extraction s'accélère mais le développement industriel local en profite rarement. Lorsque les prix chutent, les dépenses publiques sont réduites, sans que des secteurs technologiques puissent amortir le choc. Cette volatilité permanente sape la planification à long terme et empêche la consolidation d'une économie fondée sur la connaissance.

Rompre cette inertie exige bien plus que des déclarations d'intention. L'Amérique latine ne peut pas rester un simple réservoir de minéraux pour le XXIe siècle. Si elle aspire à jouer un rôle actif dans la nouvelle économie numérique et énergétique, elle doit construire des capacités productives internes. Cela suppose de concevoir l'exploitation minière non comme une fin en soi, mais comme le point de départ d'une politique industrielle moderne, capable de transformer les ressources en biens, en emplois, en technologies et en souveraineté stratégique.

Instabilité réglementaire et insécurité juridique

L'un des obstacles les plus persistants à la consolidation d'une stratégie minière en Amérique latine ne provient ni des gisements, ni des technologies, ni même du capital, mais d'un facteur plus intangible, profondément structurel : l'incapacité à offrir des règles claires, stables et fiables. L'instabilité réglementaire et l'insécurité juridique sont des symptômes interconnectés qui affectent aussi bien des pays dotés de traditions minières solides, comme le Chili et le Pérou, que ceux disposant de cadres encore émergents, comme l'Argentine, le Mexique, la Colombie ou la Bolivie. Dans tous les cas, l'instabilité érode la prévisibilité et affaiblit la position stratégique de la région dans le nouvel ordre mondial des minéraux critiques.

Tout au long de ce chapitre, nous avons constaté que, malgré des trajectoires nationales distinctes, le même symptôme se répète : le Chili a traversé un long processus constitutionnel qui a directement affecté la confiance du secteur ; le Pérou connaît un renouvellement politique permanent et des réformes fragmentées ; le Mexique a modifié brutalement sa législation minière, suscitant des inquiétudes internationales ; la Bolivie lie ses contrats miniers à des décisions législatives imprévisibles ; l'Argentine oscille entre réformes pro-investissement et blocages provinciaux inattendus ; la Colombie propose un ambitieux agenda vert, mais sans feuille de route opérationnelle claire ; et le Brésil, bien que plus stable institutionnellement, souffre d'une bureaucratie paralysante et de chevauchements réglementaires ralentissant l'exécution des projets.

Dans une industrie où les décisions se planifient sur 15, 20 ou 30 ans, des règles qui changent à chaque cycle politique — voire au sein d'une même administration — créent un environnement difficile à naviguer. Réformes improvisées, consultations sans procédures définies, cadres environnementaux contradictoires et concessions révocables sans sécurité procédurale : autant de facteurs qui minent la confiance, non seulement des investisseurs, mais aussi des responsables publics chargés de concevoir des politiques cohérentes. Cette instabilité n'est pas accidentelle, elle reflète trois faiblesses systémiques qui coexistent dans la région : des cadres institutionnels fragmentés, une politique hyper-réactive et une culture réglementaire oscillant entre surproduction législative et application erratique. Dans de nombreux pays, l'activité minière est régulée par plusieurs agences aux compétences chevauchantes, générant des processus longs, opaques et contradictoires. Les réformes législatives fréquentes — souvent bien intentionnées mais mal mises en œuvre — cherchent à corriger des asymétries historiques sans établir de nouvelles certitudes.

Le plus préoccupant est que cette situation alimente un cercle vicieux. Une plus grande insécurité juridique entraîne une baisse des investissements de qualité. Par investissements de qualité, il ne faut pas seulement entendre le capital destiné à extraire des ressources, mais aussi la capacité d'attirer des projets qui développent des chaînes de valeur en aval : traitement, raffinage, fabrication et capture d'une valeur ajoutée supérieure. Sans stabilité réglementaire, ce n'est pas seulement l'extraction qui devient difficile, mais aussi la possibilité de construire des industries liées aux technologies propres, aux batteries, aux matériaux de défense, à l'intelligence artificielle ou à la mobilité électrique.

D'un point de vue comparatif, ce qui distingue l'Amérique latine n'est pas l'existence de conflits réglementaires — que l'on retrouve aussi ailleurs — mais la persistance de règles incapables de se transformer en systèmes de confiance. Alors que dans d'autres juridictions les réformes réglementaires s'accompagnent généralement de larges consensus, en Amérique latine elles tendent à être abruptes, polarisées et souvent déconnectées de la capacité de l'État à les appliquer efficacement. La politique minière se transforme ainsi en une succession d'actions défensives plutôt qu'en une stratégie de long terme. Dans ce paysage, l'enjeu dépasse largement l'attraction d'investissements : il s'agit de la capacité à construire une architecture réglementaire perçue comme légitime, prévisible et alignée sur les attentes sociales. L'exploitation minière du XXIe siècle ne peut pas fonctionner avec des lois du XXe siècle et des dynamiques politiques du XIXe. Elle requiert des institutions capables de combiner stabilité et adaptabilité, et des régulations qui protègent sans paralyser.

S'il est une leçon claire que la Chine a donnée ces vingt dernières années, c'est que la planification stratégique de long terme n'est pas une utopie, mais un instrument concret de puissance. Son modèle — malgré ses spécificités — montre que lorsqu'un pays fixe une feuille de route claire, aligne ses institutions et maintient son cap au-delà des cycles politiques, il peut convertir la géologie en influence mondiale. La stabilité n'implique pas la rigidité, pas plus que la planification n'implique l'immobilisme ; elles offrent une direction stratégique. Et sans direction, aucune ressource ne peut se transformer en avantage structurel.

La région ne part pourtant pas de zéro : elle dispose d'expériences précieuses, de leçons institutionnelles et de capacités techniques établies. Mais tant que persisteront les réformes réactives, les politiques en pendule et une légalité instrumentalisée — ajustée au rythme des conflits plutôt qu'à celui d'une stratégie — l'exploitation minière latino-américaine continuera de sous-performer par rapport à son potentiel réel. Chaque fenêtre d'opportunité manquée ne représente pas seulement un investissement perdu, mais aussi une part d'influence mondiale abandonnée.

En définitive, une gouvernance réglementaire efficace ne se mesure pas au nombre de lois adoptées, mais à la confiance qu'elles génèrent. Dans le nouvel ordre minier mondial, la confiance est devenue une ressource aussi rare — et aussi précieuse — que les minéraux que la région offre au monde.

L'expansion persistante de l'exploitation minière illégale

Si les négociations institutionnelles et les politiques publiques façonnent le récit officiel du nouvel ordre géopolitique minier, l'exploitation minière illégale opère dans l'ombre avec une pertinence stratégique équivalente. Souvent négligée dans les analyses traditionnelles, cette économie illicite exerce une influence croissante sur les territoires miniers latino-américains. Aujourd'hui, l'orpaillage illégal n'est plus une activité isolée menée par des prospecteurs individuels ; il s'est transformé en une industrie criminelle transnationale hautement organisée, exceptionnellement efficace pour corrompre les structures étatiques. Selon le rapport « Minerals Crime » de l'ONUDC (2025), l'expansion accélérée de l'exploitation minière illégale dans la région est à la fois une conséquence et une cause de la faiblesse institutionnelle. Elle prospère là où le secteur formel est freiné par des obstacles réglementaires ou administratifs et, simultanément, elle érode la confiance publique en alimentant la corruption et la violence.

L'ampleur du phénomène est profondément préoccupante. Au cours de la dernière décennie, l'exploitation minière illégale dans les territoires autochtones de l'Amazonie a augmenté de 625 %, touchant particulièrement le Brésil, le Venezuela, la Colombie, l'Équateur, le Pérou et la Bolivie (ONUDC, 2025). Cette croissance a causé des dommages environnementaux graves, alimentés par l'usage indiscriminé de substances toxiques telles que le mercure et le cyanure, qui contaminent les rivières, détruisent les forêts et menacent la biodiversité amazonienne.

La Colombie illustre de manière dramatique cette réalité. Actuellement, 73 % de l'exploitation aurifère alluviale y est illégale, couvrant environ 69 123 hectares, soit une hausse d'environ 5 000 hectares en une seule année (ONUDC, 2025). Le problème est aggravé par la convergence entre exploitation minière illégale et narcotrafic : des cultures de coca ont été détectées dans 44 % de ces zones, consolidant un réseau criminel complexe qui mine profondément la stabilité institutionnelle et sociale du pays.

Au Brésil, en particulier dans la région amazonienne le long du Rio Tapajós, le scénario est tout aussi alarmant. Environ deux tiers de l'or produit y est illégal, causant des dommages environnementaux irréversibles et de graves violations des droits humains (ONUDC, 2025). L'orpaillage illégal brésilien s'appuie sur des réseaux criminels structurés, également impliqués dans la traite des êtres humains : près de 40 % des orpailleurs artisanaux ont été identifiés comme victimes potentielles de travail forcé. Cette activité illicite est fréquemment associée à l'exploitation sexuelle et au blanchiment d'argent, ce qui complique encore davantage les efforts étatiques de lutte.

Un moteur clé de cette expansion est la rentabilité exceptionnelle de l'or sur les marchés mondiaux. Selon l'ONUDC (2025), entre 2014 et 2015 seulement, la valeur de la production illégale d'or dans cinq pays sud-américains a atteint environ 7 milliards USD. Sa forte valeur par rapport au poids, sa facilité de commercialisation et de transport en font un actif stratégique idéal pour les organisations criminelles, qui y voient un moyen de diversifier leurs activités et de blanchir les revenus d'autres trafics. Le rapport souligne également que la corruption est un facilitateur central : dans plusieurs pays latino-américains, des fonctionnaires publics ont été identifiés acceptant des pots-de-vin en échange de concessions frauduleuses ou de facilités accordées à l'exploitation illégale (ONUDC, 2025). En conséquence, les efforts réglementaires s'affaiblissent progressivement, renforçant l'impunité des acteurs criminels.

Les impacts sociaux et humanitaires sont dévastateurs pour les communautés concernées. L'exploitation de la main-d'œuvre, y compris le travail des enfants, est régulièrement signalée dans des pays comme la Bolivie. Dans les zones dominées par l'exploitation illégale, les violences sexistes et l'exploitation sexuelle forcée se multiplient, aggravant les crises sociales et les conditions humanitaires des populations vulnérables (ONUDC, 2025).

L'exploitation minière illégale fonctionne comme un baromètre précis des vulnérabilités institutionnelles latino-américaines. Elle prospère précisément là où l'État est faible ou absent, révélant non seulement un déficit de contrôle, mais un dysfonctionnement plus profond du modèle minier formel. Son essor signale que les canaux légaux de développement des ressources minérales ne sont ni suffisamment inclusifs, ni équitables, ni agiles pour répondre aux demandes locales et globales.

Répondre à cette réalité exige plus que des réponses fragmentées ou réactives. Il faut clarifier les titres miniers, éliminer les ambiguïtés qui favorisent la corruption et rationaliser les procédures d'approbation pour l'ensemble de l'industrie — des projets artisanaux aux juniors, en passant par les opérations de moyenne et grande échelle. Lorsque ces processus sont lents, opaques ou contradictoires, des brèches apparaissent que les acteurs illégaux comblent rapidement, sapant encore davantage la légitimité institutionnelle. Transformer cet écart structurel en une opportunité de développement local et d'investissement stratégique est possible, à condition de mettre en place des mécanismes d'exploitation efficients, légitimes et transparents.

Cependant, les réponses institutionnelles ne suffiront pas sans un changement du récit social et culturel. Aujourd'hui, persiste une perception symbolique qui associe l'ensemble de l'activité minière à la destruction et à l'abus. Cette image, amplifiée par la violence de l'exploitation illégale, a progressivement érodé la légitimité du secteur formel, accroissant les conflits sociaux et affaiblissant sa licence sociale dans de nombreux territoires. Il ne s'agit pas de nier les erreurs historiques du secteur formel, mais de reconnaître que dans de nombreux cas il a accompli des progrès réels vers des modèles plus responsables. Il est donc essentiel de différencier clairement l'exploitation formelle de l'exploitation illégale — non seulement sur le plan technique ou juridique, mais aussi sur le plan symbolique, éthique et culturel. Ce n'est qu'à cette condition que l'exploitation formelle pourra se repositionner comme un véritable allié du développement durable.

En ce sens, l'exploitation minière illégale occupe précisément les vides laissés par le secteur formel : partout où celui-ci échoue à être efficace, équitable ou transparent, l'illégalité avance. Toute stratégie future de développement minier régional doit reconnaître cette tension, en comprenant qu'il ne s'agit pas d'un enjeu secondaire mais d'une question centrale. Le résoudre est essentiel à la viabilité de l'ensemble du modèle minier.

Si les pays latino-américains aspirent à bâtir une nouvelle géopolitique minière — plus agile, technologique, légitime et durable — ils doivent affronter ce phénomène de front. L'ignorer reviendrait à compromettre les objectifs stratégiques poursuivis par le secteur formel. Replacer l'exploitation minière illégale comme défi prioritaire, étroitement lié à la gouvernance institutionnelle et au sens culturel de l'activité minière, est indispensable pour rétablir la confiance publique, réduire progressivement l'illégalité et consolider un modèle véritablement légitime.

Ce qui se cache derrière les trois symptômes structurels

L'expansion persistante de l'exploitation minière illégale, la faible industrialisation et l'instabilité réglementaire ne surviennent pas isolément. Derrière ces trois problématiques, qui affectent les pays latino-américains à des degrés et intensités variables, se trouvent des facteurs profonds et interconnectés, de véritables forces invisibles qui façonnent le paysage minier régional. Bien que rarement reconnus explicitement dans les politiques publiques, ils déterminent la persistance et la récurrence des symptômes visibles analysés ici.

Premièrement, la fragmentation institutionnelle et la faiblesse de l'État. Si chaque pays d'Amérique latine possède sa propre réalité institutionnelle, tous partagent, à des degrés divers, une structure gouvernementale fragmentée, caractérisée par une multiplicité d'agences de régulation aux compétences qui se chevauchent et se contredisent fréquemment. Cette dispersion institutionnelle crée des vides réglementaires exploités par les acteurs illégaux, empêche le développement de politiques industrielles intégrées et limite fortement la capacité à fournir une stabilité juridique. Au-delà de la bureaucratie, cette fragmentation reflète l'absence, ou l'articulation insuffisante, d'une vision stratégique claire de la part des élites politiques nationales.

Deuxièmement, une culture politique hyper-réactive et court-termiste. L'instabilité réglementaire et la faible industrialisation illustrent une culture politique qui privilégie des réponses immédiates et réactives plutôt qu'une approche stratégique soutenue. Les gouvernements tendent à mettre en œuvre des réformes rapides en réponse à des pressions sociales, environnementales ou économiques spécifiques, sans en évaluer correctement les effets à long terme ni la réelle capacité de l'État à les exécuter. Cette logique de court terme génère une dynamique pendulaire dans les politiques minières, érode la confiance et réduit la probabilité d'attirer des investissements à horizon stratégique.

Troisièmement, une perception sociale et symbolique déformée de l'exploitation minière. Dans la plupart des pays de la région, un récit largement négatif persiste autour de l'activité minière formelle, souvent perçue comme une menace environnementale et sociale plutôt que comme un levier potentiel de développement durable et technologique. Cette perception est alimentée non seulement par les ravages de l'exploitation minière illégale et les erreurs historiques du secteur minier formel, mais aussi par un déficit de communication qui ne parvient pas à distinguer clairement l'exploitation minière responsable de l'exploitation minière informelle. La conséquence directe est une érosion progressive de la légitimité sociale et de la licence d'opérer, qui fragilise constamment les acteurs formels et facilite l'avancée des opérations illégales.

Quatrièmement, des déficits structurels de gouvernance socio-environnementale. Chacun de ces symptômes reflète aussi une crise profonde de gouvernance socio-environnementale. L'expansion de l'exploitation minière illégale et la faible industrialisation ne sont pas de simples phénomènes économiques isolés, mais le signe d'une incapacité systémique des États à harmoniser efficacement leurs agendas économiques, environnementaux et sociaux. La tension entre les objectifs légitimes de développement économique et les exigences de protection environnementale et sociale a donné naissance à des cadres réglementaires excessivement complexes, inefficaces et souvent contradictoires, qui compliquent fortement la mise en œuvre cohérente des politiques publiques.

Cinquièmement, la déconnexion entre politique minière, politique industrielle et politique d'innovation technologique. La faible industrialisation et le retard technologique trouvent leur origine dans une déconnexion structurelle persistante entre ces trois domaines. L'exploitation minière continue d'être perçue comme une activité isolée, insuffisamment intégrée à une stratégie nationale plus large d'innovation, d'industrie et de développement technologique. Cette déconnexion empêche les pays de transformer leur richesse minérale en point de départ d'une transformation productive plus profonde, les maintenant prisonniers d'un cycle d'extraction de matières premières et d'exportations de commodités non transformées.

Ces facteurs sous-jacents sont essentiels car ils révèlent les racines profondes des problèmes visibles analysés dans ce chapitre. Ils ne peuvent être surmontés par de simples ajustements superficiels ou des réformes isolées ; ils exigent des changements structurels profonds dans la manière dont chaque pays définit sa politique minière et sa vision stratégique nationale. Reconnaître ces forces invisibles est donc indispensable pour résoudre les trois symptômes analysés. Cela implique de comprendre que l'exploitation minière n'est pas seulement une question technique ou économique, mais avant tout une question politique, sociale et culturelle. Les défis ne proviennent pas uniquement du sous-sol, mais également des structures institutionnelles, des récits culturels et des pratiques politiques ancrées depuis des décennies.

Ce n'est qu'en abordant ces dimensions structurelles profondes que les pays latino-américains pourront surmonter les symptômes visibles qui limitent leur potentiel minier et géopolitique. Cette approche globale — capable de regarder au-delà des problèmes superficiels — constitue la seule voie viable pour bâtir un modèle minier véritablement durable, légitime et compétitif pour le XXIᵉ siècle.

Géopolitique en Amérique latine : la Chine et l'Occident se disputent les minéraux du futur

Dans les sections précédentes, nous avons montré comment l'Amérique latine, malgré une richesse minérale exceptionnelle, fait face à de profondes fragilités structurelles : dépendance aux exportations de matières premières, instabilité réglementaire et expansion persistante de l'exploitation illégale. Ces vulnérabilités internes ne peuvent être analysées isolément ; elles doivent être replacées dans le cadre plus large des tensions géopolitiques mondiales croissantes. Les minéraux critiques ne sont plus de simples ressources économiques : ils se sont transformés en instruments décisifs de puissance internationale, redéfinissant les relations diplomatiques et commerciales à l'échelle planétaire.

Dans ce contexte, l'Amérique latine apparaît comme une arène géopolitique centrale, disputée par deux modèles contrastés : le pragmatisme stratégique et l'agilité opérationnelle de la Chine, d'une part ; l'approche institutionnelle et multilatérale de l'Occident, fondée sur des standards rigoureux, d'autre part. Pour la région, cette tension représente non seulement un défi mais aussi une opportunité unique de repenser sa place dans l'ordre mondial, de redéfinir sa stratégie industrielle et de clarifier son rôle dans la transition énergétique et technologique.

Ce chapitre explore précisément cette tension stratégique, en examinant comment la Chine et les puissances occidentales déploient leurs stratégies respectives sur le continent et, surtout, en analysant ce que les pays latino-américains peuvent faire pour transformer cette dynamique en levier de leurs intérêts stratégiques de long terme.

Le modèle chinois : vitesse, ampleur et pragmatisme stratégique

La stratégie chinoise en Amérique latine a été décisive et soutenue. Alors que d'autres puissances débattaient encore de la manière de sécuriser leurs approvisionnements, Pékin agissait déjà sur le terrain, en combinant financement public, infrastructures interconnectées et acquisitions ciblées. Au Pérou, MMG (mine de Las Bambas) et Chinalco (mine de Toromocho) contrôlent aujourd'hui une part significative de la production nationale de cuivre (AidData, 2023). En Équateur, le consortium chinois exploitant la mine de Mirador a ouvert la voie à l'exploitation minière industrielle à grande échelle (Reuters, 2019). Au Brésil, une société chinoise a acquis Mineração Vale Verde pour 420 millions de dollars en 2025, sécurisant ainsi des actifs stratégiques en cuivre et en or (MINING.com, 2025).

Le lithium illustre encore mieux cette stratégie : Tianqi Lithium détient 24 % de SQM, deuxième producteur mondial (Reuters, 2018). Dans le même temps, Ganfeng Lithium et Zijin Mining se sont rapidement implantées en Argentine et en Bolivie au moyen de partenariats locaux et d'accords directs avec les gouvernements nationaux et les autorités provinciales (MINING.com, 2025). En 2024, les investissements miniers chinois dans le monde ont dépassé 22 milliards de dollars, l'Amérique latine figurant parmi leurs principales destinations.

La Chine complète ces avancées par de grands projets logistiques, tels que le port de Chancay au Pérou, un investissement de 3,5 milliards de dollars reliant directement les Andes à l'Asie (COSCO, 2025). Cette approche intégrée, qui couvre l'extraction, le transport, le financement et la sécurisation des acheteurs, lui confère un avantage structurel difficile à reproduire. En mai 2025, le président Xi Jinping a annoncé une ligne de crédit de 9,2 milliards de dollars spécifiquement destinée à financer des projets dans les pays latino-américains, envoyant un signal clair de l'intention de Pékin de renforcer les liens bilatéraux et de contrebalancer l'influence américaine (Reuters, 2025). Il ne s'agit pas seulement d'investissements, mais d'une déclaration stratégique d'intérêt national.

Le modèle occidental : standards élevés, diplomatie multilatérale, rythme modéré

Les États-Unis et l'Union européenne ont opté pour une autre voie, moins fondée sur la rapidité que sur la valeur normative. En 2023, l'UE a signé des mémorandums avec l'Argentine, le Chili et le Brésil pour promouvoir des chaînes d'approvisionnement durables, mobilisant 6,3 millions d'euros via le programme Global Gateway, en partenariat avec la Banque interaméricaine de développement (BID), afin de renforcer les cadres réglementaires, la gouvernance minière et la participation communautaire (European Parliament Think Tank, 2024 ; IDB, 2023). Elle a également modernisé son accord commercial avec le Chili, en y intégrant des clauses environnementales contraignantes et une coopération climatique spécifique (Commission européenne, 2023).

Les États-Unis, pour leur part, ont activé le Minerals Security Partnership (MSP) et, via la Development Finance Corporation (DFC), financent des projets de nickel et de cobalt au Brésil tout en évaluant des usines de traitement du lithium en Argentine (DFC, 2022). Des responsables américains se sont rendus au Chili pour signer des accords techniques relatifs à la gouvernance du lithium (Buenos Aires Times, 2024).

Contrairement à l'approche chinoise, ces initiatives occidentales privilégient moins l'influence immédiate que la transformation institutionnelle de long terme. Leur impact demeure toutefois inégal : montants plus réduits, procédures plus lentes, résultats très variables selon les contextes nationaux.

Que peuvent faire les pays latino-américains dans un jeu qui n'a pas été conçu pour eux ?

Dans cette compétition géopolitique autour des minéraux critiques, il est essentiel de souligner que l'Amérique latine n'agit pas comme un bloc unifié. Ni la Chine, ni les États-Unis, ni l'Europe ne négocient avec la région dans son ensemble : chacun traite pays par pays, gouvernement par gouvernement, urgence par urgence. Cette fragmentation n'est pas accidentelle mais stratégique. Chaque puissance adapte son approche à cette réalité, exploitant la diversité interne comme avantage de négociation.

La Chine avance par des accords bilatéraux agiles, parfois directement avec des provinces argentines ou des régions boliviennes. Les États-Unis capitalisent sur des cadres existants comme l'ACEUM avec le Mexique ou sur des accords ciblés avec le Chili. L'Union européenne modernise ses traités commerciaux individuellement et conclut des mémorandums adaptés à ses intérêts spécifiques.

Chaque pays latino-américain reçoit donc des propositions distinctes, façonnées par son contexte national. Mais dans ce paysage, la région dispose d'une opportunité stratégique : observer comment d'autres pays, en dehors de la région, ont su négocier avec ces mêmes puissances pour obtenir non seulement des investissements initiaux mais aussi de véritables transferts de savoir-faire, de technologies et d'industrialisation avancée. L'Indonésie, par exemple, a imposé des restrictions à l'exportation pour stimuler la fabrication locale de batteries et de composants technologiques ; la Finlande, malgré des ressources limitées, a construit une industrie chimique de pointe spécialisée dans les batteries ; la Corée du Sud a développé des écosystèmes minierstechnologiques complets grâce à des alliances industrielles stratégiques.

Ces cas démontrent que l'avantage véritable ne réside pas uniquement dans l'attraction du capital étranger, mais dans la capacité à obtenir des transferts structurels et effectifs de connaissances et de technologies.

La clé pour l'Amérique latine n'est donc pas simplement de choisir un partenaire mondial, mais de définir comment négocier afin de garantir ces transferts. Cela implique de concevoir des politiques claires pour renforcer la capacité technologique locale, d'intégrer des clauses explicites de transfert dans chaque grand projet minier et de s'assurer que les investissements ne se limitent pas à l'extraction et à l'exportation de minéraux bruts, mais qu'ils alimentent la création de chaînes de valeur industrielles intégrées.

Une telle vision stratégique permettrait à chaque pays de dépasser son rôle traditionnel de fournisseur de concentrés pour évoluer vers la production de technologies, la création de valeur locale et le développement d'écosystèmes productifs avancés. Pour y parvenir, il est essentiel de renforcer des institutions capables de maintenir des politiques industrielles et technologiques stables au-delà des cycles politiques.

En définitive, l'enjeu pour les nations latino-américaines n'est pas seulement l'accès au capital ou aux marchés extérieurs, mais la capacité à acquérir et mobiliser le savoir nécessaire pour transformer leur richesse minérale en un avantage compétitif durable. De cette capacité dépendra que la région émerge comme un acteur autonome et influent du nouvel ordre technologique mondial, ou qu'elle reste cantonnée au rôle de simple fournisseur de ressources stratégiques, sans exploiter pleinement son potentiel interne.

L'Amérique latine à la croisée des chemins miniers

Au début de ce chapitre, nous posions une question centrale : quel rôle l'Amérique latine joue-t-elle réellement dans la compétition mondiale pour les minéraux stratégiques ? Y répondre suppose d'abord de reconnaître ce que la région n'est pas. Elle n'est ni un bloc homogène, ni une entité géopolitique coordonnée. Elle n'est pas davantage un simple réservoir géologique attendant d'être exploité.

L'Amérique latine est avant tout un territoire politique, où l'industrie minière a cessé d'être une question purement technique ou économique pour devenir un axe stratégique essentiel. Elle définit les modèles de développement nationaux, conditionne les décisions politiques internes et positionne les pays face aux grandes puissances.

Cette analyse a montré des trajectoires nationales diverses. L'Argentine, longtemps prisonnière de promesses non tenues, amorce un réveil à travers un modèle pragmatique et pro-investissement. Le Chili, traditionnellement leader institutionnel et minier, traverse une pause stratégique : ni figé ni pleinement orienté, il doit préserver sa légitimité historique tout en accélérant ses décisions. Le Pérou, riche en potentiel géologique, est freiné par de profondes fractures territoriales et doit restaurer la confiance sociale et opérationnelle pour redevenir compétitif. Le Brésil incarne un modèle distinct : grâce à une vision industrielle cohérente et durable, il a su transformer certains minéraux comme le niobium en un levier stratégique mondial. Son défi est désormais d'appliquer cette logique à de nouvelles ressources comme le lithium. La Bolivie, fidèle à son discours de souveraineté, se heurte à la faiblesse de ses capacités opérationnelles et institutionnelles, et doit transformer sa rhétorique en résultats tangibles. Le

Mexique oscille entre un regain de contrôle étatique et le besoin de regagner la confiance internationale ; il peut trouver un équilibre stratégique s'il surmonte ses tensions structurelles. Enfin, la Colombie illustre un potentiel interrompu par une gouvernance fragile et des conflits territoriaux persistants : son avenir minier dépend moins de la géologie que de la capacité à stabiliser ses institutions.

Ces cas, malgré leurs différences, révèlent un point commun : l'industrie minière n'est plus seulement une activité économique, mais le reflet de dynamiques politiques profondes qui conditionnent leur développement. La véritable richesse de l'Amérique latine ne réside plus uniquement dans son sous-sol, mais dans la cohérence stratégique de ses choix politiques.

Face à la montée en puissance de la Chine, des États-Unis et de l'Europe, la région se trouve à une croisée stratégique décisive. Le modèle chinois offre rapidité, capitaux et infrastructures, mais ne garantit pas un transfert technologique profond ni un développement industriel autonome. Le modèle occidental mise sur des standards élevés, la gouvernance multilatérale et la durabilité, mais se heurte à la lenteur des processus et à l'ampleur des besoins.

La question n'est donc pas de savoir avec qui s'aligner, mais comment négocier stratégiquement pour obtenir des transferts réels de savoir-faire, de technologies et de capacités industrielles. Le succès du Brésil avec le niobium, contrôlant l'ensemble de la chaîne de valeur, montre que c'est possible. D'autres pays restent coincés dans une logique d'exportations primaires et manquent l'opportunité de bâtir leurs propres industries technologiques.

Pour transformer sa richesse minérale en influence stratégique, l'Amérique latine doit affronter trois défis structurels : la dépen-

dance historique aux exportations à faible valeur ajoutée, l'instabilité réglementaire persistante et l'expansion accélérée de
l'industrie minière illégale. Y répondre exige une volonté politique claire : industrialisation technologique, stabilité institutionnelle et légitimité sociale et territoriale.

L'avenir ne dépend pas de réformes fragmentées mais d'une
transformation structurelle portée par des institutions solides, une
gouvernance intégrée et des politiques industrielles et technologiques cohérentes. Le rôle de l'Amérique latine dans la compétition mondiale pour les minéraux stratégiques reste ouvert. La
région n'est pas condamnée à rester périphérique : elle dispose
d'une véritable opportunité de redéfinir son avenir minier et technologique, et de s'affirmer comme acteur autonome dans la
nouvelle architecture géopolitique mondiale.

L'industrie minière traditionnelle est morte. L'ère de la nouvelle
géopolitique minière s'est ouverte : une Amérique latine capable
non seulement d'extraire, mais aussi de transformer, d'innover et
de négocier stratégiquement sa place dans le monde qui vient.

CINQ

Un continent africain fragmenté peut-il négocier comme une puissance ?

Pendant des décennies, l'Afrique a été traitée comme un territoire convoité par des intérêts extérieurs — un échiquier sur lequel d'autres déplaçaient les pièces. Ces dernières années, pourtant, quelque chose a commencé à changer. Alors que d'autres régions, comme l'Amérique latine, demeurent fragmentées face à la compétition mondiale pour les minéraux, l'Afrique a amorcé la construction d'une stratégie commune. L'Agenda 2063, la Zone de libre-échange continentale africaine (ZLECAf) et de nouvelles alliances transfrontalières démontrent que le continent ne possède pas seulement des ressources, mais également une feuille de route.

Ce chapitre s'ouvre sur une question centrale : un continent historiquement fragmenté peut-il aujourd'hui négocier comme une puissance géopolitique unifiée ? Plutôt que d'y apporter une réponse définitive, il s'agit d'examiner les signaux. Nous observons d'abord comment l'Afrique commence à penser collectivement l'avenir de sa richesse minérale — de l'interdiction des exportations de minerais bruts à la coordination régionale pour la production de batteries électriques. Nous explorons également les défis persistants : institutions fragiles, poids de l'industrie minière informelle, infrastructures insuffisantes et dépendance historique vis-à-vis d'acteurs extérieurs.

À travers l'examen de quinze pays clés, ce chapitre met en lumière la véritable complexité du continent : des modèles réussis comme le Botswana aux contextes plus difficiles tels que la République démocratique du Congo (RDC) ou la Guinée. L'objectif n'est ni d'idéaliser, ni de réduire l'Afrique à ses problèmes, mais d'observer un processus en cours par lequel le continent commence à négocier de meilleures conditions, à capter davantage de valeur ajoutée et à décider plus librement du rôle qu'il souhaite jouer dans les nouvelles chaînes d'approvisionnement mondiales.

L'histoire est encore en train de s'écrire, mais le message est clair : l'Afrique n'est plus seulement un lieu d'extraction — elle construit sa place dans le nouvel ordre minier.

Un consensus sans précédent

Sur un continent aussi divers que l'Afrique, où les différences politiques, linguistiques, économiques et culturelles paraissent souvent insurmontables, un fait mérite une attention particulière : les 54 États membres de l'Union africaine, représentant l'ensemble du continent, ont signé à la fois l'Agenda 2063 et la Zone de libre-échange continentale africaine (ZLECAf) (African Union, 2015 ; African Union, 2018). Il ne s'agit pas d'un simple acte administratif ou diplomatique ; c'est un jalon qui démontre que, lorsqu'un objectif stratégique clair existe, la diversité peut se transformer en cohésion.

Adopté officiellement en janvier 2015 lors du Sommet de l'Union africaine à Addis-Abeba, l'Agenda 2063 est plus qu'un plan de développement : c'est une feuille de route de cinquante ans qui imagine l'Afrique comme un acteur prospère et intégré, capable de mobiliser ses ressources, y compris les minéraux stratégiques, pour porter son propre développement (African Union, 2015). Il reste en vigueur et son Deuxième Plan décennal de mise en œuvre (2024–2033) est déjà en cours, mettant l'accent sur l'industrialisation, l'intégration régionale et la gouvernance des ressources naturelles (African Union, 2024).

La ZLECAf, signée en mars 2018 à Kigali et entrée en vigueur le 1er janvier 2021, est le plus grand accord commercial au monde en nombre de participants. Ses 54 signataires se sont engagés à réduire les droits de douane, à harmoniser les réglementations et à créer un marché unique de 1,3 milliard de personnes (African Union, 2018 ; African Union, 2021). L'accord est pleinement en vigueur et suit une phase de mise en œuvre progressive, avec des négociations avancées sur les règles d'origine et la libéralisation des services.

Cet accomplissement n'est pas le fruit du hasard. Il résulte d'années de sommets, de négociations techniques et d'engagements politiques, portés par un récit puissant : la nécessité de passer d'une insertion fragmentée dans l'économie mondiale à une position de bloc, capable de négocier collectivement de meilleures conditions avec les grandes puissances et les multinationales. Dans ce processus, les ressources minières ont toujours figuré parmi les piliers stratégiques de l'intégration.

Le moment géopolitique dans lequel ces deux accords se sont consolidés renforce encore leur portée. En 2023, l'Union africaine a été admise comme membre permanent du G20, offrant au continent une tribune directe pour influencer l'agenda économique mondial (G20 India, 2023). Cette inclusion reconnaît que l'Afrique, lorsqu'elle agit de manière unie, n'est pas seulement un espace géographique riche en ressources, mais un acteur politique légitime dans les décisions économiques qui façonnent l'ordre mondial.

Au-delà des défis persistants de mise en œuvre, des infrastructures physiques à l'harmonisation effective des réglementations, le simple fait que chaque pays ait signé constitue déjà un signal politique fort adressé au monde : l'Afrique peut se coordonner. Elle peut parler d'une seule voix lorsque l'objectif est suffisamment important. Et si elle a pu le faire dans les domaines commercial et du développement, elle pourrait aussi le faire pour défendre et promouvoir ses intérêts dans la nouvelle géopolitique des minéraux.

Dans le cadre de ce chapitre, ce consensus n'est pas seulement un précédent : c'est la preuve tangible que la question posée au départ, un continent fragmenté peut-il négocier comme une puissance ?, a déjà trouvé, au moins une fois, une réponse affirmative.

Les richesses minérales de l'Afrique et la course mondiale

L'Afrique détient une part considérable des minéraux qui soustiendront l'économie du XXIe siècle. On estime que le continent concentre environ 30 % des réserves mondiales connues de minéraux critiques (Chen et al., 2024). Ces ressources sont essentielles aux technologies d'énergie propre, aux industries électroniques, aux systèmes de défense, à l'intelligence artificielle et aux chaînes logistiques stratégiques. À elle seule, l'Afrique subsaharienne abrite près d'un tiers des réserves mondiales de cobalt, de lithium et de nickel, des composants clés pour les batteries, les serveurs, les centres de données et les réseaux électriques. La République démocratique du Congo (RDC) représente, par exemple, plus de 70 % de la production mondiale de cobalt et près de la moitié des réserves connues de ce métal stratégique. L'Afrique du Sud, le Gabon et le Ghana assurent ensemble plus de 60 % de la production mondiale de manganèse, un intrant vital pour les alliages avancés et les technologies industrielles (Chen et al., 2024). À cela s'ajoutent des proportions significatives de terres rares, de graphite, de cuivre, de nickel, d'uranium, ainsi que la domination quasi exclusive de l'Afrique du Sud sur le platine, avec plus de 70 % de la production mondiale en 2022 (World Population Review, 2023).

Cet héritage fait de l'Afrique une arène stratégique de compétition. La montée en puissance de technologies telles que l'intelligence artificielle, l'informatique quantique, les infrastructures numériques, les systèmes de défense autonomes et la transition énergétique entraîne une explosion de la demande en minéraux critiques. Et cette montée en flèche s'accompagne d'une course mondiale toujours plus intense pour sécuriser l'accès aux gisements africains.

Selon l'Agence internationale de l'énergie (AIE), la consommation de cobalt pourrait tripler et la demande en lithium décupler d'ici 2050 (AIE, 2021, cité par Chen et al., 2024). Mais ces projections ne reflètent qu'une partie de la réalité : des minéraux comme le cuivre, les terres rares ou le graphite sont déjà indispensables au maintien d'industries stratégiques telles que les semi-conducteurs, les satellites, l'industrie de défense et les véhicules électriques. Dans ce paysage en mutation, l'Afrique apparaît comme une pièce critique pour les puissances en quête d'autonomie industrielle et de suprématie technologique.

La Chine s'est déjà imposée comme l'acteur dominant : elle absorbe près de 20 % des exportations totales d'Afrique subsaharienne, ce qui en fait le premier partenaire commercial individuel de la région, et l'essentiel de ces échanges porte sur des produits miniers. De plus, la Chine contrôle la moitié des dix plus grandes mines de cobalt du monde, toutes situées en RDC, ce qui lui permet de bâtir des chaînes d'approvisionnement intégrées reliant directement les gisements africains aux raffineries et aux usines en Asie (CFR, 2025 ; Way, 2024). En réaction, les États-Unis et l'Europe tentent de regagner du terrain par des partenariats stratégiques, des incitations financières et une nouvelle vague de diplomatie minière.

À la différence des cycles précédents, cependant, les gouvernements africains ne restent plus spectateurs de cette course. Une prise de conscience accrue du pouvoir de négociation que représente leur dotation minérale s'impose. Détenir près d'un tiers des ressources critiques mondiales leur permet, à condition de coordonner leurs politiques, de fixer de nouvelles conditions : davantage de valeur ajoutée, des partenariats industriels et une présence locale dans les chaînes de valeur. « L'Afrique doit être maître de son destin », déclarait en 2022 le président de la RDC Félix Tshisekedi, rappelant que son pays et la Zambie détiennent ensemble au moins 80 % des minéraux nécessaires à la fabrication des batteries pour véhicules électriques (CEA, 2022). La Stratégie africaine pour les minéraux verts, en cours d'élaboration, s'inscrit dans la même logique : les minéraux africains doivent d'abord servir au développement africain, et non uniquement alimenter les industries étrangères (CNUCED, 2023).

Le continent fait toutefois face à une tension structurelle : le boom des minéraux critiques pourrait marquer un tournant, ou bien répéter un schéma déjà connu. Saisir ce moment exige plus que des ressources. Cela requiert une coopération entre États, une gouvernance efficace, des infrastructures adaptées et la capacité de transformer le potentiel en véritable captation de valeur.

Les sections suivantes examinent quinze pays clés du continent, choisis pour leur poids géologique et leur positionnement stratégique, afin de mieux comprendre les opportunités et les tensions qui façonnent aujourd'hui le paysage minier africain.

Les quinze pays clés : profils d'acteurs de la géopolitique minière

Au-delà de ses frontières communes, l'Afrique est un continent pluriel. Ses ressources sont inégalement réparties, ses modèles de gouvernance varient largement et son intégration dans les chaînes de valeur mondiales est façonnée par des trajectoires politiques très différentes. Comprendre son potentiel stratégique exige donc d'y regarder de plus près.

Cette analyse de quinze pays clés n'a pas pour objectif d'établir un classement ni de coller des étiquettes. Elle vise plutôt à montrer comment chaque nation, à partir de ses propres réalités et de ses équilibres internes, prend aujourd'hui des décisions qui redessinent la nouvelle carte minière du continent africain.

La République démocratique du Congo : abondance critique et gouvernance en devenir

Peu d'endroits dans le monde concentrent autant de poids géostratégique que la République démocratique du Congo (RDC). Avec plus de 70 % de la production mondiale de cobalt et près de la moitié des réserves connues de ce métal stratégique, le pays se situe au cœur de la compétition technologique mondiale émergente. La région du Katanga abrite également du cuivre, du coltan, du lithium encore peu exploité et une variété d'autres ressources, en faisant un pôle crucial pour des secteurs comme la défense, la fabrication de batteries, l'informatique quantique et l'intelligence artificielle.

Mais cette centralité géologique ne se traduit pas automatiquement par une stabilité institutionnelle. La RDC a connu une histoire de fragmentation territoriale, de gouvernance incohérente et de faible capacité fiscale, compliquant le développement de son secteur minier. Bien que le pays ait réformé son code minier en 2018 pour renforcer les redevances et imposer du contenu local, la mise en œuvre reste inégale. La coexistence entre l'industrie minière industrielle, l'exploitation artisanale, les tensions communautaires et les réseaux informels crée une dynamique fragmentée où les institutions peinent à réguler l'écosystème minier.

Sur la scène internationale, la RDC navigue entre des puissances concurrentes qui convoitent ses ressources. Les entreprises chinoises contrôlent une large part des principales mines de cobalt et de cuivre, et ont construit des chaînes logistiques intégrées reliant directement le Katanga aux raffineries d'Asie. En parallèle, la RDC a montré des signes d'ouverture vers l'Occident : en 2022, elle a signé avec la Zambie, avec l'appui des États-Unis, un protocole d'accord pour développer une chaîne régionale de valeur autour des batteries électriques. Cette démarche vise non seulement à diversifier ses partenariats, mais aussi à revendiquer un rôle actif dans l'industrialisation africaine. La RDC n'est donc pas seulement une puissance géologique ; elle reflète aussi les dilemmes profonds du continent à ce stade : un potentiel immense, mais le défi de transformer ses ressources en légitimité et sa position en puissance.

L'Afrique du Sud : puissance minière et voix politique

L'Afrique du Sud représente l'un des modèles miniers les plus établis du continent. Son portefeuille, qui comprend le platine, le manganèse, le chrome, le vanadium, les terres rares, l'or et le charbon, lui assure depuis des décennies une place stratégique dans la production mondiale. Sa domination sur le marché du platine, avec environ 74 % du marché mondial, la place au centre de segments industriels et technologiques de haute valeur.

Mais au-delà de ses ressources, l'Afrique du Sud se distingue par une profondeur institutionnelle. Son cadre juridique est robuste, son système judiciaire agit de manière indépendante et son économie est la plus industrialisée d'Afrique. Cette structure a permis de maintenir un secteur minier régi par des règles relativement claires et doté d'une forte capacité de négociation. Toutefois, des défis persistent : les coupures d'électricité prolongées, le chômage élevé et les débats sur la nationalisation créent de l'incertitude et ralentissent de nouveaux investissements.

Sur le plan géopolitique, l'Afrique du Sud n'est pas seulement un producteur : c'est aussi une voix politique. Membre actif des BRICS, elle entretient des liens étroits avec la Chine, son principal partenaire commercial, tout en collaborant avec les États-Unis et l'Union européenne. Elle s'est positionnée comme une figure clé du continent dans des forums comme le G20. Son expérience en matière de valorisation locale et de programmes d'inclusion économique post-apartheid constitue un point de référence pour d'autres cadres de développement inclusif. L'Afrique du Sud n'est pas exempte de contradictions, mais elle illustre un cas où l'industrie minière est à la fois une question technique, économique, politique et diplomatique. Sur un continent en quête d'une influence accrue, elle demeure l'une des voix les mieux placées pour façonner les règles du nouvel ordre minier.

La Zambie : entre gouvernance démocratique et ambitions régionales

La Zambie est depuis longtemps une puissance du cuivre. Deuxième producteur du continent après la RDC, le pays voit ce métal représenter plus de 70 % de ses exportations et constituer la colonne vertébrale de son économie et de sa politique économique. Bien que sa part dans la production mondiale de cobalt soit plus modeste, elle partage avec son voisin congolais la ceinture cuivre-cobalt, l'une des régions les plus stratégiques au monde pour l'approvisionnement en batteries de véhicules électriques.

À la différence de certains autres pays africains, la Zambie a maintenu une gouvernance démocratique relativement cohérente, avec des alternances pacifiques du pouvoir et une ouverture progressive aux investissements étrangers. Depuis l'élection du président Hakainde Hichilema en 2021, le pays a renforcé son engagement en faveur de la transparence, de la stabilité macroéconomique et de la réforme réglementaire. Des mesures, comme l'allégement des redevances afin d'attirer les investisseurs, visent à repositionner la Zambie comme une destination concurrentielle dans la nouvelle ère des minéraux critiques.

Ce qui distingue surtout la Zambie, c'est son ambition régionale. En partenariat avec la RDC et avec le soutien des États-Unis, elle a pris l'initiative de créer une chaîne de valeur africaine autour des batteries électriques, afin de dépasser le stade de l'extraction et d'avancer vers la fabrication et l'assemblage locaux. Bien qu'encore à un stade précoce, cette initiative est symboliquement puissante : elle exprime la volonté de transformer les minéraux en technologies et la géographie en stratégie. Sans renoncer à sa tradition d'exportation, la Zambie cherche désormais à se tailler une place nouvelle dans les chaînes de valeur mondiales.

Le Zimbabwe : entre réformes tactiques et inerties structurelles

Le Zimbabwe dispose d'une richesse géologique notable. Il possède les troisièmes réserves mondiales de platine et figure parmi les producteurs significatifs d'or, de chrome, de nickel et de lithium, notamment issus de gisements rocheux. En 2022, le pays est devenu le premier producteur africain de lithium, grâce à des projets d'expansion portés principalement par des capitaux chinois.

Cependant, cette richesse évolue dans un environnement institutionnel complexe. Le Zimbabwe a traversé des décennies de centralisation politique, d'isolement international et de changements de cap abrupts qui ont érodé la confiance des investisseurs. Sous la présidence d'Emmerson Mnangagwa, le gouvernement a tenté de relancer le secteur minier par des politiques audacieuses : en 2022, il a interdit l'exportation de lithium non transformé, imposant le développement sur place de capacités de raffinage. Cette mesure vise à forcer la création de valeur locale, en partie à l'image de la stratégie indonésienne. Mais son application demeure inégale, et les tensions réglementaires persistent.

Le Zimbabwe est surtout courtisé par la Chine et la Russie, avec un engagement limité de la part des pays occidentaux en raison des sanctions toujours en vigueur. Dans ce contexte, le pays cherche à se réinsérer dans les chaînes de valeur mondiales à partir d'une position de souveraineté et de contrôle. Pourtant, le dilemme demeure : sans environnement prévisible et face à la fragilité institutionnelle, la captation de valeur reste précaire. Le Zimbabwe oscille ainsi entre le pragmatisme de décisions tactiques et la résistance d'un modèle politique encore réticent à une ouverture complète.

La Namibie : minéraux critiques et vision claire d'industrialisation

La Namibie commence à se positionner comme un acteur stratégique dans la nouvelle géopolitique des minéraux. Avec d'importantes réserves d'uranium — quatrième producteur mondial — et des découvertes récentes de lithium et de terres rares dans les régions d'Erongo et de Karas, le pays a rapidement attiré l'attention des investisseurs internationaux cherchant des approvisionnements sécurisés pour les technologies propres, la défense et la transition numérique.

Ce qui distingue la Namibie n'est pas seulement son potentiel minéral, mais aussi sa clarté institutionnelle. Démocratie stable depuis 1990 et dotée d'une gouvernance reconnue pour sa transparence, le pays a pris une position ferme : il n'entend pas répéter le schéma consistant à exporter des minéraux non transformés. En 2023, il a interdit l'exportation du lithium brut et d'autres minéraux stratégiques, conditionnant toute exploitation à la mise en place d'unités de transformation locales. Loin d'être un geste symbolique, cette décision s'est traduite par des actions concrètes — comme l'interception de cargaisons non autorisées — et par des négociations actives pour attirer des raffineries et des projets à forte valeur ajoutée.

La Namibie se présente ainsi comme un modèle institutionnel mesuré mais déterminé. Elle vise à devenir un pôle régional de transformation, en s'appuyant sur ses infrastructures relativement avancées et sur un équilibre diplomatique pragmatique : coopérer avec les investisseurs occidentaux comme avec les partenaires chinois, sans dépendre exclusivement de l'un ou de l'autre. Dans un continent qui débat encore des modalités de captation de valeur, la Namibie trace déjà sa propre feuille de route.

Le Botswana : quand les minéraux financent le développement

Le Botswana constitue l'un des exemples les plus remarquables de gouvernance minière en Afrique. Connu mondialement pour ses diamants — dont il est le premier producteur en valeur — le pays a réussi quelque chose de rare : transformer la richesse minérale en projet national de développement, sans tomber dans les pièges de la dépendance ou de la captation rentière qui ont affecté tant d'autres.

Depuis son indépendance en 1966, le Botswana a maintenu une démocratie multipartite stable, un faible niveau de corruption et une politique budgétaire prudente. Son partenariat stratégique avec De Beers, à travers la coentreprise Debswana détenue à parts égales, lui a permis de négocier progressivement une part croissante de l'activité diamantaire. En 2023, le pays a obtenu le droit pour sa société publique de commercialiser directement 30 % de la production, avec un objectif de 50 % d'ici 2030. Ces revenus n'ont pas été gaspillés : ils ont été réinvestis dans la santé, l'éducation, les infrastructures et dans le Pula Fund, fonds souverain destiné à la stabilisation économique intergénérationnelle.

Le Botswana prouve qu'un pays n'a pas besoin de disposer de tous les minéraux pour exercer un leadership. Avec des politiques stables, une vision de long terme et des négociations fermes mais pragmatiques, il s'est imposé comme une référence en matière de transformation des ressources naturelles en prospérité collective. Alors que d'autres rivalisent pour attirer les investissements, le Botswana fixe ses conditions — et demeure pourtant un partenaire privilégié.

Le Mozambique : graphite stratégique dans un contexte difficile

Ces dernières années, le Mozambique s'est affirmé comme un acteur important des minéraux critiques, grâce notamment à ses vastes réserves de graphite naturel dans la province de Cabo Delgado. Le projet de Balama, opéré par une société australienne, a fait du pays l'un des premiers producteurs mondiaux de graphite, intrant clé pour les anodes des batteries lithium-ion. Le Mozambique dispose également de ressources notables en sables minéralisés, en charbon métallurgique, en or, ainsi que de terres rares encore à un stade exploratoire.

Mais ce potentiel géologique s'accompagne d'une réalité institutionnelle complexe. La gouvernance est fragilisée par des problèmes chroniques : scandales financiers, faible capacité réglementaire et insurrection armée dans le nord, qui a créé des risques sécuritaires jusque pour des projets miniers stratégiques. Le conflit de Cabo Delgado a entraîné en 2021 des arrêts temporaires d'opérations, révélant la fragilité de l'environnement opérationnel. Malgré ces difficultés, le gouvernement a lancé des réformes visant à promouvoir le contenu local et la transformation sur place. Des projets sont en cours pour implanter une usine de graphite de qualité batterie, afin de dépasser la seule extraction et d'avancer vers la création de valeur ajoutée.

Le Mozambique incarne le dilemme de plusieurs pays africains : une richesse souterraine considérable, mais des défis majeurs en surface. Tandis que les entreprises évaluent risques et opportunités, l'État tente de maintenir l'investissement sans renoncer au récit de développement souverain. La voie à suivre reste semée d'embûches, mais l'engagement demeure.

Le Ghana : or, stabilité et ambition industrielle

Depuis 2019, le Ghana est le premier producteur d'or d'Afrique et constitue une référence continentale en matière de stabilité démocratique. Son histoire minière est ancienne — remontant à l'époque où il était connu sous le nom de la Gold Coast — et le pays est resté un acteur clé sur le marché mondial. Il possède également des réserves de bauxite, de manganèse, de lithium en phase avancée d'exploration, ainsi que des gisements de diamants à plus petite échelle. Ce portefeuille diversifié lui a permis de conserver sa pertinence géologique malgré l'émergence de nouveaux acteurs.

Ce qui distingue le Ghana, c'est son cadre institutionnel fonctionnel. Avec une Minerals Commission active, des élections compétitives et une réglementation relativement transparente, le pays s'est positionné comme une destination d'investissement fiable. Le gouvernement a renforcé les règles de contenu local, lancé des campagnes contre l'exploitation minière illégale — connue localement sous le nom de galamsey — et inauguré récemment des projets visant à raffiner davantage d'or sur place. Il explore également le développement d'une chaîne de valeur autour de l'aluminium, en s'appuyant sur ses réserves de bauxite et la fonderie de Valco.

Le Ghana combine pragmatisme et ambition. Il a négocié des accords « infrastructures contre minéraux » avec la Chine tout en entretenant des relations étroites avec les États-Unis et l'Union européenne. Son approche n'est pas idéologique mais stratégique : l'objectif n'est pas seulement d'exporter des matières premières, mais de prendre pied dans les segments industriels — encore embryonnaires, mais cohérents avec une vision plus large de développement.

La Guinée : une puissance géologique en quête d'équilibre

La Guinée est, sans exagération, l'un des territoires les plus riches en ressources au monde. Elle détient entre 23 % et 25 % des réserves mondiales connues de bauxite — minerai essentiel pour l'aluminium — et se classe au deuxième rang mondial des exportateurs. Elle abrite aussi des gisements de fer de haute teneur à Simandou, l'un des projets miniers les plus convoités mais aussi les plus retardés au monde, ainsi que d'importantes réserves d'or, de diamants, d'uranium et de terres rares.

Cette richesse coexiste toutefois avec une fragilité institutionnelle persistante. En 2021, un coup d'État militaire a interrompu l'ordre constitutionnel ; et si la transition politique est restée relativement stable, l'environnement général demeure volatil. Les relations de la Guinée avec les grandes puissances minières reflètent des intérêts concurrents : la Chine domine le secteur de la bauxite via des consortiums comme SMB-Winning, la Russie maintient des opérations importantes, et des firmes occidentales comme Rio Tinto demeurent parties prenantes de projets clés comme Simandou.

Le gouvernement a mis en place des mesures pour retenir davantage de valeur sur place : obligation de construire des raffineries d'alumine, fixation de prix de référence pour les exportations et avancement de projets de nouveaux corridors ferroviaires. Cependant, sans stabilité réglementaire et institutionnelle durable, la captation réelle de valeur reste incertaine. La Guinée demeure une puissance géologique qui, à maintes reprises, oscille entre la promesse d'un développement industriel et la reproduction d'un modèle extractif hérité du passé.

Le Maroc : phosphates, diplomatie et stratégie industrielle distincte

À la différence d'autres pays africains concentrés principalement sur les métaux destinés aux batteries, le Maroc a bâti sa force minière sur les phosphates. Avec près de 70 % des réserves mondiales connues de roche phosphatée, il a transformé un minéral agricole en plateforme stratégique mondiale. Le groupe public OCP, premier producteur mondial d'engrais à base de phosphate, a mené un processus d'industrialisation en aval qui positionne désormais le Maroc comme un fournisseur non seulement de matières premières, mais aussi de produits à forte valeur ajoutée.

Le pays ne s'est pas limité à l'économie. Il a utilisé son leadership dans les phosphates comme outil diplomatique, consolidant des alliances en Afrique en construisant des usines d'engrais dans des pays partenaires et en offrant des tarifs préférentiels. Parallèlement, il se positionne sur les chaînes d'approvisionnement technologiques émergentes : il explore la conversion des phosphates en intrants pour les cathodes LFP (lithium-fer-phosphate) et l'intégration des engrais verts dans des projets liés à l'hydrogène.

Le Maroc entretient des liens étroits avec les États-Unis et l'Union européenne, tout en participant à l'Initiative des Nouvelles Routes de la soie de la Chine. Cette ambiguïté est délibérée : elle vise à en faire un partenaire sophistiqué et fiable, sans s'enfermer dans un bloc unique. Si la question du Sahara occidental ajoute une friction géopolitique — poussant certains acheteurs à éviter les produits issus de ce territoire —, l'approche technique, industrielle et diplomatique du Maroc en fait l'un des cas les plus avancés d'intégration minière et politique sur le continent.

Le Gabon : entre stabilité économique et reconfiguration politique

Depuis des années, le Gabon est un acteur clé du marché mondial du manganèse, partageant avec l'Afrique du Sud une position dominante dans l'approvisionnement de ce minéral essentiel aux alliages et aux batteries. Il possède aussi des réserves de fer, d'or, d'uranium, ainsi que des ressources pétrolières en déclin qui ont historiquement soutenu son économie. La mine de Moanda, exploitée par le groupe français Eramet, figure parmi les plus importantes du continent.

La spécificité du Gabon résidait dans un niveau de développement humain et d'infrastructures relativement élevé, comparé à de nombreux pays africains. Ce modèle reposait toutefois sur une architecture politique marquée par une faible alternance au pouvoir, dominée par la famille Bongo. En 2023, un coup d'État militaire a mis fin à cette continuité, ouvrant une nouvelle phase incertaine. Jusqu'ici, la transition est demeurée pacifique, mais des interrogations persistent : le pays maintiendra-t-il une orientation favorable aux investisseurs ou redéfinira-t-il son modèle d'intégration ?

Les efforts de diversification incluent des projets de transformation locale, comme l'usine de silicomanganèse d'Eramet, ainsi que l'exploitation prévue du gisement de fer de Belinga, en partenariat avec des entreprises chinoises. Le Gabon cherche aussi à se positionner sur les marchés environnementaux, en explorant la commercialisation de crédits carbone et en renforçant ses initiatives de conservation. Son principal défi n'est pas technique ni géologique, mais politique : préserver ses infrastructures et son attractivité auprès des investisseurs tout en renégociant son contrat social.

Le Mali : or, lithium et tensions géopolitiques

Le Mali est depuis longtemps une nation aurifère, se classant au troisième rang africain derrière le Ghana et l'Afrique du Sud, l'or représentant environ 75 % de ses exportations. Ces dernières années, toutefois, le pays a attiré l'attention internationale pour une autre ressource : le gisement de Goulamina, l'un des plus vastes gisements de lithium du continent. Développé par des entreprises chinoises et australiennes, ce projet pourrait faire du Mali un acteur significatif dans la chaîne d'approvisionnement des batteries de véhicules électriques.

Mais cette expansion minérale se déroule dans un contexte hautement complexe. Le pays a connu deux coups d'État récents, est dirigé par une junte militaire et fait face à une crise sécuritaire persistante, notamment au nord et au centre où opèrent des groupes armés. Le retrait des troupes françaises et le rapprochement avec la Russie, incluant la présence du Groupe Wagner, ont redessiné ses alliances, l'éloignant des cadres multilatéraux pilotés par l'Occident.

Malgré ces difficultés, le Mali continue d'attirer des investissements miniers, surtout dans l'or, et a révisé son code minier pour capter davantage de valeur. Toutefois, une part importante de la production transite encore par des circuits informels : contrebande, exploitation artisanale non régulée et chaînes d'approvisionnement opaques. Le lithium représente une opportunité nouvelle, mais soulève une question fondamentale : un pays traversé par de telles tensions internes peut-il devenir un fournisseur stratégique de minéraux pour la transition énergétique mondiale ?

La Tanzanie : du nationalisme des ressources à une stratégie industrielle progressive

La Tanzanie est connue depuis longtemps pour son or, ses diamants et des pierres précieuses uniques comme la tanzanite. Ces dernières années, toutefois, elle a commencé à se positionner comme un acteur émergent des minéraux critiques, notamment le nickel, le graphite et les terres rares. Le gisement de Kabanga, l'une des plus riches réserves inexploitées de nickel au monde, ainsi que les projets de graphite d'Epanko et de Bunyu offrent à la Tanzanie une place stratégique dans la future chaîne d'approvisionnement des batteries.

Le pays a oscillé entre des politiques de contrôle souverain et des signaux d'ouverture. Sous la présidence de John Magufuli, la Tanzanie a adopté une approche nationaliste : renégociation des contrats, augmentation des redevances, interdiction d'exporter des concentrés et obligation de fonderies locales. Cette phase a tendu les relations avec plusieurs investisseurs, mais elle a jeté les bases d'une vision d'industrialisation sur place. Depuis 2021, la présidente Samia Suluhu cherche un équilibre, avec le maintien d'une participation minimale de l'État dans les projets stratégiques et un assouplissement des contraintes opérationnelles, ce qui a permis d'avancer sur des initiatives comme Kabanga Nickel, incluant un raffinage local.

La stratégie actuelle est claire : réduire la dépendance à l'extraction primaire et privilégier la transformation domestique. Avec l'expansion des infrastructures, notamment la nouvelle ligne de chemin de fer à écartement standard et la modernisation du port de Dar es-Salaam, la Tanzanie vise à exporter des produits raffinés plutôt que des minerais bruts. La question clé est de savoir si elle pourra consolider cette approche sans retournement politique et avec des partenaires technologiques disposés à l'accompagner.

L'Angola : terres rares, pétrole et récit de diversification

L'Angola est surtout connu pour son pétrole et ses diamants, mais il a récemment commencé à redessiner son profil minier. Le pays abrite d'importantes réserves de fer, de phosphates et d'or, ainsi qu'un secteur des terres rares en pleine croissance. Le projet de Longonjo, porté par l'australien Pensana, a placé l'Angola sur la carte des matériaux stratégiques nécessaires aux aimants, aux éoliennes et à la mobilité électrique. Des explorations de lithium et de cuivre, encore à un stade précoce, pourraient élargir son portefeuille extractif.

Après des décennies de guerre civile et de concentration du pouvoir politique, l'Angola a engagé des réformes qui, sans bouleverser son système présidentiel fort, ont ouvert la voie à de nouvelles dynamiques. Depuis 2017, le gouvernement a promu la privatisation partielle des sociétés publiques Endiama (diamants) et Sonangol (pétrole), modernisé la législation minière et attribué de nouvelles licences pour les minéraux stratégiques. L'objectif déclaré est de diversifier l'économie, de réduire la dépendance au pétrole et d'attirer des capitaux étrangers dans un cadre modernisé.

La Chine demeure l'acteur dominant, en particulier comme acheteur de pétrole brut et investisseur dans les infrastructures. Mais l'Angola recherche également des partenaires occidentaux pour développer ses nouveaux secteurs miniers, avec des acteurs comme Rio Tinto et des juniors australiennes impliqués dans des projets de terres rares. Avec la relance du chemin de fer de Benguela, qui relie l'intérieur du pays à la côte atlantique, l'Angola vise à se positionner comme un pôle logistique et minier pour l'Afrique australe. Son défi consiste à passer du rôle de fournisseur de matières premières à celui d'acteur industriel, en consolidant la transition grâce à des institutions crédibles et à une feuille de route technique affranchie de l'inertie politique.

Madagascar : graphite, biodiversité et gouvernance disputée

Madagascar s'impose progressivement comme l'un des fournisseurs africains les plus prometteurs pour la chaîne d'approvisionnement des batteries de véhicules électriques, grâce à ses réserves de graphite de haute qualité. Le pays produit aussi du nickel et du cobalt à la mine d'Ambatovy, l'un des plus grands complexes latéritiques du continent, ainsi que de l'ilménite, de la chromite, de l'or, des pierres précieuses et des gisements prospectifs de terres rares et de lithium. Sa diversité minérale est remarquable et son potentiel de contribution aux technologies vertes est de plus en plus reconnu.

Cependant, ce potentiel coexiste avec une gouvernance fragile et de profondes difficultés structurelles. Madagascar a connu des cycles répétés d'instabilité politique, des coups d'État et des élections contestées, et ses institutions restent fragiles. Les pressions environnementales, la pauvreté endémique et des contrats extractifs politisés créent un climat d'incertitude opérationnelle élevée. Malgré cela, le pays attire des investissements étrangers, principalement dans de grands projets comme Ambatovy, avec une participation canadienne, japonaise et sud-coréenne. L'intérêt des entreprises chinoises pour ses minéraux stratégiques est également en hausse.

La localisation géographique de Madagascar, son graphite naturel et son accès à l'océan Indien lui confèrent un potentiel de futur pôle logistique. Mais pour devenir un fournisseur fiable de la transition technologique mondiale, il doit combler l'écart entre ressources et stabilité réglementaire. L'enjeu ne réside pas seulement dans la richesse de son sous-sol, mais dans la capacité à bâtir une gouvernance capable de transformer cette richesse en développement souverain et durable.

Une mosaïque esquissant un nouvel axe de puissance ?

L'examen de ces quinze pays révèle un continent en mutation, divers, en évolution, et bien plus stratégique qu'il n'est souvent perçu de l'extérieur. L'Afrique n'est ni un bloc monolithique ni un simple état de désordre. Elle constitue une tapisserie complexe de modèles institutionnels, de rythmes politiques et de visions du développement, traversée par une question centrale : comment transformer son abondance minérale en pouvoir de négociation et en souveraineté industrielle ?

Le Botswana et la Namibie montrent qu'il est possible de négocier à partir de règles claires et de capter de la valeur sans sacrifier la stabilité. Des pays comme le Ghana, le Maroc et l'Afrique du Sud ont développé des cadres réglementaires solides et cherchent à se positionner dans des segments industriels à plus forte valeur ajoutée. La Zambie et la RDC avancent vers des chaînes de valeur régionales. L'Angola et la Tanzanie expérimentent des modèles hybrides. D'autres, comme la Guinée, le Zimbabwe et le Mali, affrontent des tensions structurelles plus profondes, mais restent en mouvement. Même dans des contextes plus fragiles, comme le Mozambique ou Madagascar, le récit autour des minéraux n'est plus passif : il est débattu, régulé et redéfini.

La fragmentation africaine est réelle : multiplicité de modèles, de capacités étatiques et de climats d'investissement. Mais un signal commun émerge tout autant. L'Afrique commence à parler le langage de la création de valeur, des chaînes d'approvisionnement régionales, de la coopération transfrontalière et de la captation stratégique. Les politiques de contenu local, les restrictions sur l'exportation de minéraux bruts, les accords de production de batteries ou encore la « diplomatie du phosphate » ne sont pas des mesures isolées : ce sont les signes d'une région qui refuse désormais d'accepter une place de simple fournisseur silencieux.

Cette enquête ne cherche pas à juger ni à classer. Elle vise plutôt à observer, pays par pays, comment l'Afrique, dans toute sa complexité, commence à répondre à la question posée au cœur de ce chapitre : un continent fragmenté peut-il négocier comme une puissance ? La réponse n'est pas binaire. Mais une chose est désormais claire : l'Afrique n'est plus un échiquier sur lequel d'autres déplacent les pièces. Elle devient, de plus en plus, une force décidée à jouer ses propres coups.

Le paradoxe africain : la diversité comme force, la diversité comme défi

Dans l'imaginaire mondial, l'Afrique est souvent représentée comme un bloc unique et homogène. Dans les rapports, les discours ou les négociations, le mot « Afrique » est fréquemment utilisé comme s'il désignait un acteur monolithique, parlant d'une seule voix et doté d'une stratégie partagée. Mais un examen attentif de la carte politique et économique révèle rapidement à quel point cette image est simpliste — et trompeuse. Sur le terrain, le continent affiche une extraordinaire diversité : d'un côté, des pays dotés de cadres réglementaires solides, d'institutions stables et de projets miniers intégrés dans des chaînes de valeur avancées ; de l'autre, des États qui affrontent encore de profonds défis en matière de gouvernance, d'infrastructures ou de légitimité sociale (Banque africaine de développement [BAD], 2024).

Cette diversité interne constitue le premier grand paradoxe africain. D'un côté, elle est un atout : preuve qu'un secteur minier compétitif et légitime, aligné sur les objectifs de développement durable, est bel et bien possible. De l'autre, elle représente un défi : un éventail de réalités aussi large complique la coordination de positions communes à la table des négociations mondiales, l'harmonisation des standards et la projection d'une image cohérente auprès des partenaires internationaux (BAD, 2024).

À cela s'ajoute une vulnérabilité externe : la tendance internationale à considérer « l'Afrique » comme un bloc homogène. Cette simplification — présente aussi bien dans le discours politique que dans l'analyse des marchés — gomme les nuances, occulte les réussites et renforce les stéréotypes qui cantonnent le continent au rôle de fournisseur à bas coût, plutôt qu'à celui d'acteur stratégique capable de fixer ses propres conditions (Union africaine, 2024).

Ces deux conditions — l'une interne, l'autre externe — façonnent l'ensemble des tensions qui, sans être universelles à tous les pays, influencent la capacité de l'Afrique à négocier en position de force : l'écart entre les aspirations de l'Agenda 2063 et les agendas nationaux ; la concurrence entre pays qui devraient coopérer sur les infrastructures critiques ; la multiplicité d'influences extérieures avec des cadres de négociation divergents ; une narration international qui continue de présenter l'Afrique comme un simple fournisseur de matières premières ; et, dans certains cas, une faible redistribution de la valeur minière vers les communautés locales (NRGI, 2021 ; Harrisberg, 2025).

Il est essentiel de souligner qu'aucune de ces tensions n'est immuable. Là où des pays ont aligné leur politique minière sur des objectifs d'industrialisation, coopéré sur des corridors logistiques, instauré des standards de traçabilité et veillé à ce que les bénéfices atteignent les communautés locales, l'impact a été immédiat : légitimité accrue, attractivité renforcée pour les investissements responsables et position améliorée dans les négociations internationales (BAD, 2024).

Pour cette raison, plutôt que de proposer un diagnostic définitif, cette section constitue un point de départ pour examiner ce qui se passe déjà sur le terrain. L'Afrique n'est pas seulement un ensemble de problèmes à résoudre — c'est un laboratoire vivant de solutions en mouvement. Les pages suivantes s'intéressent à des cas spécifiques de pays ayant réalisé des avancées tangibles en matière de gouvernance, de captation de valeur, d'intégration régionale et de légitimité sociale, démontrant que le chemin vers un modèle minier africain fort et cohérent n'est pas théorique : il existe déjà, et il gagne en puissance.

Le Botswana : la gouvernance comme avantage compétitif

Sur un continent marqué par une grande diversité institutionnelle, le Botswana s'est imposé comme un exemple clair de la manière dont la gouvernance peut devenir un atout géopolitique. Avec une population réduite et une économie historiquement dépendante des diamants, le pays a construit un cadre réglementaire prévisible, une administration minière professionnalisée et surtout un système de redistribution des bénéfices miniers reliant directement la richesse minérale au développement social.

Depuis l'indépendance, le Botswana a adopté une participation étatique dans ses principales opérations minières, notamment à travers sa coentreprise avec De Beers, Debswana. Ce modèle garantit non seulement des revenus fiscaux substantiels, mais il permet aussi de canaliser une part importante de cette valeur vers l'éducation, la santé et les infrastructures publiques (Banque africaine de développement [BAD], 2024). La transparence dans la gestion de ces ressources, reconnue par des indices tels que le Resource Governance Index (NRGI, 2021), a contribué à contenir la corruption et à instaurer un haut niveau de confiance publique dans le secteur.

En 2023, le Botswana a renégocié son accord avec De Beers, augmentant la part de diamants que le pays peut vendre directement et obtenant des engagements d'investissement dans la taille, le polissage et la commercialisation locales (Harrisberg, 2025). Ce mouvement est significatif car il marque en partie une rupture avec le modèle extractif traditionnel, permettant au pays de capter des marges supplémentaires le long de la chaîne de valeur. En même temps, il renforce sa réputation de juridiction stable, un avantage certain face à des concurrents offrant des ressources similaires mais exposés à un risque politique ou réglementaire plus élevé.

La leçon que le Botswana offre au reste du continent n'est pas que son modèle puisse être parfaitement répliqué, ses conditions géographiques, politiques et démographiques étant spécifiques, mais que la gouvernance solide et la légitimité interne peuvent se traduire en pouvoir de négociation externe. Lorsqu'un pays arrive à la table internationale avec des contrats clairs, des institutions robustes et l'appui de sa population, il ne négocie pas seulement de meilleurs prix : il est aussi en mesure de dire « non » lorsque les conditions ne correspondent pas à sa vision de développement.

La Namibie : minéraux critiques et traçabilité comme stratégie de puissance

Ces dernières années, la Namibie s'est imposée comme l'un des acteurs africains les plus proactifs dans la reconfiguration de son secteur minier au sein des chaînes de valeur mondiales, en particulier dans le segment des minéraux critiques pour la transition énergétique. Doté de ressources significatives en uranium, en lithium et en terres rares, le pays a mis en place un modèle qui combine ouverture aux investissements étrangers et règles claires visant à garantir des retombées économiques et technologiques domestiques.

En 2023, le gouvernement a instauré une politique interdisant l'exportation de minéraux stratégiques non transformés, dont le lithium, le cobalt et le graphite, avec l'objectif explicite de promouvoir la transformation locale (Banque africaine de développement [BAD], 2024). Bien que contraignante pour certains investisseurs, cette mesure s'est accompagnée d'incitations destinées à attirer des raffineries et des projets industriels connexes, afin de capter davantage de valeur avant la sortie des ressources du pays.

La Namibie a également fait de la traçabilité un pilier de son approche. Dans le secteur de l'uranium, qui alimente des marchés exigeants tels que l'Union européenne et le Japon, les opérations minières respectent des protocoles rigoureux de suivi et d'audit certifiant l'origine, les pratiques environnementales et les standards de sécurité. Cette réputation de fournisseur fiable et conforme aux normes internationales a permis de sécuriser des contrats de long terme avec des acheteurs privilégiant la sécurité d'approvisionnement plutôt que la seule recherche du prix le plus bas (Commission européenne, 2024).

Un élément clé de la stratégie namibienne est sa diplomatie minière active. Le pays est membre du Critical Minerals Partnership et entretient des accords de coopération avec l'UE, les États-Unis et le Japon pour développer des chaînes d'approvisionnement résilientes (Harrisberg, 2025). Ces partenariats dépassent le simple accès au marché : ils incluent des engagements en faveur du développement des compétences locales, du transfert de technologies et de projets d'infrastructures liés à l'activité minière.

L'expérience de la Namibie démontre que même un pays de taille moyenne peut accroître son pouvoir de négociation en combinant politiques de création de valeur et crédibilité en matière de traçabilité. Si le Botswana illustre comment la légitimité interne et la gouvernance renforcent la position internationale, la Namibie montre qu'en alignant standards, création de valeur locale et intégration dans des alliances stratégiques, un pays peut se placer au cœur des chaînes d'approvisionnement en minéraux critiques sans être relégué à un simple rôle d'extracteur primaire.

Le Maroc : intégration industrielle et projection mondiale

Le Maroc a tiré parti de sa position de premier exportateur mondial de phosphates pour bâtir une chaîne minière et industrielle verticalement intégrée, se positionnant comme un acteur central de la sécurité alimentaire mondiale et, plus récemment, de la transition énergétique. Le modèle marocain va bien au-delà de l'extraction et de la vente de matières premières : il contrôle la transformation, la logistique et la projection internationale de ses produits, consolidant ainsi un pouvoir de négociation qui dépasse largement le secteur minier.

Au cœur de cette stratégie se trouve l'Office chérifien des phosphates (OCP), entreprise publique qui non seulement gère l'extraction mais pilote aussi un écosystème industriel comprenant des usines chimiques, la production d'engrais spécialisés et ses propres réseaux logistiques (Banque africaine de développement [BAD], 2024). Ce contrôle intégré permet au Maroc de capter des marges élevées, de stabiliser les prix pour des clients stratégiques et d'utiliser l'offre comme instrument diplomatique.

Ces dernières années, le pays a étendu ce modèle aux minéraux liés aux énergies propres. Il a lancé des projets d'extraction et de raffinage du cobalt et du manganèse, deux intrants clés pour la production de batteries, et poursuit des plans visant à devenir un hub d'assemblage de cellules et de systèmes de stockage (Commission européenne, 2024). Une partie de cette expansion repose sur des partenariats avec des fabricants européens et asiatiques, qui voient dans le Maroc une plateforme industrielle connectée à la fois au marché africain et au marché européen grâce à des accords commerciaux préférentiels.

Un élément distinctif de la stratégie marocaine est l'investissement dans des infrastructures portuaires et industrielles conçues pour l'exportation de produits finis. Le complexe de Jorf Lasfar, par exemple, ne se limite pas à transformer des phosphates : il produit aussi des dérivés à forte valeur ajoutée adaptés à des marchés spécifiques, ajustant l'offre à la demande régionale et mondiale. Cette intégration réduit la dépendance aux ventes en vrac et renforce la résilience face à la volatilité des prix des matières premières (BAD, 2024).

Le Maroc a également intégré des considérations ESG dans son récit international, avec des projets visant à alimenter ses complexes industriels en énergies renouvelables, en particulier solaire et éolienne. Cette transition énergétique domestique ajoute une valeur symbolique et réputationnelle, permettant au Maroc de se positionner comme un fournisseur « vert » dans un marché où la traçabilité et l'empreinte carbone deviennent des critères décisifs (Harrisberg, 2025).

Le cas marocain illustre que lorsqu'un pays contrôle non seulement l'extraction mais aussi la transformation, la logistique et le récit, le secteur minier devient un instrument à la fois industriel et géopolitique. Si le Botswana démontre la valeur de la gouvernance et la Namibie la force de la traçabilité, le Maroc montre que l'intégration industrielle peut servir de levier pour passer du statut de fournisseur à celui de façonnier de marché.

*La République démocratique du Congo : le défi de transformer la centralité
géologique en puissance durable*

La République démocratique du Congo (**RDC**) assure environ
70 % de la production mondiale de cobalt (USGS, 2025), un
minéral critique pour les batteries de véhicules électriques et le
stockage d'énergie. Ce fait, à lui seul, devrait placer le pays dans
une position de force inégalée sur le marché mondial des minéraux stratégiques. La réalité est toutefois plus complexe : la RDC
combine des avancées récentes en matière de formalisation et de
politiques de captation de valeur avec des défis persistants liés à la
gouvernance, à la traçabilité et à la légitimité sociale.

Ces dernières années, le gouvernement a pris des mesures pour
accroître la valeur retenue localement. L'une des plus significatives fut la conclusion d'un accord avec des entreprises publiques
chinoises pour la construction d'usines de traitement d'hydroxyde
de cobalt et de lithium, afin de réduire les exportations de
concentrés non raffinés (Banque africaine de développement
[BAD], 2024). Il a également promu la création de zones économiques spéciales pour attirer des activités manufacturières liées à
la chaîne de valeur des batteries, dans l'objectif de garantir
qu'une partie de la production en aval se réalise sur le sol
congolais.

En matière de formalisation de l'exploitation artisanale, la RDC
a lancé des programmes d'enregistrement et de formation des
mineurs artisanaux, en mettant l'accent sur le cobalt. En 2023,
elle a créé l'Entreprise générale du cobalt (EGC), société d'État
chargée d'acheter et de commercialiser le cobalt artisanal dans le
respect de normes de sécurité et de traçabilité (Harrisberg, 2025).
Bien que la mise en œuvre soit progressive et suscite des résistances, cette initiative constitue un effort pour intégrer dans l'éco-

nomie formelle un segment historiquement informel, sous supervision publique.

Néanmoins, des défis structurels continuent de limiter la portée de ces initiatives. Dans certaines zones minières de l'est du pays, la présence de groupes armés et de réseaux de contrebande minent encore le contrôle de l'État et affaiblit la crédibilité des systèmes de certification (NRGI, 2021). À l'international, cette situation alimente les récits associant l'exploitation congolaise à des risques ESG, ce qui restreint parfois l'accès au marché et oblige les acheteurs à appliquer des processus de diligence raisonnable plus stricts.

La RDC illustre un dilemme central pour plusieurs producteurs africains de minéraux critiques : détenir une position géologique dominante ne se traduit pas automatiquement par un pouvoir de négociation durable. Ce pouvoir se consolide lorsque la centralité des ressources est associée à une gouvernance solide, à une traçabilité vérifiable et à un cadre clair permettant de canaliser les bénéfices vers les communautés locales. À cet égard, le pays demeure en transition : les avancées en matière de formalisation et de transformation sont des signaux positifs, mais leur consolidation dépendra de la capacité à combler les écarts qui continuent de fragiliser sa réputation internationale et sa cohésion interne.

La Guinée : de la bauxite à l'aluminium, le défi d'industrialiser à la source

La Guinée détient l'une des plus vastes réserves de bauxite de la planète, plus d'un quart du total mondial, et s'est imposée comme le premier exportateur mondial de ce minéral (USGS,

2025). Pendant des décennies, cette position s'est traduite par un modèle presque exclusivement fondé sur l'extraction et l'exportation de bauxite brute vers les centres de raffinage d'Asie, en particulier la Chine. Depuis une dizaine d'années, toutefois, le pays a commencé à se repositionner, cherchant à rompre avec ce modèle primaire pour s'orienter vers une industrialisation domestique.

En 2023, le gouvernement guinéen a annoncé que tous les nouveaux contrats d'exploitation de bauxite devraient inclure des clauses obligatoires imposant la construction de raffineries d'alumine dans le pays (Banque africaine de développement [BAD], 2024). Cette décision vise à capter une plus grande valeur le long de la chaîne de production, à réduire l'exposition à la volatilité des prix des matières premières et à créer de l'emploi industriel localement. Plusieurs grandes entreprises opérant en Guinée se sont déjà engagées à investir dans des usines de transformation, même si les calendriers de mise en œuvre varient et que les projets sont confrontés à des défis liés aux infrastructures et à l'approvisionnement énergétique.

L'une des initiatives les plus emblématiques est l'intégration de la production de bauxite au développement du corridor ferroviaire et portuaire de Simandou, initialement conçu pour le minerai de fer, qui pourrait aussi servir de plateforme logistique pour l'aluminium. Cette approche multipolaire vise à relier l'infrastructure minière aux corridors industriels, étape clé pour garantir que l'industrialisation ne soit pas isolée des réseaux de transport et d'exportation.

Le principal défi de la Guinée n'est pas la dotation en ressources, qui est indiscutable, mais la création de conditions favorables pour que les raffineries d'alumine et les usines d'aluminium primaire soient compétitives. Cela exige une énergie stable et abordable, des cadres réglementaires prévisibles et une main-d'œuvre qualifiée. Cela suppose aussi des accords négociés garantissant que l'industrialisation génère des bénéfices tangibles pour les communautés locales, facteur essentiel de la légitimité sociale dans un secteur historiquement perçu comme distant.

Si la Guinée parvient à consolider cette transition, elle pourrait passer du statut d'acteur indispensable par ses volumes d'exportation à celui de fournisseur stratégique d'aluminium transformé, disposant d'un levier accru pour fixer les prix et les conditions. Réussir ce saut dépendra toutefois de sa capacité à aligner investissements, infrastructures et légitimité interne dans un horizon temporel cohérent avec la croissance rapide de la demande mondiale en matériaux essentiels à la transition énergétique.

L'Afrique à la fenêtre stratégique de la géopolitique minière

La question qui a ouvert ce chapitre — un continent historiquement fragmenté peut-il négocier comme une puissance ? — a traversé chacune des pages de cette analyse. En conclusion, la réponse n'est pas un « oui » ou un « non » catégorique, mais une certitude : l'Afrique construit les conditions pour que cette réponse devienne affirmative. Elle le fait dans le cadre de la géopolitique minière, où les minéraux ont cessé d'être de simples intrants pour devenir des leviers de pouvoir, des instruments d'influence et des atouts capables de définir des positions dans l'ordre mondial.

Tout au long de ces pages, nous avons vu que le continent est loin d'être uniforme. C'est le paradoxe africain : la diversité des modèles, des capacités institutionnelles et des stratégies minières est à la fois un défi et une force. Un défi, parce qu'elle complique la coordination des politiques, l'harmonisation des normes et la projection d'une voix unifiée. Une force, parce qu'elle permet une spécialisation fonctionnelle, l'exploitation des avantages comparatifs et la construction d'un portefeuille de ressources et de compétences que peu d'autres blocs dans le monde pourraient égaler.

Un précédent d'unité continentale existe déjà. Les 54 États membres de l'Union africaine ont signé l'Agenda 2063 et la Zone de libre-échange continentale africaine (ZLECAf) — deux engagements qui sont bien plus que des documents. Ils constituent la preuve que, lorsque l'objectif est stratégique, l'Afrique peut se coordonner et parler d'une seule voix. Ce n'est pas un exercice théorique : c'est un fait politique qui devrait inspirer la même ambition dans le domaine minier, afin de négocier collectivement, fixer des conditions minimales et protéger ses intérêts dans un marché où la compétition pour les minéraux critiques s'intensifie.

Le chemin n'est toutefois pas exempt d'obstacles. L'un des plus persistants est l'exploitation minière illégale et informelle, qui érode les recettes fiscales, dégrade les écosystèmes et — surtout — mine la légitimité de l'industrie formelle aux yeux du public. Ce problème n'est pas propre à l'Afrique : en Amérique latine aussi, l'exploitation illégale affaiblit la capacité des États à présenter leurs secteurs extractifs comme moteurs de développement durable. Dans les deux continents, le défi est double : intégrer ceux qui opèrent aujourd'hui dans l'informel dans l'économie formelle et différencier, grâce à la traçabilité et aux normes, l'exploitation légitime de celle qui agit hors la loi.

Le deuxième grand défi, également partagé avec l'Amérique latine, est l'écart entre la richesse générée et les bénéfices reçus par les communautés. Dans trop de cas, les régions productrices continuent de souffrir d'infrastructures insuffisantes, de services de base limités et de peu d'emplois stables. Ce n'est pas seulement un déficit social, c'est un problème structurel qui limite la licence sociale d'opérer et la cohésion politique nécessaires pour défendre les intérêts nationaux dans les négociations internationales. Là où les bénéfices sont distribués de manière visible et équitable, l'exploitation minière gagne en légitimité et l'État obtient l'appui intérieur pour soutenir des positions fermes.

Nous avons également constaté que la course mondiale aux minéraux critiques place l'Afrique dans une position sans précédent. La Chine, les États-Unis, l'Union européenne et d'autres puissances ont besoin de ses ressources pour soutenir leurs transitions technologiques et énergétiques. Cette demande constitue la base d'une fenêtre d'opportunité historique : si l'Afrique parvient à se coordonner, elle peut conditionner l'accès à ses ressources en échange d'industrialisation locale, de transferts de technologies et de conditions commerciales favorables. Mais cette fenêtre ne restera pas ouverte indéfiniment. Les chaînes d'approvisionnement se configurent dès aujourd'hui ; d'ici cinq à dix ans, nombre d'entre elles seront verrouillées.

Dans ce contexte, la diversité africaine doit être gérée comme un atout stratégique. Des pays comme le Botswana et la Namibie apportent une gouvernance solide et la traçabilité ; le Maroc offre une intégration industrielle ; la RDC et la Zambie représentent des volumes clés pour les batteries ; l'Afrique du Sud ajoute sa capacité institutionnelle et sa voix politique. Si ces forces sont articulées dans un cadre commun, l'Afrique pourrait se présenter au monde non pas comme une mosaïque fragmentée, mais comme un système complémentaire couvrant plusieurs maillons de la chaîne de valeur.

Le défi réside dans la traduction des cadres et des discours en résultats concrets. Signer des accords ou annoncer des politiques ne suffit pas : il faut construire des infrastructures, développer le capital humain, établir des cadres réglementaires stables et garantir la sécurité juridique. Ici, la comparaison avec l'Amérique latine est de nouveau pertinente : dans les deux continents, le risque est que l'inertie politique ou le manque de continuité bloque les réformes avant que leurs effets ne deviennent visibles.

Symboliquement, l'Afrique a l'occasion de redéfinir son récit international : passer de l'image de simple fournisseur passif de matières premières à celle d'un acteur qui fixe des règles, définit des standards et façonne le cours de la transition énergétique. Cette transformation narrative n'est pas superficielle : elle influence la perception du risque, les conditions de financement et le pouvoir de négociation dans les forums multilatéraux.

La prochaine décennie sera décisive. Le scénario optimiste voit un continent ayant intégré des chaînes de valeur régionales, produisant des batteries et des composants industriels sur son sol, et exportant non seulement des minéraux mais aussi de la technologie. Le scénario pessimiste répète les schémas du passé : exporter des ressources sans valeur ajoutée, laisser d'autres capter l'essentiel de la rente et rester piégé dans des cycles de dépendance. La différence entre les deux dépendra de la capacité des dirigeants africains à maintenir la volonté politique, à renforcer la coopération régionale et à préserver une discipline stratégique.

Ce qui est en jeu dépasse le secteur minier : c'est la possibilité pour l'Afrique de transformer sa place dans l'ordre mondial, non plus comme spectatrice, mais comme architecte de son propre destin. La géopolitique minière offre le terrain, mais la partie sera définie par les institutions, les alliances et le récit que le continent construira pour lui-même.

La fenêtre est ouverte. Bien gérée, la diversité peut devenir le socle d'un pouvoir de négociation fort. Le précédent de l'unité existe déjà. Le capital géologique est là. Si l'Afrique parvient à intégrer ces éléments dans une vision commune, elle ne se contentera pas de répondre positivement à la question qui ouvre ce chapitre : elle pourra le faire avec l'autorité de celle qui non seulement déplace ses propres pièces sur l'échiquier, mais contribue aussi à dessiner les règles du jeu.

SIX

L'Asie au-delà de la Chine peut-elle négocier sa place dans la géopolitique minière ?

Dans la conversation mondiale sur les minéraux critiques, la Chine occupe souvent le devant de la scène. Sa domination dans le traitement et les chaînes d'approvisionnement semble tout éclipser. Pourtant, la carte minière de l'Asie s'étend bien au-delà de ses frontières. À travers le sud, le centre et le sud-est du continent, une douzaine de pays détiennent des réserves stratégiques, nourrissent leurs propres ambitions — et commencent à projeter leur influence.

Ce chapitre exclut volontairement la Chine — traitée dans une section spécifique — pour se concentrer sur d'autres protagonistes asiatiques de la géopolitique minière. Ce sont des pays qui, à partir de réalités très diverses, cherchent à tirer parti de leurs ressources, à forger des alliances et à surmonter leurs défis internes sans être relégués au rôle de simples fournisseurs ou satellites de grandes puissances.

La question directrice est claire : ces acteurs asiatiques, au-delà de l'orbite directe de Pékin, peuvent-ils transformer leurs minéraux critiques en levier d'autonomie et de négociation stratégique ? La réponse n'est pas linéaire. Certains déploient déjà des politiques industrielles ambitieuses et une diplomatie active ; d'autres en sont encore à la phase d'identification et de quantification de leur base de ressources. Pris ensemble, toutefois, ils montrent que la compétition pour les minéraux critiques en Asie n'est pas un duel exclusif entre la Chine et l'Occident, mais bien un échiquier où plusieurs joueurs déplacent leurs pièces selon leurs propres stratégies et leurs propres rythmes.

Panorama régional : ressources et alignements stratégiques

L'Asie, à l'exception de la Chine, concentre une part significative du capital géologique mondial. En matière de réserves de nickel, l'Indonésie est désormais en tête avec environ 55 Mt de Ni contenu et, avec les 4,8 Mt des Philippines, représente à elles deux près de 45 % des réserves mondiales (total mondial : plus de 130 Mt ; USGS, 2025, Nickel). En termes de production, l'Indonésie a fourni environ 2,2 Mt en 2024 (près de 60 % de la production mondiale), tandis que les Philippines contribuaient pour 0,33 Mt (environ 9 % ; USGS, 2025). Dans l'uranium, le Kazakhstan demeure le premier producteur avec 23 270 tU en 2024, soit « plus de 40 % » de la production mondiale ces dernières années, et détient environ 14 % des ressources identifiées (WNA, 2025). La position du Vietnam dans les terres rares a été révisée après que l'USGS a réduit en 2025 son estimation de réserves à 3,5 Mt (contre 22 Mt précédemment), modifiant ainsi les perspectives sur son rôle futur (USGS/Reuters, 2025). La Mongolie a élevé les minéraux critiques au rang de priorité nationale, rebaptisant en 2025 son entreprise minière publique Erdenes Critical Minerals ; les propositions industrielles s'articulent autour d'une première liste de 11 minéraux stratégiques, dont le cuivre, le graphite, les terres rares et le lithium (ISPI ; MiningInsight, 2024–2025). De son côté, l'Inde a lancé en 2025 une Mission nationale sur les minéraux critiques, finançant 1 200 projets d'exploration d'ici 2030–2031 (PIB, 2025). Enfin, l'Arabie saoudite, dans le cadre de Vision 2030, intensifie l'exploration et les initiatives industrielles, avec des pas vers le négoce de matériaux pour batteries et des investissements miniers à l'échelle mondiale.

Cet héritage minéral a activé une carte des alliances aussi dynamique que fragmentée. Certains gouvernements cherchent à approfondir leurs liens avec les États-Unis et leurs partenaires pour contrebalancer l'influence chinoise ; d'autres privilégient les capitaux et technologies venus de Pékin ; beaucoup adoptent un pragmatisme flexible, collaborant avec tous les blocs. Le Vietnam, par exemple, a renforcé sa coopération avec Washington dans les semi-conducteurs et les minéraux critiques, tout en diversifiant ses marchés afin de réduire sa dépendance vis-à-vis de la Chine (Biden & Phạm, 2023). Le Kazakhstan et d'autres États d'Asie centrale pratiquent une diplomatie « multivectorielle » : accueil des investissements chinois dans les infrastructures et les mines, maintien des liens avec la Russie et signature simultanée d'accords avec l'Union européenne, le Royaume-Uni et les États-Unis (Haidar, 2025 ; Thompson, 2025).

Au Moyen-Orient, l'Arabie saoudite et les Émirats arabes unis utilisent leur capital et leurs connexions aussi bien avec Washington qu'avec Pékin : Riyad a signé en 2025 un pacte de coopération sur les minéraux critiques avec les États-Unis (IISS, 2025), tandis que des équipes géologiques chinoises cartographient ses réserves ; les Émirats, pour leur part, investissent massivement dans des projets miniers en Afrique et en Amérique du Sud (Pasquali, 2024).

En Asie du Sud-Est et dans la région de l'océan Indien, l'Indonésie et l'Inde évoluent dans un équilibre délicat : elles attirent des capitaux japonais, européens et américains pour leurs chaînes d'approvisionnement, tout en maintenant des usines de transformation et des accords importants avec des entreprises chinoises. Le schéma émergent n'est donc pas celui d'alignements rigides, mais bien de stratégies calibrées, conçues pour maximiser les bénéfices et préserver des marges d'autonomie dans un contexte où les minéraux critiques sont devenus une nouvelle monnaie de puissance.

L'Inde : diplomatie minière et ambition technologique

L'Inde n'est pas l'un des géants géologiques d'Asie, mais elle est déterminée à se positionner comme un acteur central de la transition énergétique. Ses réserves de lithium, de cobalt, de terres rares et de graphite sont modestes, mais son avantage stratégique réside dans l'ampleur de sa demande intérieure et dans la volonté politique de sécuriser des approvisionnements stables. En 2025, le gouvernement a lancé la National Critical Minerals Mission (NCMM), un plan visant à sécuriser l'approvisionnement en 30 minéraux clés, en centralisant sous l'autorité fédérale les concessions pour 24 d'entre eux. La feuille de route est ambitieuse : 1 200 projets d'exploration d'ici 2030, création de réserves stratégiques, initiatives de recyclage, zones dédiées au traitement, et un programme de formation de 10 000 techniciens et professionnels en mines et métallurgie (Ministry of Mines, 2025).

La stratégie dépasse largement les frontières nationales. Des entreprises publiques comme KABIL ont acquis des actifs de lithium et de cobalt en Argentine et en Australie, suivant un modèle qui combine exploration domestique et présence directe dans des gisements à l'étranger. Cette projection extérieure est soutenue par une diplomatie minière active : l'Inde utilise des forums comme le G20, le Quad et le Minerals Security Partnership pour tisser des alliances réduisant sa dépendance à un fournisseur unique, en particulier la Chine, qui domine actuellement une grande partie des capacités de transformation dont l'Inde a besoin (CSEP, 2024).

Le principal défi se situe toutefois sur le plan interne. Le secteur minier ne représente qu'environ 2 % du PIB, reflet d'une activité d'exploration limitée et de goulots d'étranglement réglementaires. Les capacités de transformation restent réduites — à l'exception d'IREL, entreprise publique active dans les terres rares — et la plupart des matériaux de haute pureté sont importés. Quelques signaux positifs émergent néanmoins : l'usine de cellules lithium-ion inaugurée au Gujarat en 2022, ainsi que des projets pilotes de recyclage de batteries. Mais le saut technologique exigera des investissements soutenus et un cadre réglementaire prévisible.

L'ambition de l'Inde n'est pas de rester spectatrice, mais de devenir architecte de chaînes d'approvisionnement diversifiées. Sa capacité à maintenir une discipline politique, à attirer des investissements mondiaux et à combler l'écart technologique déterminera si elle peut passer du statut d'acheteur dépendant à celui de fournisseur stratégique dans le paysage minier du XXIe siècle.

Le Kazakhstan : l'équilibre calculé d'un hub minéral

Le Kazakhstan est l'un des territoires les plus riches en ressources d'Asie centrale : premier producteur mondial d'uranium, il occupe aussi des positions majeures en chrome, tungstène, manganèse, plomb et zinc, ainsi qu'en cuivre, or et fer, et suscite un intérêt croissant pour le nickel et le cobalt (Caspian Policy Center, 2023). Ce portefeuille diversifié lui permet de se présenter comme un fournisseur complet de minéraux critiques, une identité en ligne avec son ambition de devenir un hub régional d'approvisionnement.

Sa politique étrangère repose sur un exercice constant de diplomatie multivectorielle. Tout en maintenant des liens historiques avec la Russie et en jouant un rôle actif dans l'Initiative des Nouvelles Routes de la soie de la Chine, le Kazakhstan a renforcé sa coopération avec l'Union européenne, le Royaume-Uni et les États-Unis, signant des accords pour des projets de traitement et des initiatives d'économie circulaire (Haidar, 2025 ; Thompson, 2025). Parallèlement, il accueille des investissements chinois pour développer l'une des fonderies de cuivre les plus avancées de la région, tout en continuant de compter Pékin comme principal client de ses métaux, représentant environ 68 % de ses exportations en valeur.

Sur le plan interne, le Kazakhstan a modernisé son code minier en 2018, mis en place un registre géologique numérique unifié et délivré plus de 3 000 licences. Il exige également des grands investisseurs étrangers qu'ils développent des capacités locales de traitement, suivant des modèles comme celui de l'Indonésie. Néanmoins, des faiblesses structurelles persistent : changements législatifs fréquents, lenteurs bureaucratiques et contraintes logistiques liées à son enclavement. Les efforts pour développer des routes alternatives via la mer Caspienne et des corridors vers la Turquie ou la Chine visent à réduire la dépendance vis-à-vis des itinéraires de transit russes.

L'objectif d'Astana est de se positionner comme un stabilisateur dans les chaînes d'approvisionnement non chinoises, capable de desservir plusieurs marchés sans tomber dans des dépendances exclusives. Son succès dépendra de sa capacité à maintenir un équilibre géopolitique, à améliorer ses infrastructures et à consolider ses capacités industrielles, afin de ne pas seulement exporter des minéraux mais aussi de participer à la fabrication de produits intermédiaires et stratégiques.

La Mongolie : entre géants, à la recherche d'autonomie dans la chaîne de valeur

La Mongolie dispose d'un portefeuille minéral qui lui confère un poids disproportionné dans la transition énergétique. Son actif le plus emblématique est Oyu Tolgoi, l'un des plus grands gisements de cuivre et d'or au monde, qui pourrait produire, à pleine capacité, 500 000 tonnes de cuivre par an (The Diplomat, 2023). À cela s'ajoutent des réserves de charbon à coke, de fluorine, environ 3,1 millions de tonnes d'oxydes de terres rares, ainsi que des gisements potentiels d'uranium et de lithium. En 2024, le gouvernement a publié pour la première fois une liste nationale des minéraux critiques, en priorisant onze d'entre eux, dont le cuivre, les terres rares, le lithium et le graphite (Batdorj, 2025).

Enclavée entre la Chine et la Russie, la Mongolie a fait de sa « politique du Troisième Voisin » une marque diplomatique :

équilibrer ses relations avec les États-Unis, le Japon et l'Union européenne afin d'éviter une dépendance excessive vis-à-vis de ses deux puissants voisins. La coopération sur les minéraux critiques a renforcé cette approche : protocoles d'accord avec Washington, dialogues trilatéraux avec la Corée du Sud et les États-Unis, et engagement accru avec Bruxelles et Tokyo autour des terres rares et du cuivre. Mais la réalité commerciale reste frappante : plus de 80 % de ses exportations — principalement des minerais non transformés — sont destinées à la Chine, qui contrôle également une partie de ses infrastructures minières stratégiques.

Les limites structurelles sont claires : position enclavée, infrastructures limitées et capacité industrielle réduite, avec 88 % de la production minérale exportée sans valeur ajoutée. Le gouvernement tente de renverser cette tendance en offrant des incitations à la transformation locale, en prenant des participations publiques dans des projets stratégiques et en fournissant des garanties aux investisseurs, non sans susciter des inquiétudes sur la stabilité réglementaire.

L'ambition de la Mongolie est de passer du statut de fournisseur de matières premières à celui de nœud clé dans des chaînes d'approvisionnement diversifiées. Son succès dépendra de sa capacité à maintenir une ouverture diplomatique, à attirer les technologies nécessaires à la transformation locale et à réduire sa vulnérabilité logistique, tout en gérant la complexe interdépendance avec Pékin et Moscou.

L'Indonésie : du nationalisme des ressources à l'ambition industrielle

Par ses volumes et ses réserves, l'Indonésie est le premier acteur mondial du nickel, intrant essentiel pour l'acier inoxydable et les batteries de véhicules électriques. Le pays dispose également de réserves significatives de bauxite, d'étain, de cuivre, d'or et de cobalt, ainsi que d'un potentiel émergent en terres rares et en lithium. Cette base géologique alimente la stratégie de Jakarta : se positionner comme un pilier de l'économie verte mondiale.

Sa politique industrielle repose sur une décision audacieuse : interdire l'exportation de minerais bruts afin de contraindre l'installation de fonderies et de raffineries sur son territoire. La mesure a débuté avec le nickel en 2014, a été pleinement appliquée en 2020, puis étendue à la bauxite en 2023, d'autres minéraux étant déjà envisagés. Le résultat a été un afflux massif d'investissements, de plus de 15 milliards de dollars US en quelques années, principalement en provenance de la Chine mais aussi de la Corée du Sud et du Japon, transformant l'Indonésie en un hub émergent de traitement du nickel et de production de matériaux pour batteries (Merwin, 2022).

L'impact industriel est significatif : plusieurs fonderies de nickel, des usines de lessivage acide à haute pression (HPAL) et des unités de précurseurs chimiques sont désormais opérationnelles dans le pays. Cependant, cette stratégie a aussi un coût : déforestation, pollutions environnementales et dépendance technologique vis-à-vis des investisseurs étrangers. L'administration du président Joko Widodo affiche désormais un objectif encore plus ambitieux : faire de l'Indonésie l'un des trois premiers producteurs mondiaux de batteries d'ici 2027 (Nickel Institute, 2023).

Le modèle indonésien est un pari sur l'autonomie : refuser le rôle d'exportateur primaire et utiliser sa position dominante pour négocier selon ses propres termes avec l'Orient comme avec l'Occident. Le défi est désormais de soutenir la croissance industrielle tout en atténuant les impacts environnementaux et en renforçant les capacités nationales, afin que la création de valeur et la gouvernance progressent au même rythme que l'expansion de la production.

Le Vietnam : terres rares et pragmatisme géopolitique

Le Vietnam conserve une position de premier plan sur la carte des minéraux critiques grâce à ses gisements de terres rares, de tungstène et de bauxite, ainsi qu'à ses ressources en titane et en étain et, dans une moindre mesure, en nickel et en graphite. Bien que les estimations de réserves de terres rares aient été revues à la baisse en 2025, de 22 millions à 3,5 millions de tonnes, le pays demeure parmi les six premiers au monde en termes de potentiel. Ce portefeuille constitue pour Hanoï un atout stratégique qu'il a choisi de mettre à profit.

La politique étrangère vietnamienne dans ce domaine est délibérément équilibrée. Le pays a renforcé sa coopération avec les États-Unis et le Japon afin de diversifier ses chaînes d'approvisionnement et d'attirer des technologies, tout en maintenant son rôle de fournisseur clé de concentrés vers la Chine, son principal partenaire commercial. En 2022, les exportations vietnamiennes de concentrés de terres rares vers la Chine ont presque doublé, illustrant un pragmatisme qui combine sécurité de débouchés et accès au capital et au savoir-faire étrangers.

La capacité industrielle du pays commence à porter ses fruits. Le Vietnam dispose déjà d'usines de séparation et de projets en expansion, dont une production pilote d'aimants au néodyme soutenue par le Japon. Son plan directeur 2023–2030 sur les terres rares vise à consolider l'extraction, la transformation et la fabrication de produits intermédiaires et finaux. Toutefois, la clarté réglementaire, la gouvernance et la gestion environnementale seront déterminantes pour maintenir la confiance des investisseurs et éviter les écueils observés dans d'autres pays.

Si le Vietnam parvient à développer ses capacités d'extraction et de traitement dans le respect des normes internationales, il pourrait fournir entre 5 % et 10 % des terres rares mondiales au cours de la prochaine décennie. Au-delà du bénéfice économique, cela renforcerait son pouvoir de négociation vis-à-vis des grandes puissances et consoliderait sa position en tant que nœud industriel et géopolitique dans la transition technologique mondiale.

L'Arabie saoudite : du pétrole aux minéraux critiques

Traditionnellement associée aux énergies fossiles, l'Arabie saoudite intègre désormais l'exploitation minière comme troisième pilier de son économie dans le cadre de Vision 2030. Ses réserves incluent des phosphates, de la bauxite et de l'or, mais aussi une base émergente de minéraux critiques tels que les terres rares, le lithium, l'uranium, le nickel, le cuivre et le zinc, dont l'ampleur reste encore à explorer pleinement.

Riyad a choisi d'accélérer ce développement en combinant puissance financière et diplomatie multilatérale. La compagnie publique Ma'aden et le Public Investment Fund (PIF) ont engagé des dizaines de milliards de dollars dans des projets domestiques et des acquisitions stratégiques à l'étranger, du cuivre et de l'or au Pakistan jusqu'au lithium et au cobalt en Afrique. Parallèlement, le royaume a multiplié les partenariats : accords avec les États-Unis et l'Australie sur le traitement des minéraux, coopération technologique avec des entreprises comme MP Materials et Lynas, et assistance géologique en provenance de Chine.

La stratégie saoudienne ne se limite pas à l'extraction : elle vise à capter de la valeur par les fonderies, les raffineries et les industries associées, en tirant parti de prix énergétiques compétitifs et d'une capacité d'investissement considérable. Les projets récents incluent des installations pour le cuivre, le zinc et les métaux du groupe platine, ainsi qu'une chaîne d'approvisionnement en aimants de terres rares couvrant l'ensemble du cycle, de la ressource brute au produit fini.

Les défis sont importants : expérience limitée dans l'exploitation de gisements rocheux, besoin de capital humain spécialisé, contraintes en matière d'eau et concurrence mondiale intense sur des segments dominés par la Chine. Toutefois, la force financière du royaume et l'alignement politique interne lui offrent un avantage d'exécution rare.

Si l'Arabie saoudite parvient à consolider son objectif de devenir un hub neutre de traitement et d'approvisionnement, elle pourrait répliquer dans les minéraux critiques le rôle qu'elle joue dans le pétrole, en tant que fournisseur fiable pour plusieurs blocs géopolitiques. Dans ce scénario, l'Asie au-delà de la Chine compterait un acteur de poids, doté d'une puissance financière, d'infrastructures avancées et d'une stratégie claire d'intégration dans le nouvel ordre minier mondial.

Les Émirats arabes unis : le capital et la logistique comme leviers miniers

En l'absence de réserves domestiques significatives de minéraux critiques, hormis des matériaux de construction et une part de gaz naturel, les Émirats arabes unis (EAU) ont choisi une autre stratégie : projeter leur influence par le capital, la logistique et la capacité de raffinage. Depuis Abou Dhabi et Dubaï, des conglomérats tels qu'International Holding Company (IHC) et Emirates Global Aluminium ont pris des participations dans des mines de cuivre au Pérou, des projets de lithium au Zimbabwe, du tantale au Kenya, ainsi que des actifs de bauxite en Guinée et au Pakistan, assurant ainsi un flux régulier de matières premières pour leurs installations industrielles nationales.

L'approche émiratie combine diversification économique et ambitions géopolitiques. D'importants investissements dans les infrastructures portuaires, comme l'extension de Jebel Ali et les projets de DP World dans les corridors commerciaux africains, renforcent le rôle des EAU comme hub logistique pour le transit des minéraux entre l'Afrique, l'Asie et les marchés industriels. Cette plateforme commerciale est complétée par une politique étrangère flexible : alignement avec les partenaires occidentaux dans les forums stratégiques, relations fluides avec la Chine et liens transactionnels avec la Russie.

Sur le plan industriel, Dubaï et Abou Dhabi développent des capacités dans le recyclage des batteries, la production d'alliages spécialisés et certains segments de traitement métallique, privilégiant des niches à forte valeur ajoutée plutôt que la métallurgie de masse. La taille limitée de leur marché et une capacité énergétique moindre par rapport à l'Arabie saoudite les orientent vers une stratégie plus spécialisée, fondée sur les zones franches et des régimes fiscaux attractifs pour attirer des activités manufacturières liées aux minéraux critiques.

Le risque structurel de cette stratégie réside dans la dépendance à la stabilité des pays où les EAU investissent, dont beaucoup évoluent dans des contextes politiques fragiles, ainsi qu'à la continuité des routes commerciales mondiales. Toutefois, tant que les Émirats conserveront leur capacité à naviguer ces incertitudes grâce à leur diplomatie et à leur capital, ils continueront d'élargir leur rôle d'intermédiaire et de raffineur clé au sein des chaînes d'approvisionnement reliant le Sud global aux économies industrielles avancées.

L'Ouzbékistan : réformes accélérées à la recherche d'une place sur la carte minière

Longtemps éclipsé par le Kazakhstan, l'Ouzbékistan s'impose désormais comme un concurrent sérieux en Asie centrale pour l'approvisionnement en minéraux critiques. Son sous-sol recèle d'importantes réserves d'uranium, d'or, de cuivre, de plomb, de zinc, de tungstène et de molybdène, ainsi que des dépôts potentiellement significatifs — mais encore non confirmés — de lithium, de graphite et de terres rares. Cette base de ressources, combinée à une volonté politique claire de diversifier l'économie, a conduit à un virage stratégique vers l'ouverture et l'attraction d'investissements étrangers.

Depuis 2016, Tachkent a tissé un réseau croissant d'accords avec l'Union européenne, les États-Unis, la Corée du Sud et des partenaires du Golfe, afin d'obtenir capitaux et technologies pour moderniser un secteur historiquement dominé par les entreprises publiques. La nouvelle loi sur le sous-sol, adoptée en 2023, le lancement de la numérisation des données géologiques et l'expansion de la fonderie de cuivre d'Almalyk constituent des signaux clairs de cette transformation.

Les limites demeurent toutefois importantes : un réseau électrique vieillissant, une dépendance à des routes d'exportation traversant les pays voisins, une concurrence directe avec le Kazakhstan pour attirer les capitaux étrangers, et la nécessité d'assurer une alimentation énergétique fiable pour la transformation locale. Le double enclavement géographique du pays — sans accès ni à la mer ni à un État côtier — l'oblige à investir dans des routes alternatives, comme la connexion transcaspienne vers la Turquie.

Malgré ces contraintes, l'Ouzbékistan mise sur la production à valeur ajoutée. Les projets de production d'hydroxyde de lithium, l'expansion des capacités de raffinage du cuivre et la création d'un fonds souverain minier reflètent une ambition claire : capter une plus grande part des revenus miniers sur son propre territoire. Si les réformes se consolident et que les explorations confirment l'existence de réserves stratégiques, le pays pourrait devenir un nœud pertinent pour l'approvisionnement en minéraux critiques de l'Europe comme de l'Asie, en tirant parti de sa position au cœur de l'Eurasie tout en déployant une diplomatie multivectorielle qui, à l'instar du Kazakhstan, cherche à équilibrer les rapports entre puissances rivales.

Les Philippines : du rôle de fournisseur de nickel à la quête de valeur ajoutée

Les Philippines sont le deuxième producteur mondial de nickel, derrière l'Indonésie, et un fournisseur clé de l'industrie de l'acier inoxydable et, de plus en plus, de la chaîne d'approvisionnement des batteries de véhicules électriques. Leurs exportations, destinées principalement à la Chine et à l'Indonésie, sont principalement constituées de minerai non transformé. Le pays dispose également de réserves de cobalt, de cuivre et d'or, bien que celles-ci restent sous-exploitées, reflet d'un faible niveau d'industrialisation du secteur minier.

L'administration du président Ferdinand Marcos Jr. a engagé un virage visant à attirer les investissements étrangers et à réduire la dépendance vis-à-vis de la Chine, en explorant des accords avec les États-Unis, le Japon et l'Australie pour développer des usines de transformation et renforcer la position des Philippines dans la chaîne de valeur. À ce jour, seules deux usines HPAL (High-Pressure Acid Leach) opèrent dans le pays — toutes deux soutenues par des capitaux japonais — produisant des intrants intermédiaires pour les batteries.

Une proposition initiale visant à interdire l'exportation de minerai brut a été retirée en 2025, jugée irréalisable à court terme. À la place, le gouvernement a opté pour des incitations fiscales et l'introduction potentielle de taxes à l'exportation afin de stimuler le raffinage local. Les défis structurels restent importants : coûts énergétiques élevés, infrastructures limitées et besoin de stabilité réglementaire dans un secteur historiquement volatil.

Si les Philippines parviennent à développer leurs capacités de transformation et à diversifier leurs marchés d'exportation, elles pourraient consolider leur rôle de fournisseur stratégique de nickel et de cobalt de haute pureté pour l'industrie mondiale des batteries, en attirant des partenaires cherchant à réduire leur dépendance vis-à-vis du traitement chinois. Dans le cas contraire, le pays risque de demeurer principalement un maillon primaire de la chaîne de valeur mondiale.

Le Pakistan : un cuivre stratégique entre le Golfe et la Chine

Le potentiel minier du Pakistan se concentre dans un actif phare : Reko Diq, l'un des plus grands gisements inexploités de cuivre et d'or au monde. La production devrait débuter vers la fin de cette décennie dans le cadre d'une structure de copropriété entre Barrick Gold, l'État pakistanais et Manara Minerals (Arabie saoudite). L'entrée saoudienne dans le projet renforce les liens entre Islamabad et les États du Golfe, tout en préservant la relation stratégique du Pakistan avec la Chine, son principal partenaire en matière d'infrastructures via le China–Pakistan Economic Corridor (CPEC).

Le pays dispose également de réserves de charbon, de plomb et de zinc, ainsi que de gisements potentiels de lithium et de terres rares dans les régions montagneuses, bien que son sous-sol demeure largement sous-exploré. Les principaux obstacles à des investissements durables restent le manque d'infrastructures, l'instabilité politique et l'insécurité dans des zones clés comme le Baloutchistan.

Le plan officiel prévoit que Reko Diq exporte, dans un premier temps, du concentré de cuivre vers des fonderies étrangères, avec la possibilité de construire à moyen terme une usine de raffinage domestique. Cette décision pourrait s'aligner sur la stratégie plus large de l'Arabie saoudite, qui cherche à consolider un hub de transformation sur son territoire, reliant la production pakistanaise aux industries basées dans le Golfe.

Si le Pakistan parvient à maintenir une stabilité contractuelle et à améliorer son climat d'investissement, il pourrait émerger comme un fournisseur significatif de cuivre pour l'électrification mondiale. Toutefois, sa position géopolitique exige un équilibrage délicat entre l'Arabie saoudite, la Chine et de potentiels partenaires occidentaux, afin d'éviter une dépendance excessive à une seule sphère d'influence.

Les facteurs redéfinissant l'industrialisation minière en Asie au-delà de la Chine

Les limites classiques, infrastructures insuffisantes, cadres réglementaires instables, dépendance vis-à-vis d'un seul marché, demeurent présentes et continuent, dans certains cas, à freiner le développement. Ce qui distingue toutefois une grande partie de la région, c'est que les décisions stratégiques ne sont plus dictées uniquement par les forces du marché ou par l'initiative privée. Elles sont de plus en plus élaborées dans la sphère politique, avec une finalité géopolitique clairement définie.

Dans ces contextes, l'industrialisation minière n'est pas un simple sous-produit de l'investissement étranger, mais une politique d'État délibérée, assortie d'objectifs explicites. Des gouvernements qui autrefois se limitaient à octroyer des concessions fixent désormais des priorités minérales, imposent des exigences de transformation locale, négocient des partenariats internationaux à des conditions stratégiques et conditionnent l'entrée des capitaux étrangers à des engagements concrets en matière de transfert de technologie et de renforcement des capacités nationales.

Il ne s'agit pas d'un débat idéologique entre nationalisation et privatisation de l'industrie minière. Il s'agit plutôt de la construction délibérée d'un cadre stratégique qui détermine non seulement quels minéraux sont extraits, mais aussi comment, où et avec qui les chaînes de valeur sont développées. Cela traduit une prise de conscience : la place d'un pays dans le nouvel ordre minier ne repose pas uniquement sur sa dotation géologique, mais sur sa maîtrise des étapes critiques de la production et sa capacité à façonner les règles du jeu mondial.

Mettre en œuvre de telles politiques suppose d'accepter des risques considérables : faire face aux pressions commerciales des grands acheteurs, contester les normes établies dans les forums internationaux, renégocier des contrats avec des entreprises dominantes depuis des décennies et, parfois, assumer des frictions diplomatiques avec des partenaires stratégiques. L'expérience récente de l'Indonésie, interdiction des exportations de nickel brut, perturbation des flux mondiaux et litiges à l'OMC, illustre jusqu'où certains gouvernements sont prêts à « déplacer les pièces » en faveur de leur industrialisation domestique.

Dans d'autres cas, la stratégie mêle pragmatisme et contrôle sélectif. Le Vietnam, par exemple, a ouvert son secteur des terres rares aux États-Unis, au Japon et à l'Union européenne, tout en maintenant l'accès au marché chinois le temps de développer ses capacités de traitement. L'Arabie saoudite, quant à elle, a fait du secteur minier un pilier central de Vision 2030, attirant des investissements venus d'Orient comme d'Occident pour créer un hub industriel et logistique complémentaire à son rôle historique de puissance pétrolière.

Pris ensemble, ces exemples signalent un changement de paradigme : l'industrialisation minière n'est plus un résultat accessoire, mais un objectif délibéré et mesurable, soutenu par des cadres institutionnels, une diplomatie économique et une planification de long terme. Ce tournant redéfinit le rôle de l'État dans l'économie extractive, élargit son poids dans les négociations internationales et démontre qu'avec une vision stratégique, les ressources naturelles peuvent être transformées en puissance industrielle et géopolitique.

1. Politiques disruptives : changer les règles commerciales pour gravir la chaîne de valeur

Dans plusieurs pays asiatiques, les décisions minières les plus transformatrices ne proviennent pas des entreprises mais des gouvernements. Il s'agit de politiques qui modifient délibérément les règles du jeu : imposition de conditions au commerce, refonte des incitations, définition d'une trajectoire qui privilégie la création de valeur domestique au détriment des gains immédiats liés à l'exportation de matières brutes. Ces mesures ne consistent pas simplement à « ouvrir » ou « fermer » le secteur minier ; elles instaurent un cadre industriel pensé d'emblée sous un angle géopolitique, avec l'intention de repositionner le pays dans la chaîne d'approvisionnement mondiale.

L'attrait de cette stratégie est clair : elle contraint le capital étranger à s'aligner sur les objectifs nationaux, accélère la mise en place de capacités industrielles et accroît le pouvoir de négociation du pays. Mais elle comporte aussi des coûts et des risques : tensions diplomatiques, litiges commerciaux et possibilité que les investisseurs étrangers se retirent si l'environnement est perçu comme trop restrictif.

De notre point de vue d'auteurs, il ne s'agit pas de juger si ces politiques sont « justes » ou « erronées », mais d'observer le phénomène : que signifie pour un pays le choix assumé de renoncer à des revenus immédiats afin de gagner un contrôle stratégique de long terme ? Comment les marchés réagiront-ils si d'autres producteurs clés adoptent la même logique ? Et dans quelle mesure des règles conçues pour renforcer la souveraineté industrielle pourraient-elles engendrer de nouvelles formes de dépendance technologique ou financière ?

Dans cette dynamique, les pays ne vendent plus seulement des minéraux : ils vendent l'accès à un marché désormais conditionné par des règles qu'ils écrivent eux-mêmes. C'est là, en définitive, la véritable disruption.

2. Intégration accélérée des chaînes de valeur : du minerai au composant

Dans une grande partie de l'Asie au-delà de la Chine, l'industrialisation portée par les ressources minières n'est plus envisagée comme une séquence lente, étalée sur plusieurs décennies. Les gouvernements cherchent à « sauter des étapes », passant rapidement de l'extraction au traitement et parfois directement à la fabrication de composants intermédiaires, voire de produits finaux. Cette approche remet en cause l'idée traditionnelle selon laquelle la spécialisation initiale d'un pays riche en ressources devrait se limiter à la production primaire. Elle soutient au contraire que l'accès aux minéraux critiques doit se traduire par une place à la table des stades technologiques à plus forte valeur ajoutée.

La logique est simple : celui qui produit un intrant raffiné ou un composant essentiel — qu'il s'agisse d'une cathode, d'un aimant ou d'un précurseur chimique — dispose d'un levier bien plus puissant dans les négociations mondiales que l'exportateur de minerai brut. Mais une telle accélération comporte des risques intrinsèques : nécessité d'importer des technologies avancées, d'attirer des capitaux prêts à financer des projets énergivores et, dans bien des cas, de dépendre de partenaires étrangers pour les phases les plus critiques du processus.

Ce qui nous frappe, en tant qu'auteurs, c'est la volonté politique de ne pas attendre que la maturité industrielle se développe « naturellement ». La question est de savoir si cette intégration accélérée créera des structures durables ou si elle se transformera en une dynamique coûteuse et difficile à maintenir sans subventions ni accords stratégiques de long terme. Jusqu'où ce rythme peut-il renforcer l'autonomie industrielle, et à partir de quel point risque-t-il de générer de nouvelles dépendances envers les fournisseurs de technologies ou de financements ?

Si elle est exécutée efficacement, cette accélération peut redéfinir la position d'un pays dans la géopolitique minière. Mais en cas d'échec, elle risque de laisser derrière elle des infrastructures coûteuses, sous-utilisées, et un récit de modernisation difficile à soutenir dans la durée.

3. Diversifier les alliances comme stratégie de puissance

En Asie au-delà de la Chine, la diversification des alliances n'est pas un exercice décoratif : c'est un pilier central des politiques minières.

Dans un monde où la concentration des flux commerciaux et technologiques entre quelques acteurs génère une vulnérabilité structurelle, ces pays ont choisi de tisser des réseaux avec plusieurs centres de pouvoir. Il ne s'agit pas seulement de signer des accords ou des mémorandums d'entente, mais de bâtir une architecture de relations leur permettant de résister aux pressions et de maximiser les opportunités. Dans ce sens, la diversification n'est pas un sous-produit des forces du marché : c'est une stratégie délibérée pour élargir l'espace de négociation et éviter de devenir captifs d'un seul acheteur, investisseur ou fournisseur de technologie.

Ce qui frappe, c'est que cette approche ne cherche pas un équilibre parfait — quasiment impossible dans un contexte de tensions croissantes entre grandes puissances — mais plutôt la création de redondances stratégiques : disposer de plus d'une option pour vendre, acheter, transformer ou financer un projet. Cela signifie accepter que toutes les alliances ne seront pas aussi profondes, mais veiller à ce qu'elles soient suffisamment opérationnelles pour maintenir plusieurs portes ouvertes. En pratique, cette « diplomatie minière multivectorielle » confère aux pays une flexibilité d'adaptation rapide si un partenaire change de priorités ou durcit ses conditions.

La diversification a toutefois un coût. Maintenir des relations avec des pôles de puissance concurrents exige une diplomatie sophistiquée et, souvent, une grande habileté à gérer les frictions. Un pays qui collabore avec des acteurs se percevant comme rivaux peut être soumis à des pressions pour s'aligner sur l'un ou exclure l'autre. Dans un tel scénario, la cohérence du cadre juridique et la neutralité perçue de l'État deviennent des atouts essentiels pour conserver la crédibilité auprès de tous les partenaires. Le moindre signe de favoritisme ou de non-respect des engagements peut fermer des portes et éroder des années de construction de confiance.

La question stratégique est de savoir si ce modèle pourra perdurer dans un environnement où les exigences de « choisir un camp » s'intensifient. Jusqu'à présent, la diversification a servi de bouclier contre la dépendance excessive. Mais le risque est que la dynamique mondiale pousse ces pays à des alignements plus explicites. Leur succès dépendra de leur capacité à maintenir le jeu ouvert : cultiver suffisamment de relations pour qu'aucun partenaire ne devienne indispensable, tout en veillant à ce que chacun reste pertinent.

4. Récits de légitimité industrielle

Dans le processus d'industrialisation minière, la légitimité ne se construit pas uniquement à partir de volumes investis ou de tonnages transformés. Elle exige un récit qui explique pourquoi, et dans quel but, le secteur est en train d'être transformé. Dans plusieurs de ces pays, ce récit s'est éloigné de la vision étroite centrée sur l'extraction des ressources pour se tourner vers des objectifs plus larges : indépendance technologique, intégration dans les chaînes de valeur mondiales, création d'emplois qualifiés et renforcement de la stature internationale. Ce récit agit comme un cadre qui relie la politique industrielle à l'identité nationale et à une vision partagée de l'avenir.

Construire une légitimité domestique est crucial pour soutenir des mesures qui, à court terme, peuvent générer des tensions : fiscalité accrue, exigences de contenu local ou modification des règles d'exportation. Sans consensus minimal sur la valeur stratégique de l'industrialisation, ces politiques risquent d'être remises en cause à chaque alternance politique ou sous la pression de groupes économiques. Un récit cohérent permet que ces décisions soient perçues non comme des impositions arbitraires, mais comme des étapes nécessaires pour atteindre un objectif collectif de long terme.

À l'extérieur, le récit est tout aussi déterminant. Dans un marché mondial où la réputation d'un fournisseur peut conditionner l'accès aux financements, aux technologies et aux accords commerciaux, projeter une image de stabilité, de vision et de sérieux est vital. Cette projection ne se limite pas aux discours dans les forums internationaux ; elle se construit à travers la cohérence des politiques, la prévisibilité réglementaire et la capacité à honorer les engagements. Lorsqu'un pays devient associé à la qualité, à la fiabilité et à une vision prospective, il renforce son pouvoir de négociation dans un secteur aussi compétitif que le minier.

Le défi réside dans le maintien d'une cohérence entre récit et résultats tangibles. Si les bénéfices promis ne se matérialisent pas — en infrastructures, en emplois, en bien-être communautaire —, la légitimité peut s'éroder rapidement. En ce sens, le récit ne peut pas être un outil cosmétique de communication : il doit être un engagement opérationnel, reflété par des actions concrètes. La véritable légitimité industrielle émerge lorsque la rhétorique et la réalité se renforcent mutuellement, créant un cercle vertueux qui consolide la position du pays à la fois sur le plan domestique et sur la scène internationale.

5. Le risque calculé comme politique d'État

La volonté d'assumer des risques calculés est sans doute l'un des traits les plus distinctifs de plusieurs de ces pays. Mettre en œuvre des mesures qui modifient les règles établies, qu'il s'agisse d'interdictions d'exportation ou d'exigences obligatoires de transfert de technologie, revient à défier directement des acteurs dotés d'un poids considérable. Dans la majorité des cas, il ne s'agit pas de décisions impulsives, mais de paris stratégiques, fondés sur une lecture précise du marché, de la géopolitique et des capacités domestiques. La prémisse est claire : pour remonter la chaîne de valeur, il ne suffit pas d'attendre que le marché agisse de lui-même ; il faut le contraindre, même au prix de déstabiliser certains partenaires ou de renoncer à des opportunités de court terme.

Cette approche revêt une dimension géopolitique évidente. En adoptant des mesures qui redessinent les flux commerciaux établis, les gouvernements ne cherchent pas seulement à capter davantage de valeur, mais aussi à se repositionner comme des acteurs capables d'imposer des conditions. Cela produit un double effet : d'un côté, cela accroît le contrôle interne sur le secteur ; de l'autre, cela projette à l'extérieur l'image d'un pays prêt à défendre sa souveraineté économique. Mais chaque mouvement de ce type entraîne également des risques réputationnels et financiers : investisseurs et acheteurs peuvent y voir un signe d'instabilité, ou, à l'inverse, le signal qu'ils doivent s'adapter à des conditions plus exigeantes.

La clé pour que le risque calculé fonctionne réside dans la gestion de ses conséquences. Un pays peut appliquer une politique stricte s'il offre en parallèle un environnement qui compense cette rigueur : sécurité juridique, incitations claires, infrastructures fiables et une vision de long terme inspirant confiance aux acteurs privés. Sans ces facteurs compensateurs, la mesure peut se retourner contre lui et réduire son attractivité en tant que destination d'investissement. La capacité d'ajuster les politiques en fonction des réactions du marché est tout aussi cruciale que l'audace initiale de les mettre en œuvre.

En définitive, la question stratégique est de savoir où tracer la ligne entre ambition et prudence. Tirer la corde trop loin peut entraîner une fuite des capitaux ou des représailles commerciales ; ne pas la tirer suffisamment condamne le pays à rester cantonné à l'exportation de matières brutes sans capturer de valeur ajoutée. Le risque calculé comme politique d'État n'est pas une formule universelle : c'est un exercice de calibration permanente, où chaque décision redéfinit la relation entre l'État, le secteur privé et le marché mondial.

Le leadership étatique dans le secteur minier sera-t-il durable dans le nouvel ordre mondial ?

Les dynamiques qui façonnent aujourd'hui l'Asie au-delà de la Chine dans le secteur minier signalent un changement profond. Pendant des décennies, le récit dominant présentait la région avant tout comme un fournisseur de matières premières, alimentant des chaînes de valeur conçues ailleurs. Aujourd'hui, plusieurs de ces pays ont choisi de concurrencer non seulement dans l'extraction, mais aussi dans la transformation, le contrôle et la projection internationale de leurs ressources. Cela marque une transformation majeure : le secteur minier n'est plus traité comme un domaine isolé, mais comme une composante intégrée de l'architecture géopolitique de l'État, avec des implications directes sur son positionnement dans l'économie mondiale.

Ce qui rend cette transformation singulière, c'est qu'elle n'est pas menée uniquement par les forces du marché ou par des décisions d'entreprises, mais par des politiques publiques délibérées. Plutôt que de se limiter à la régulation ou à la fiscalité, les gouvernements assument un rôle d'architectes stratégiques : ils définissent quels minéraux sont prioritaires, fixent les conditions d'investissement, déterminent la répartition de la valeur et choisissent dans quels segments de la chaîne de valeur ils souhaitent s'intégrer. Cette proactivité politique n'est pas rhétorique : elle se traduit par des lois, des accords internationaux, des incitations et parfois des interdictions qui réécrivent les règles du jeu.

Ce rôle accru est, en soi, une manifestation de la géopolitique minière. Il signifie que le contrôle des minéraux stratégiques n'est plus seulement une conséquence de la géographie, mais aussi le produit de politiques extérieure et économique. Mais la question centrale demeure : où se situe la ligne de partage entre un État qui favorise le développement industriel et un État qui, par excès de contrôle, finit par l'étouffer ? Ce n'est pas une interrogation théorique, l'histoire minière regorge d'exemples où une intervention mal calibrée a généré des bureaucraties coûteuses, érodé la compétitivité et entraîné un déclin de la production.

L'expérience montre que lorsque la participation de l'État se concentre sur le renforcement des capacités, infrastructures, technologie, compétences et normes de qualité, le secteur tend à croître durablement et à renforcer son pouvoir de négociation international. Mais lorsque l'intervention devient une fin en soi, ou un outil au service d'agendas politiques de court terme, le secteur se bureaucratise : les investissements se retardent, l'innovation ralentit et les coûts surpassent les bénéfices. Le défi des pays asiatiques est donc double : concevoir des politiques solides et surtout en préserver la cohérence dans le temps, en résistant à la tentation d'en faire des instruments de clientélisme ou de contrôle excessif.

Le risque de régression est réel, car le secteur minier est capitalistique, chronophage et dépendant d'une coordination internationale complexe. Si les règles changent de manière abrupte ou imprévisible, les projets se bloquent et les partenaires stratégiques se tournent vers des alternatives plus stables. La frontière entre un cadre stratégique solide et un piège bureaucratique est donc étroite et fragile. La solidité de cette nouvelle vague d'industrialisation minière asiatique dépendra de la capacité des gouvernements à institutionnaliser leurs politiques au-delà des cycles électoraux et des fluctuations diplomatiques.

En parallèle, cette stratégie a clairement rehaussé le rôle de la région dans les discussions mondiales sur les minéraux critiques. Des pays qui occupaient autrefois une place secondaire arrivent désormais avec leurs propres propositions, conditions et alliances. La table de la géopolitique minière n'est plus réservée aux grandes puissances : elle s'ouvre à des voix asiatiques capables de concevoir les minéraux non comme de simples commodités, mais comme des instruments de politique étrangère et de développement.

Cette capacité croissante soulève une autre question : ces pays peuvent-ils maintenir leur rôle dans un contexte mondial où la compétition technologique, les transitions énergétiques et les tensions commerciales évoluent rapidement ? L'industrialisation minière n'est pas un processus linéaire : elle requiert des investissements soutenus, une adaptabilité réglementaire et un récit international qui légitime le modèle aux yeux des investisseurs, des partenaires et des communautés locales. Le contrôle de l'extraction ne suffit pas : le vrai défi consiste à s'élever et à rester dans les segments à plus forte valeur ajoutée de la chaîne de production.

Le scénario optimiste est celui d'une Asie au-delà de la Chine qui consolide des chaînes d'approvisionnement diversifiées, développe des industries locales de transformation et exploite son poids géologique pour négocier à de meilleures conditions avec tous les blocs. Le scénario pessimiste est celui de politiques limitées à des gestes initiaux, générant des frictions sans résultats, et laissant les pays piégés entre bureaucratie interne et dépendance externe.

Dans ce domaine, l'innovation institutionnelle sera aussi décisive que l'innovation technologique. Les pays qui réussiront à construire des cadres réglementaires stables et adaptables, capables d'attirer l'investissement tout en préservant les intérêts nationaux, auront davantage de chances de se consolider comme acteurs structurels du nouvel ordre minier. Ceux qui échoueront risquent de répéter les cycles du passé : capitaliser sur une flambée des prix avant de perdre en pertinence lorsque la demande se réoriente.

L'Asie au-delà de la Chine écrit, en temps réel, un chapitre singulier de l'histoire de la géopolitique minière. Dans cette région, la participation de l'État, loin d'être un simple accessoire, constitue le moteur de la stratégie. Le défi consiste à soutenir cet élan sans le transformer en frein. Entre vision de long terme et piège bureaucratique se joue l'avenir du secteur, et, avec lui, la place de chaque pays dans la hiérarchie mondiale du pouvoir minéral.

La question finale n'est donc pas seulement de savoir si ces pays réussiront à industrialiser leurs secteurs miniers, mais s'ils pourront le faire sans perdre l'agilité et la clarté stratégique qui font aujourd'hui leur singularité. Si la réponse est oui, l'Asie au-delà de la Chine ne sera pas un acteur secondaire, mais un faiseur de règles, un prescripteur de normes et un négociateur doté de sa propre voix dans le nouvel ordre mondial. Car en ce siècle, l'ancienne industrie minière est morte ; vive la nouvelle géopolitique minière.

SEPT

L'ère de la géopolitique minière

Nous avons parcouru ensemble un chemin vaste et éclairant. Au fil de ces pages, nous avons observé comment les minéraux critiques ont cessé d'être de simples ressources naturelles ou matières premières isolées pour devenir une infrastructure essentielle du pouvoir mondial. Ces minéraux ne sont plus seulement du cuivre, du lithium ou des terres rares : ils se sont imposés comme des piliers fondamentaux de la sécurité énergétique du XXIe siècle, de la transition technologique, de l'innovation industrielle et de la défense nationale. Ce basculement est profond et structurel ; il implique une nouvelle compréhension, non seulement de l'activité minière, mais aussi de l'économie et de la politique mondiales.

L'activité minière a quitté son rôle traditionnel de secteur productif pour devenir une plateforme stratégique définissant l'ordre international. L'enjeu n'est plus seulement d'extraire des minéraux, mais de les contrôler, de les transformer et de projeter du pouvoir à travers eux. Nous avons analysé comment différentes régions et différents pays, de la Chine aux États-Unis, du Canada et de l'Australie à l'Amérique latine, à l'Afrique et à l'Asie centrale, prennent aujourd'hui des décisions décisives sur les cadres d'autorisation, l'industrialisation, les alliances stratégiques et les récits publics. Ces décisions ne sont ni circonstancielles ni purement techniques : elles sont profondément politiques, car ceux qui dominent ces minéraux ne se contenteront pas de définir les chaînes de valeur mondiales, ils influenceront aussi les choix stratégiques des autres acteurs internationaux.

Le véritable avantage stratégique de cette ère ne résidera pas chez ceux qui possèdent les plus grandes réserves géologiques, mais chez ceux capables de traduire ces réserves en puissance industrielle, technologique et diplomatique tangible. Ainsi, l'avenir immédiat n'appartiendra pas aux nations qui détiennent simplement des ressources dans leur sous-sol, mais à celles qui auront la vision stratégique, la volonté politique et la capacité institutionnelle de transformer ces ressources en influence globale. Le nouvel ordre minier mondial se définira précisément à cette frontière : entre extraction et industrialisation, entre dépendance et autonomie, entre anciens modèles et nouvelles visions.

Cet ouvrage a constitué une invitation ouverte à observer cette transformation sous de multiples angles. Nous avons analysé en profondeur des situations concrètes, comparé des expériences et identifié des signaux clés pour anticiper l'avenir. Nous comprenons désormais que nous entrons dans une nouvelle ère, l'ère de la géopolitique minière, dans laquelle les minéraux critiques représentent le socle invisible mais décisif du pouvoir mondial. Dans les décennies à venir, l'équilibre mondial ne se mesurera plus seulement en termes de PIB, de puissance militaire ou d'innovation technologique, mais à travers la capacité réelle de chaque nation à contrôler, transformer et diriger la production et l'utilisation de ces ressources stratégiques.

En définitive, l'ancienne industrie minière est morte. Vive le nouvel ordre géopolitique minier.

Sept leçons stratégiques

Au terme de ce long parcours à travers différentes régions — de la prévoyance stratégique de la Chine aux tensions structurelles de l'Amérique latine, en passant par le repositionnement institutionnel de l'Occident et les ambitions émergentes de l'Afrique et de l'Asie —, plusieurs enseignements essentiels se dégagent. Nous avons constaté comment des décisions apparemment techniques ou politiques façonnent en profondeur le nouvel ordre minier mondial. Nous avons analysé des modèles nationaux, identifié des schémas récurrents et compris que l'activité minière ne peut plus être envisagée comme une simple extraction, mais comme un levier géopolitique, un pilier d'autonomie industrielle et un moteur de leadership technologique mondial.

Cette exploration permet désormais de dégager des principes stratégiques incontournables — des leçons profondes qui apparaissent de façon récurrente et constituent des repères critiques pour toute nation, entreprise ou dirigeant souhaitant jouer un rôle pertinent dans ce nouvel environnement global. Ces leçons ne sont pas de simples résumés : elles sont des signaux clairs indiquant ce qui détermine aujourd'hui la position stratégique d'un pays au XXIe siècle.

Plus précisément, sept principes fondamentaux synthétisent nos observations et offrent un guide pour naviguer dans les complexités du paysage minier mondial dans les décennies à venir.

1. La vitesse souveraine est un pouvoir géopolitique

Dans le nouvel ordre minier, le temps n'est plus seulement de l'argent. Il est devenu pouvoir, influence stratégique et force de négociation. Les minéraux critiques ne sont plus de simples matières premières : ils sont des éléments essentiels dont la disponibilité fait la différence entre conduire et suivre les autres nations. Dès lors, la rapidité avec laquelle un pays identifie et développe ses ressources minières est aussi cruciale que l'ampleur de ces ressources elles-mêmes.

Alors qu'autrefois la possession de réserves significatives suffisait à garantir un avantage compétitif, cet avantage ne se mesure plus aujourd'hui uniquement en tonnes de cuivre, de nickel ou de lithium, mais dans la capacité institutionnelle et politique à convertir rapidement ces minéraux en valeur tangible. Les pays capables de simplifier leurs processus réglementaires, de réduire drastiquement les délais d'autorisation, de construire rapidement des infrastructures logistiques et de progresser résolument vers la transformation locale non seulement attirent des investissements de qualité, mais gagnent aussi une autonomie stratégique vis-à-vis d'acteurs extérieurs et renforcent leur position dans la diplomatie mondiale.

À l'inverse, les nations piégées dans des labyrinthes bureaucratiques, des débats politiques interminables et des retards chroniques dans l'approbation des projets perdent non seulement des opportunités économiques, mais aussi du terrain stratégique sur la scène internationale. Chaque mois supplémentaire consacré à autoriser un projet, chaque année perdue dans des procédures administratives sans fin, représente un avantage cédé à des concurrents plus agiles qui s'emparent rapidement des marchés, des chaînes d'approvisionnement technologiques et du capital stratégique.

En d'autres termes, la vitesse dans le secteur minier n'est plus un simple enjeu technique ou opérationnel. Elle est devenue une condition essentielle de souveraineté industrielle et de puissance politique. Les pays qui reconnaissent cette réalité mettent en œuvre des réformes disruptives, numérisent leurs procédures, renforcent leurs capacités techniques et construisent des institutions capables d'agir avec rapidité et détermination. Aujourd'hui, la vitesse détermine qui participe aux nouvelles chaînes de valeur et qui en est exclu, qui mène l'innovation technologique et qui se contente d'acheter des produits finis, qui négocie en position de force et qui négocie dans la dépendance.

En définitive, dans le nouvel ordre minier mondial, la vitesse n'est plus un atout supplémentaire : elle est la condition fondamentale pour transformer les ressources minérales en véritable pouvoir géopolitique.

2. La narration construit la légitimité

Dans le nouvel ordre minier mondial, la narration publique n'est plus un élément secondaire : elle est devenue un pilier central de légitimité, de pouvoir et de négociation internationale. L'activité minière ne peut plus se réduire à des chiffres techniques ou à des statistiques de production. Chaque projet s'inscrit désormais dans un récit plus large : il peut être présenté comme partie intégrante de la transition énergétique, comme un pilier d'autonomie technologique, comme la base des chaînes de valeur de l'intelligence artificielle et de la défense, comme moteur d'innovation industrielle — ou, à l'inverse, comme source de tensions sociales et environnementales.

La capacité à construire et à gérer ce récit détermine largement la légitimité et la viabilité des opérations minières. Les pays et les entreprises qui parviennent à inscrire leurs minéraux stratégiques dans une finalité allant au-delà de l'extraction — électromobilité, sécurité énergétique, numérisation industrielle, souveraineté technologique — acquièrent un avantage critique : ils attirent des investissements plus sélectifs, bâtissent des alliances solides et renforcent leur influence diplomatique mondiale.

Cependant, ce positionnement stratégique ne peut se limiter à des tactiques superficielles de communication ou de marketing. Il doit aller plus loin, en assumant la dimension symbolique et en reconnaissant que le secteur minier fait partie d'un système plus vaste qui reflète les valeurs, les aspirations et les attentes profondes de la société contemporaine.

D'un point de vue symbolique, l'activité minière doit cesser d'être perçue comme une activité extractive isolée pour être comprise comme un élément constitutif d'un modèle de développement global. Elle doit intégrer le récit national comme un secteur qui ne se contente pas de générer des revenus économiques, mais qui contribue au bien-être social, stimule l'innovation technologique, renforce la souveraineté économique et préserve l'équilibre environnemental. En d'autres termes, le secteur minier doit s'inscrire explicitement dans une vision stratégique et symbolique cohérente avec l'avenir souhaité par les citoyens.

Cela exige une redéfinition profonde du sens culturel et politique de l'activité minière dans l'imaginaire collectif. Plutôt que d'être associée à des modèles historiques d'exploitation ou de dépendance, elle doit devenir un symbole de progrès, d'autonomie technologique, de responsabilité environnementale et de prospérité partagée. Les pays qui parviendront à redessiner ce récit sous cet angle symbolique acquerront la capacité réelle de légitimer et de soutenir durablement leurs opérations minières, tout en consolidant leur position stratégique mondiale.

À l'inverse, les nations et entreprises incapables de gérer cette dimension symbolique risquent de rester piégées dans des conflits récurrents, un rejet social et une difficulté à attirer des capitaux de long terme. Des perceptions négatives ou ambiguës nourrissent non seulement l'opposition locale, mais se traduisent aussi par des risques réputationnels accrus et par des barrières sur les marchés internationaux.

En définitive, la narration minière n'est pas un simple outil de communication : c'est un actif stratégique et symbolique, qui reflète la place réelle de l'activité minière dans le progrès humain et définit la position d'un pays dans les chaînes de valeur mondiales du XXIe siècle. Expliquer clairement ce rôle — comme fondement de la transition énergétique, de l'innovation technologique et du développement industriel — permet d'influencer les cadres réglementaires internationaux, d'accéder à de meilleures conditions commerciales et de négocier en position de force. Dans cette nouvelle ère de la géopolitique minière, ancrer le récit dans la vérité est aussi ce qui confère la légitimité au jeu.

3. L'extraction sans industrialisation est une vulnérabilité stratégique

L'histoire minière regorge d'exemples de pays qui, malgré une abondance de ressources naturelles, n'ont pas su transformer cette richesse en prospérité économique durable ni en véritable pouvoir géopolitique. Pendant des décennies, l'exportation de minéraux bruts a été perçue comme une source de revenus rapide et sûre. Or, dans le nouvel ordre minier mondial, s'en tenir exclusivement à l'extraction sans progresser vers une industrialisation profonde représente non seulement une perte économique, mais surtout une vulnérabilité stratégique.

La véritable valeur des minéraux critiques ne réside plus simplement dans leur extraction, mais dans les processus industriels qui la suivent : raffinage, fabrication de composants, développement technologique et constitution de chaînes de valeur intégrées. Les pays incapables de développer ces capacités industrielles sur leur territoire se condamnent à occuper des positions secondaires dans les chaînes d'approvisionnement mondiales, exposés aux fluctuations extrêmes des prix, aux pressions commerciales extérieures et à la perte systématique de valeur ajoutée dans les étapes supérieures du processus productif.

À l'inverse, les nations qui intègrent verticalement leurs ressources minières vers des stades industriels avancés obtiennent de multiples avantages stratégiques : un pouvoir accru de négociation avec les acheteurs internationaux, une dépendance réduite vis-à-vis des technologies critiques étrangères, et le développement de capacités domestiques en innovation et en savoir-faire. Ce processus n'est ni simple ni automatique : il exige des décisions politiques audacieuses, une stabilité institutionnelle et une vision stratégique soutenue dans le temps.

Industrialiser la mine ne consiste pas seulement à construire des usines ou des raffineries ; c'est une décision politique consciente visant à passer du rôle de fournisseur passif à celui d'acteur capable de négocier les termes, d'imposer des standards et d'exercer une autonomie. Celui qui contrôle l'industrialisation contrôle aussi le récit technologique, attire des investissements plus sélectifs et s'intègre aux chaînes de valeur mondiales avec davantage de résilience et dans de meilleures conditions commerciales.

Dans un contexte global où les minéraux critiques sont indispensables à la transition énergétique, à l'autonomie technologique et à la défense stratégique, une extraction sans industrialisation laisse une nation sans protection face aux décisions extérieures, incapable de capitaliser pleinement sur ses ressources et reléguée à un rôle périphérique dans le nouvel ordre mondial.

En définitive, l'industrialisation minière n'est plus une option à long terme : c'est une priorité stratégique immédiate. Elle constitue la frontière qui sépare ceux qui dominent le jeu de ceux qui restent de simples spectateurs. L'extraction seule ne suffit plus ; le véritable pouvoir réside dans la transformation des minéraux en capacités industrielles et technologiques nationales.

Sans industrialisation, il ne peut y avoir de véritable souveraineté minière. Et sans souveraineté minière, la richesse géologique peut rapidement se transformer en source de vulnérabilité stratégique.

4. Les alliances définissent la résilience stratégique

L'activité minière, dans sa nouvelle dimension géopolitique, ne peut plus être comprise ni gérée dans l'isolement national. Les minéraux critiques sont profondément intégrés à des chaînes d'approvisionnement mondiales complexes, dont les principaux nœuds se situent dans des pays, entreprises et territoires différents. Aucune nation — aussi puissante ou riche en ressources soit-elle — ne peut raisonnablement prétendre contrôler l'ensemble du cycle minier et industriel sans s'appuyer, à un degré ou à un autre, sur d'autres acteurs. Dans ce contexte, les alliances internationales cessent d'être facultatives : elles deviennent une condition essentielle de résilience stratégique.

Construire des alliances dépasse largement le cadre des accords commerciaux traditionnels. Cela englobe des partenariats technologiques, financiers, environnementaux et diplomatiques. Les pays capables d'établir des réseaux diversifiés de collaboration stratégique — intégrant partenaires technologiques avancés, sources de financement compétitives et marchés internationaux exigeants — renforcent considérablement leur position face aux perturbations mondiales ou aux pressions politiques extérieures. La capacité à créer et à maintenir de tels réseaux définit en grande partie l'adaptabilité, la stabilité et l'autonomie stratégique d'une nation dans un monde de plus en plus incertain.

À l'inverse, les pays qui restent isolés ou dont les partenariats demeurent limités deviennent vulnérables aux crises mondiales, aux conflits commerciaux ou aux brusques changements de priorités politiques internationales. Une dépendance exclusive à un seul partenaire — comme on l'observe dans certaines relations bilatérales avec la Chine — engendre des vulnérabilités critiques qui compromettent la souveraineté et affaiblissent la capacité de négociation. Ceux qui diversifient leurs alliances réduisent ces risques, améliorent leur position dans les négociations internationales et accroissent la stabilité économique et technologique de leur secteur minier.

De plus, ces alliances stratégiques facilitent la construction de capacités industrielles et technologiques locales, grâce au transfert de connaissances, à l'accès aux meilleures pratiques internationales et au développement de capital humain qualifié. Cet aspect est décisif pour les pays émergents qui souhaitent dépasser l'exportation de minerais bruts et viser une intégration plus profonde dans les chaînes de valeur mondiales.

La nouvelle réalité géopolitique exige des alliances d'un genre nouveau : intelligentes, flexibles et proactives, capables de s'adapter rapidement aux évolutions technologiques, réglementaires et politiques de l'environnement international. Les accords ponctuels ou statiques ne suffisent plus : ce qui s'impose désormais, c'est une diplomatie minière dynamique, destinée à renforcer l'autonomie nationale et à maximiser le pouvoir de négociation dans des scénarios mondiaux complexes.

En somme, les alliances stratégiques ne sont plus un complément aux politiques minières nationales : elles en sont une nécessité absolue. Elles conditionnent la résilience, la stabilité et l'adaptabilité de toute nation dans le nouvel ordre minier mondial. Sans alliances fortes et diversifiées, aucun pays ne peut prétendre à une véritable souveraineté minière ni à un rôle de leader dans la carte mondiale des puissances.

5. La technologie propre est une diplomatie minière

L'activité minière du XXIᵉ siècle ne peut plus être envisagée uniquement sous un angle technique ou économique. Les exigences environnementales et sociales déterminent désormais les conditions réelles d'accès aux marchés, au capital et même à la légitimité politique internationale. Dans ce contexte, la technologie minière propre n'est plus un simple progrès technique ou un label écologique : elle est devenue un outil diplomatique et stratégique majeur, définissant la capacité réelle d'un pays à concurrencer, à négocier et à se positionner à l'échelle mondiale.

Les nations capables de développer des modèles miniers propres et durables — de l'extraction au raffinage — obtiennent des avantages compétitifs immédiats. Elles accèdent non seulement à des marchés internationaux aux critères environnementaux stricts, mais elles renforcent aussi leur légitimité globale et négocient depuis des positions de force dans les accords commerciaux et diplomatiques. La mine « propre » devient ainsi une source tangible de prestige, de crédibilité et de soft power.

À l'inverse, celles qui échouent à respecter ces standards environnementaux s'exposent à des pressions internationales croissantes, à des restrictions commerciales et à des risques réputationnels élevés. L'absence de technologies propres limite l'accès au capital, réduit la marge de négociation avec les partenaires internationaux et alimente les conflits avec les communautés locales. Elle se transforme ainsi en vulnérabilité stratégique.

Par ailleurs, la mine durable ouvre la voie à des alliances stratégiques plus avancées avec des nations développées et des entreprises technologiques mondiales, soucieuses de sécuriser des fournisseurs capables de répondre à leurs propres objectifs climatiques et de durabilité. Les pays en tête de la durabilité minière attirent davantage d'investissements, accèdent plus facilement aux transferts de technologies et à l'innovation, et bénéficient de financements préférentiels. Dès lors, la mine propre n'est pas seulement un choix éthique ou environnemental : c'est une stratégie économique et diplomatique qui maximise les bénéfices et réduit les risques.

Cette nouvelle diplomatie minière fondée sur la technologie propre représente également une opportunité unique pour les pays émergents. Elle leur permet de se positionner rapidement comme des leaders mondiaux de la durabilité, de gagner en influence politique dans les forums multilatéraux et de construire des récits de leadership positif face à la crise climatique mondiale.

En définitive, la technologie propre a profondément transformé le jeu minier international. Elle ne relève plus seulement de la responsabilité environnementale : elle constitue une stratégie géopolitique effective. La capacité à produire des minéraux stratégiques selon des standards environnementaux rigoureux est désormais, plus que jamais, un avantage compétitif essentiel et un outil diplomatique qui ouvre des portes, renforce les positions et assure un pouvoir de négociation durable.

6. L'intelligence artificielle : la nouvelle frontière minière

L'industrie minière a toujours été un secteur intensif en capital et en ressources, marqué par des investissements lourds, des délais de développement longs et des opérations complexes et coûteuses. Mais l'émergence de l'intelligence artificielle (IA) transforme radicalement ce paysage. Elle fait passer l'exploitation minière traditionnelle à un niveau d'agilité, d'efficacité et de sophistication stratégique inédit. L'IA n'est plus une innovation parmi d'autres : elle constitue la nouvelle frontière de l'activité minière, celle qui déterminera qui sera en tête demain et qui restera à la traîne.

À chaque maillon de la chaîne de valeur, l'IA offre un avantage compétitif sans précédent. De l'exploration géologique aux opérations quotidiennes, elle réduit considérablement les délais, les coûts et les risques. Les pays et entreprises qui l'adoptent peuvent accélérer les cycles d'investissement, optimiser leurs procédés et maximiser leurs résultats. Des décisions stratégiques qui demandaient des années peuvent désormais s'appuyer sur des systèmes prédictifs en quelques semaines, voire en quelques jours, procurant une vitesse stratégique incomparable face à des concurrents moins avancés technologiquement.

Par ailleurs, l'IA apporte une précision et une efficacité inédites dans des domaines critiques tels que la gestion environnementale, la sécurité au travail, la maintenance prédictive des équipements ou encore la planification intelligente des opérations. Ces bénéfices réduisent non seulement les coûts opérationnels, mais renforcent aussi la durabilité des activités minières, améliorant ainsi leur légitimité sociale et politique. De ce fait, l'IA devient aussi un levier de diplomatie minière, en facilitant des pratiques plus transparentes, responsables et traçables.

L'avantage stratégique le plus profond de l'IA réside cependant dans sa capacité à générer de la connaissance à partir de volumes massifs de données. Les pays et entreprises qui adoptent cette technologie en premier seront mieux placés pour découvrir rapidement de nouveaux gisements, optimiser radicalement leurs chaînes de production, anticiper les tendances des marchés mondiaux et prendre des décisions stratégiques fondées sur une information précise et en temps réel. Ceux qui échoueront à le faire perdront inévitablement en influence et en capacité de négociation.

En somme, l'intelligence artificielle n'est plus une option technologique futuriste : elle est devenue une condition essentielle du nouvel ordre minier mondial. Ceux qui l'intégreront avec succès accéderont non seulement au leadership économique, mais aussi à un avantage stratégique décisif dans la carte mondiale du pouvoir au XXIe siècle. L'IA est, plus que jamais, la nouvelle frontière qui sépare les leaders miniers mondiaux du reste du monde.

7. La légitimité sociale est un pouvoir de long terme

Dans le nouvel ordre minier mondial, la légitimité sociale n'est plus une question secondaire ou purement réputationnelle. Elle est devenue un facteur central, stratégique et décisif pour la durabilité réelle du secteur. Les opérations minières dépourvues de légitimité sociale et institutionnelle font face à des défis croissants : conflits prolongés, blocages juridiques, désengagement des investisseurs internationaux ou encore restrictions d'accès aux marchés mondiaux exigeant durabilité et responsabilité.

La légitimité sociale se construit sur des relations authentiques et transparentes avec les communautés locales et la société dans son ensemble. Elle ne se réduit pas à des compensations économiques ou à des bénéfices ponctuels, mais repose sur la capacité effective d'une entreprise ou d'un État à transformer la richesse minérale en développement tangible, équitable et durable. Ceux qui y parviennent génèrent la confiance publique, renforcent leurs institutions et obtiennent une licence sociale de long terme, condition d'opérations stables et sûres à fort potentiel stratégique.

Une exploitation minière perçue comme légitime et socialement acceptée dispose aussi d'un pouvoir unique : attirer des talents jeunes et qualifiés. Les nouvelles générations attachent une importance croissante à travailler dans des secteurs alignés avec leurs valeurs éthiques, sociales et environnementales. Les entreprises et pays capables d'incarner cette légitimité ne se contentent donc pas de sécuriser l'acceptation communautaire : ils séduisent également des professionnels talentueux, innovants et engagés, qui voient dans le secteur minier une industrie porteuse de sens, d'impact positif et d'opportunités réelles de développement personnel et professionnel.

À l'inverse, l'absence de légitimité sociale devient rapidement une vulnérabilité stratégique critique. Les entreprises et pays dépourvus de soutien solide s'exposent à des conflits permanents, des interruptions opérationnelles coûteuses, des litiges fréquents et une compétitivité affaiblie sur les marchés internationaux. Cette fragilité mine également leur capacité de négociation, limitant leurs alliances et réduisant leurs marges de manœuvre stratégiques.

La légitimité sociale a aussi des implications diplomatiques profondes. Les États capables de démontrer des modèles miniers transparents et responsables, contribuant clairement au développement des communautés locales, gagnent en prestige international et en influence dans les forums multilatéraux et les négociations commerciales. À l'inverse, ceux qui échouent sur ce terrain perdent rapidement en crédibilité et se heurtent à des barrières commerciales accrues, à des pressions réglementaires et à une surveillance politique plus intense.

Ainsi, la légitimité sociale ne doit pas être comprise comme une exigence secondaire, mais comme une composante intégrale de toute stratégie minière. Les pays et entreprises qui parviennent à bâtir des modèles légitimes, équitables et socialement acceptés garantissent non seulement la stabilité opérationnelle, mais construisent aussi un pouvoir durable. Car dans l'ère de la géopolitique minière, la légitimité sociale est elle-même un pouvoir — et ceux qui en manquent sont condamnés à perdre en influence et en poids stratégique dans le nouvel ordre mondial.

L'exploitation minière illégale comme vulnérabilité stratégique

L'expansion mondiale de l'exploitation minière illégale ne peut pas être comprise comme un simple phénomène criminel isolé. Dans le nouvel ordre minier mondial, elle incarne de façon claire et grave la faiblesse institutionnelle, la vulnérabilité stratégique et une profonde absence de légitimité sociale. Ce phénomène représente non seulement des pertes économiques directes, mais aussi un risque structurel croissant qui menace la stabilité politique, économique et sociale de pays entiers et de régions entières.

L'exploitation minière illégale apparaît et prospère avant tout dans les contextes où l'activité minière formelle se heurte à des barrières réglementaires excessives, à des lenteurs institutionnelles persistantes et à une perte progressive de légitimité aux yeux de la société. Dans ces scénarios, l'absence de rapidité stratégique dans les processus d'autorisation légale et le manque de récits publics clairs et crédibles créent un vide rapidement occupé par des réseaux illégaux opérant hors de toute régulation. Ces activités informelles exploitent le mécontentement social, la précarité économique et les faiblesses institutionnelles pour croître de manière incontrôlée.

D'un point de vue systémique, l'exploitation minière illégale engendre des impacts multiples et destructeurs : elle dégrade l'environnement de régions entières, érode la confiance des citoyens envers les institutions publiques, finance des réseaux criminels transnationaux et alimente les conflits sociaux internes. Mais, surtout, elle constitue un échec stratégique manifeste : une preuve tangible qu'un pays n'a pas su transformer ses ressources minérales en opportunités légitimes, inclusives et durables pour ses citoyens.

Ainsi, la réponse à l'exploitation minière illégale ne peut se limiter à l'action policière ou à des interventions militaires ponctuelles. Elle exige une stratégie profonde et systémique : simplification radicale des cadres réglementaires pour l'activité minière formelle, renforcement institutionnel, création effective d'alternatives économiques légitimes, et élaboration de récits publics solides et crédibles pour reconstruire la confiance sociale et politique. La solution n'est donc pas seulement technique ou sécuritaire, elle est avant tout stratégique, institutionnelle et symbolique.

Ignorer ou minimiser l'expansion de l'exploitation minière illégale revient, en définitive, à accepter une vulnérabilité stratégique permanente dans le nouvel ordre minier mondial. Seuls les pays qui comprennent et affrontent ce phénomène de façon systémique—en consolidant des cadres réglementaires clairs, une légitimité institutionnelle et des récits publics robustes—pourront assurer un pouvoir minier stable et durable à long terme.

L'exploitation minière illégale n'est pas simplement une question d'illégalité : c'est un défi systémique qui appelle des réponses stratégiques profondes et urgentes.

La carte du nouvel ordre minier mondial

Le nouvel ordre minier mondial prend forme rapidement. À partir du parcours analytique que nous avons suivi tout au long de cet ouvrage, il est désormais possible d'identifier clairement les acteurs clés et les dynamiques stratégiques qui définiront le pouvoir mondial dans les décennies à venir. Cette carte n'est ni statique ni définitive, mais elle met en évidence des tendances nettes et des scénarios plausibles que tout dirigeant politique, économique ou entrepreneurial cherchant à anticiper l'avenir doit comprendre.

Premièrement, nous avons vu la Chine s'imposer comme l'architecte stratégique du nouveau modèle minier mondial. Pendant que l'Occident reléguait l'activité minière stratégique au rang de priorité secondaire, la Chine a investi de manière constante, construit des capacités industrielles, sécurisé des chaînes d'approvisionnement globales et tissé des alliances solides en Afrique, en Amérique latine et en Asie. Grâce à cette vision de long terme, la Chine contrôle aujourd'hui une part significative du traitement et du raffinage des minéraux critiques, ainsi que de vastes réseaux technologiques, industriels et logistiques, la positionnant comme le leader incontesté du secteur minier mondial.

En réponse à cette réalité, l'Occident engage un profond processus de repositionnement stratégique. Les États-Unis, le Canada, l'Australie et l'Europe cherchent avec urgence à retrouver leur autonomie industrielle et technologique par le biais de politiques ambitieuses d'industrialisation minière, d'investissements massifs dans l'innovation technologique et d'alliances stratégiques visant à diversifier leur dépendance vis-à-vis de la Chine. Ce virage implique d'importants défis : bureaucratie interne, conflits réglementaires et sociaux, mais offre aussi de réelles opportunités pour redéfinir le leadership technologique et minier occidental. L'incertitude critique réside dans la capacité de l'Occident à agir avec une rapidité suffisante pour rivaliser à armes égales.

L'Amérique latine apparaît comme un terrain de jeu clé mais non homogène. Sa géologie est exceptionnelle : cuivre, lithium, nickel, graphite, terres rares ; mais son véritable atout dépend de la gouvernance, de la stabilité réglementaire et de la légitimité territoriale. La région reflète des trajectoires diverses : certains pays accélèrent des cadres favorables à l'investissement et cherchent à intégrer des chaînes industrielles ; d'autres privilégient une implication accrue de l'État ; d'autres encore restent piégés dans des déficits de gouvernance et des tensions liées à la licence sociale. Le point d'inflexion décisif réside dans la capacité à passer de l'exportation de concentrés à la construction de capacités technologiques et manufacturières locales, grâce à des alliances stratégiques et à la traçabilité. Si l'État, les territoires et le capital s'alignent, l'abondance pourra se transformer en puissance ; sinon, la dépendance perdurera.

L'Afrique, pour sa part, a commencé à se coordonner avec une ambition explicite. L'Agenda 2063, la ZLECAf et son siège permanent au G20 ancrent un récit centré sur la valeur ajoutée, le contenu local et la traçabilité, bâti sur une base minérale qui représente une part décisive des ressources critiques mondiales. Avec des modèles variés, allant de cadres avancés de gouvernance et de valorisation locale à des contextes où la stabilité reste fragile, le continent négocie de plus en plus à partir d'une position exigeant traitement sur place, transfert de technologie et corridors régionaux. La fenêtre d'opportunité est immédiate : si le consensus continental se traduit en exécution, l'Afrique pourra passer du rôle de fournisseur d'intrants à celui de concepteur de chaînes de valeur ; sinon, elle risque de perpétuer un schéma d'extraction sans véritable pouvoir de négociation.

Enfin, la carte se complète par l'Asie au-delà de la Chine, où des acteurs tels que l'Inde, l'Indonésie, le Vietnam et plusieurs pays d'Asie centrale avancent rapidement pour construire une autonomie stratégique vis-à-vis de Pékin. Ces pays ont conscience qu'une dépendance exclusive à la Chine comporte des risques critiques pour leur souveraineté industrielle et politique. Ils adoptent donc des politiques d'industrialisation minière en profondeur, diversifient leurs alliances technologiques et élaborent leurs propres récits stratégiques pour s'affirmer sur la scène mondiale. Bien qu'il soit encore tôt pour confirmer le succès définitif de ces stratégies, il est clair que l'Asie avance de façon déterminée pour sécuriser son autonomie et renforcer sa place dans l'ordre mondial.

En définitive, le nouvel ordre minier mondial sera défini par la manière dont ces dynamiques et ces acteurs interagiront, négocieront et rivaliseront dans les décennies à venir. Il ne s'agit pas seulement de ressources naturelles, mais bien du pouvoir réel de transformer ces ressources en influence industrielle, technologique et diplomatique. C'est la carte stratégique que nous avons tracée tout au long de cet ouvrage, et c'est ici que la nouvelle géopolitique minière deviendra un facteur décisif de la configuration du pouvoir mondial.

Le rôle de l'État et des entreprises

Dans ce nouvel ordre minier mondial, les rôles de l'État et des entreprises doivent être redéfinis avec clarté. L'activité minière stratégique ne peut plus être gérée selon des approches traditionnelles centrées uniquement sur l'extraction de ressources, ni reposer exclusivement sur des décisions isolées du secteur privé. Elle exige aujourd'hui une vision partagée, où États et entreprises assument des rôles complémentaires, alignés sur des objectifs communs de développement économique, d'autonomie technologique et d'influence géopolitique.

L'État doit se positionner comme architecte stratégique, facilitateur et coordinateur, mais non comme opérateur direct. Sa mission essentielle est de créer les conditions optimales pour transformer les ressources minérales en puissance industrielle et technologique. Cela implique la conception et la mise en œuvre de cadres réglementaires agiles et transparents, le soutien actif à l'innovation technologique, l'investissement ciblé dans les infrastructures essentielles et la promotion d'alliances internationales qui renforcent la souveraineté minière et la capacité de négociation du pays. Il lui revient également d'assurer la légitimité sociale et institutionnelle de l'activité, en veillant à ce que l'exploitation minière produise des bénéfices tangibles pour les communautés locales et contribue effectivement au développement durable.

De leur côté, les entreprises minières doivent évoluer rapidement : d'extracteurs traditionnels à acteurs stratégiques capables de gérer la complexité, les risques et les alliances globales. Elles ne peuvent plus se limiter à rivaliser sur les coûts ou les volumes de production. Elles doivent anticiper les scénarios mondiaux, intégrer les technologies disruptives, développer des chaînes de valeur industrielles intégrées et gérer efficacement le dialogue social, environnemental et institutionnel. En d'autres termes, elles doivent adopter un profil stratégique leur permettant de naviguer avec succès dans un environnement mondial toujours plus compétitif et exigeant.

Dans ce contexte, l'expérience opérationnelle et la vision stratégique deviennent des atouts déterminants. La capacité à conjuguer une connaissance approfondie du terrain avec une lecture précise de l'environnement global fera la différence dans le paysage minier géopolitique. La nouvelle carte mondiale exigera des dirigeants capables de maîtriser à la fois la technique et la politique, l'institutionnel et le diplomatique, l'urgence immédiate et la planification à long terme.

Ainsi, la relation entre l'État et les entreprises cesse d'être simplement réglementaire ou contractuelle : elle devient un partenariat stratégique dynamique fondé sur des objectifs communs et complémentaires. L'État crée les conditions du succès industriel, tandis que les entreprises traduisent cette vision en action, avec rapidité, innovation et légitimité. C'est de cette alliance vertueuse que dépendra la capacité des pays à tirer pleinement parti de leurs ressources minérales et à consolider des positions de leadership durable dans la nouvelle géographie mondiale du pouvoir minier.

Du diagnostic à l'action : quatre piliers et un avertissement

Après ce long parcours d'analyse des régions, des tensions et des stratégies qui structurent le nouvel ordre minier mondial, une question s'impose naturellement : comment transformer ces sept leçons stratégiques en action concrète, sans tomber dans le piège du diagnostic permanent ?

La proposition qui suit n'a pas vocation à remplacer l'analyse, mais à en dégager une synthèse opérationnelle : un cadre pratique articulant les enseignements en quatre axes clairs, conçus pour transformer des idées complexes en stratégies actionnables.

Premier axe : la vitesse souveraine
(Dérivé de la leçon 1 : la vitesse est un pouvoir géopolitique)

Dans ce nouvel ordre minier, le temps n'est plus seulement de l'argent : il est puissance, autonomie stratégique et levier de négociation. L'avantage ne se mesure plus uniquement en tonnes de cuivre, de nickel ou de lithium, mais dans la capacité institutionnelle et politique à transformer rapidement ces ressources en valeur tangible.

Des processus réglementaires lents et opaques ne font pas qu'éroder des opportunités économiques : ils ouvrent la voie à l'illégalité, à la dégradation des territoires et à l'érosion de la légitimité institutionnelle. La vitesse souveraine n'est donc pas un avantage secondaire : elle est la condition fondamentale qui permet de convertir la richesse géologique en puissance géopolitique réelle, tout en réduisant l'espace disponible pour les acteurs illicites.

Deuxième axe : la légitimité intégrale
(Dérivé des leçons 2, 5 et 7 : les récits symboliques construisent la légitimité ;
la technologie propre comme diplomatie minière ; la légitimité sociale comme
pouvoir de long terme)

La légitimité n'est plus une question de réputation : elle est devenue une condition stratégique qui détermine la réussite ou l'échec des opérations minières modernes. Elle suppose de reconstruire le récit public : faire passer la mine d'une image d'activité isolée et extractive à celle d'infrastructure essentielle au développement industriel, technologique et sécuritaire du XXIe siècle. Mais le récit seul ne suffit pas. Il doit être ancré dans des preuves tangibles : technologies propres vérifiables, systèmes rigoureux de reporting et de traçabilité, engagements sociaux concrets auprès des communautés locales.

La légitimité intégrale accélère les autorisations, réduit le coût du capital, ouvre des marchés premium et ferme l'espace aux économies informelles. Elle n'est donc pas un atout facultatif, mais une condition de survie stratégique.

Troisième axe : l'autonomie industrielle en réseaux
(Dérivé des leçons 3 et 4 : l'extraction sans industrialisation est vulnérabilité
stratégique ; les alliances définissent la résilience)

Exporter des minerais bruts sans capacités locales de transformation constitue une vulnérabilité claire. La valeur réelle réside dans l'industrialisation : raffinage, fabrication de composants, technologies et propriété intellectuelle domestiques. Mais aucune nation ne peut prétendre maîtriser seule la totalité du cycle minéral-industriel. L'autonomie exige donc des alliances intelligentes et diversifiées : transferts technologiques, financements compétitifs, accès aux marchés stratégiques et stabilité à long terme.

Cette industrialisation en réseaux protège contre la volatilité des prix, limite les dépendances extérieures et permet de participer activement à la définition des normes technologiques, commerciales et réglementaires mondiales.

Quatrième axe : l'intelligence artificielle comme avantage cumulatif
(Dérivé de la leçon 6 : l'intelligence artificielle est la nouvelle frontière minière)

L'IA n'est plus une innovation accessoire : elle est devenue une condition essentielle du nouvel ordre minier mondial. Elle démultiplie les performances à chaque étape – exploration, opérations, logistique, commercialisation – tout en réduisant drastiquement les coûts, en anticipant les tendances de marché et en renforçant la traçabilité ainsi que la légitimité des activités minières. Les premiers adopteurs d'IA ne se contenteront pas de gagner en efficacité : ils fixeront le rythme et définiront les frontières technologiques du secteur. Ceux qui tarderont à suivre risquent de rester durablement relégués.

Signal d'alerte : la mine illégale

L'expansion rapide de l'activité minière illégale n'est ni isolée ni circonstancielle ; elle constitue le signal d'alerte le plus clair de l'échec d'un ou plusieurs des quatre axes stratégiques : lenteur réglementaire, perte de légitimité, industrialisation limitée ou absence d'alliances efficaces. La mine illégale révèle, de manière visible, les vulnérabilités institutionnelles, réglementaires et territoriales. La combattre ne signifie pas seulement simplifier les cadres réglementaires ou renforcer les institutions ; cela exige aussi d'accélérer les décisions, de rétablir la confiance grâce à une traçabilité vérifiable et d'offrir des alternatives économiques durables.

Ainsi, la progression de l'exploitation illégale doit être surveillée en permanence comme un indicateur critique de la santé institutionnelle, permettant de détecter et de corriger à temps les failles structurelles.

Ces quatre axes stratégiques ne remplacent pas les sept leçons fondamentales, mais les regroupent et les opérationnalisent. Ils offrent un outil clair et pratique pour faciliter l'exécution concrète, accélérant la transition d'un diagnostic en profondeur vers une action stratégique effective.

À partir de ce cadre opérationnel, des questions stratégiques demeurent ouvertes — et ce sont elles qui détermineront, dans les années à venir, qui sera véritablement en mesure de diriger le nouvel ordre mondial minier.

Des questions qui ouvrent l'avenir

Dans un contexte mondial aussi dynamique et complexe que celui que nous avons exploré tout au long de cet ouvrage, offrir des certitudes absolues serait à la fois naïf et irresponsable. C'est pourquoi, plutôt que de fournir des réponses définitives, nous concluons en posant des questions stratégiques ouvertes, destinées à nourrir la réflexion, à projeter des scénarios possibles, à identifier les principaux risques et à anticiper les opportunités critiques.

Quels pays parviendront à transformer leurs ressources minérales en véritable puissance industrielle avant que ne se referme — ou ne se stabilise — la fenêtre d'opportunité ouverte par la transition énergétique, la révolution technologique et les nouvelles exigences de sécurité nationale ? Qui saura accélérer suffisamment vite pour tirer pleinement parti de ce moment historique ?

Quelles nouvelles alliances internationales émergeront pour redéfinir les chaînes de valeur mondiales des minéraux stratégiques ? Assisterons-nous à des rapprochements inattendus entre l'Occident et des régions émergentes pour contrebalancer la domination minière de la Chine ? Quels rôles stratégiques l'Amérique latine, l'Afrique ou l'Asie centrale joueront-elles dans cette nouvelle diplomatie minière mondiale ?

L'Occident réussira-t-il à combiner vitesse stratégique et légitimité institutionnelle ? Les nations occidentales parviendront-elles à surmonter leurs blocages réglementaires, politiques et sociaux actuels pour rivaliser à armes égales avec des acteurs plus agiles comme la Chine ? Ou resteront-elles prisonnières de leurs conflits internes et de leurs bureaucraties enracinées ?

Comment l'exploitation illégale évoluera-t-elle dans ce nouveau contexte stratégique global ? Quels pays réussiront à inverser cette dynamique et à transformer leurs ressources en leviers légitimes de développement ? Quels risques géopolitiques émergeront de l'expansion incontrôlée des réseaux informels, notamment en Amérique latine et en Afrique ? Et comment cette illégalité affectera-t-elle la légitimité institutionnelle et la stabilité des pays incapables de la gérer de manière stratégique ?

Enfin, comment l'intelligence artificielle redessinera-t-elle l'avenir immédiat de l'activité minière mondiale ? Quels pays et quelles entreprises sauront intégrer ces technologies à temps ? Qui seront les grands gagnants et les perdants de cette course technologique ? Et comment ce basculement influencera-t-il l'équilibre stratégique mondial ?

Ces questions n'ont pas de réponses simples ni immédiates. Pourtant, elles seront décisives pour définir les prochains coups sur l'échiquier minier mondial. Réfléchir sérieusement à ces interrogations, anticiper les scénarios et explorer les possibles distinguera ceux qui saisiront à temps ce nouvel ordre mondial de ceux qui resteront en marge du jeu stratégique du XXIᵉ siècle.

Cinq révélations sur la géopolitique minière

S'il y a une chose que nous souhaitons que le lecteur retienne de ce parcours, ce sont bien ces cinq révélations. Selon nous, elles résument l'essence même de la nouvelle géopolitique minière : des signaux clairs et profonds qui permettent de comprendre les forces structurelles, les tensions critiques et les défis stratégiques qui façonnent le présent et définiront l'avenir. Elles ne sont pas de simples conclusions : ce sont des perspectives fondamentales qui expliquent ce qui est en jeu, pourquoi cela compte et ce que nous ne pouvons pas nous permettre d'ignorer.

Tout au long de cet ouvrage, nous avons exploré ces thèmes en profondeur—à travers les régions, les modèles et les choix stratégiques. Ils réapparaissent ici, non pas comme des arguments nouveaux, mais comme des enseignements condensés : les principes clés que chaque lecteur devrait emporter avec lui. Ces cinq révélations condensent l'essence du nouvel ordre géopolitique minier, offrant une synthèse claire et mémorable de ce qui est en jeu, pourquoi cela est décisif et ce qui ne doit jamais être négligé.

1. La narration minière est puissance

Aujourd'hui, l'industrie minière doit s'appuyer sur une narration claire qui exprime son rôle essentiel dans la société contemporaine. Extraire des minéraux ou publier des statistiques de production ne suffit plus : les activités minières doivent obtenir une légitimité auprès des communautés, des gouvernements, des marchés et des investisseurs. Cette narration doit démontrer de façon transparente que la mine n'est pas seulement extraction, mais progrès, innovation technologique, bien-être social, création d'emplois de qualité et sécurité stratégique nationale. Communiquer clairement pourquoi les minéraux critiques sont indispensables à la transition énergétique, à l'intelligence artificielle, à la défense nationale et à l'exploration spatiale définit la nouvelle légitimité du secteur. C'est également ce qui permet de distinguer la mine formelle de l'informelle, d'asseoir un positionnement crédible dans l'opinion publique et d'assurer une stabilité réglementaire et commerciale de long terme.

2. La vitesse est le nouvel avantage minier

Dans le nouvel ordre géopolitique de la mine, la vitesse est devenue un avantage décisif, portée par l'accélération technologique et la compétition mondiale croissante pour les minéraux stratégiques. Transformer rapidement des ressources géologiques en projets viables, obtenir efficacement les permis, lancer rapidement les opérations et convertir ces opérations en puissance industrielle tangible est désormais essentiel pour maintenir un avantage stratégique. La vitesse ne détermine pas seulement le succès économique : elle influence directement la capacité d'un pays à garantir sa souveraineté technologique, à atteindre ses objectifs de sécurité nationale et à se positionner fermement face à des rivaux qui avancent avec la même urgence. Dans ce contexte accéléré, ceux qui réduisent la bureaucratie et exécutent avec efficacité fixent les règles du jeu minier du XXIᵉ siècle.

3. La valeur de la mine réside dans l'industrialisation

La véritable valeur stratégique de la mine ne réside plus dans l'exportation de matières brutes, mais dans la capacité à développer un écosystème industriel robuste : raffinage avancé, fabrication spécialisée, création de technologies aval innovantes. Lorsqu'un pays parvient à transformer ses ressources minérales en produits technologiques sophistiqués et en composants industriels, il consolide non seulement sa position stratégique, mais il renforce aussi sa souveraineté économique et technologique, réduit considérablement sa dépendance externe et élève son rôle dans les chaînes de valeur mondiales du XXIᵉ siècle. Sans ce développement industriel intégré, la mine reste prisonnière d'un modèle limité d'extraction primaire, incapable de réaliser son potentiel en matière de progrès durable, d'innovation continue et d'autonomie stratégique véritable.

4. L'État doit être l'architecte stratégique de la mine

Pour que l'industrie minière réalise pleinement son potentiel économique et stratégique, l'État doit assumer un rôle actif d'architecte et de facilitateur. Cela suppose une vision nationale claire intégrant la mine, l'industrialisation, l'innovation technologique et le développement social au sein d'une stratégie cohérente. Des réglementations intelligentes, combinant responsabilité environnementale et sociale avec agilité administrative, sont indispensables, de même que des institutions capables d'accélérer les processus d'autorisation et des politiques publiques cohérentes pour attirer des investissements industriels et technologiques à haute valeur ajoutée. Seul un État doté de leadership stratégique, de vision globale et de capacités institutionnelles solides peut garantir la stabilité nécessaire pour que la mine formelle prospère, obtienne sa légitimité et contribue efficacement à l'autonomie économique, technologique et géopolitique d'un pays.

5. L'exploitation illégale ne s'arrête pas

L'exploitation minière illégale progresse plus vite que la mine formelle précisément parce qu'elle opère en dehors des cadres réglementaires et institutionnels. Son expansion n'est pas un phénomène marginal, mais un signal d'alerte systémique, révélant des vulnérabilités structurelles profondes : cadres réglementaires lents et dépassés, institutions incapables de répondre avec rapidité, absence de l'État dans des territoires stratégiques, déficit narratif pour distinguer clairement la mine légitime de l'informelle. Cette dynamique parallèle prospère dans l'ambiguïté institutionnelle, fragilise la légitimité du secteur formel, accélère la dégradation environnementale, génère de graves conflits sociaux, érode la confiance publique et ouvre des espaces exploitables par des réseaux criminels organisés. Affronter ce défi implique plus que des mécanismes de contrôle : il faut aussi bâtir une narration claire et des cadres réglementaires efficaces qui restaurent la légitimité sociale et garantissent la stabilité économique et la sécurité nationale.

Tout au long de cet ouvrage, nous avons exploré ces thèmes en profondeur, à travers les régions, les modèles et les choix stratégiques. Ils réapparaissent ici non pas comme des arguments nouveaux, mais comme des enseignements condensés : les principes clés que chaque lecteur devrait emporter avec lui. Ces cinq révélations condensent l'essence du nouvel ordre géopolitique minier, offrant une synthèse claire et mémorable de ce qui est en jeu, pourquoi cela est décisif et ce qui ne doit jamais être négligé.

La prochaine ère minière

Ce livre n'est pas une conclusion, mais le début d'une conversation beaucoup plus vaste et urgente. Le nouvel ordre géopolitique de la mine n'est pas un scénario hypothétique à venir, c'est une réalité présente, dont nous avons déjà analysé et décrypté les premiers signaux. Les minéraux critiques ont radicalement transformé notre compréhension du pouvoir économique, politique et stratégique mondial. Ce bouleversement structurel exige de nouvelles façons de penser, une analyse rigoureuse et une capacité d'anticipation stratégique que seuls certains acteurs sauront développer.

Nous nous trouvons aujourd'hui à un tournant historique, une fenêtre stratégique décisive qui exige des décisions immédiates. Les pays et les entreprises doivent agir avec audace dès maintenant, et non dans dix ans. La vitesse stratégique, une légitimité sociale profonde, une industrialisation complète, l'intelligence artificielle, les technologies propres, des alliances intelligentes, une gestion systémique de l'exploitation illégale et un contrôle stratégique des narrations publiques autour de la mine détermineront qui dirigera ce siècle, et qui restera en arrière, prisonnier de dépendances et de vulnérabilités héritées du passé.

Cependant, l'objectif de ce livre n'a pas été seulement d'expliquer les réalités actuelles, mais surtout d'anticiper et de projeter des scénarios d'avenir. Au-delà d'une analyse approfondie, il vise à accompagner dirigeants, décideurs et investisseurs dans la construction intelligente et durable de ce nouvel ordre minier mondial. Réussir dans cette tâche exigera une combinaison précise de vision stratégique, de maîtrise opérationnelle et de capacité à comprendre des environnements complexes en mutation rapide.

Les années à venir seront décisives pour redessiner la carte mondiale du pouvoir. Ceux qui sauront comprendre l'urgence et l'ampleur de cette transformation historique pourront anticiper des scénarios complexes, identifier des opportunités clés et transformer efficacement les ressources minérales en véritable puissance industrielle et géopolitique.

Ce livre est, en définitive, une invitation ouverte à penser stratégiquement l'avenir immédiat. La géopolitique minière ne concerne pas seulement les minéraux, elle touche à la stratégie, à l'autonomie et au pouvoir réel au XXIe siècle. Ceux qui saisiront cette réalité à temps seront les architectes du nouvel ordre mondial, conscients que les minéraux critiques ne sont pas de simples ressources naturelles : ils constituent l'infrastructure silencieuse sur laquelle se construira l'avenir immédiat du monde.

L'ère de l'industrie minière traditionnelle est révolue. Vive le nouvel ordre géopolitique minier.

Bibliographie

Adiya, A. (2024, August 21). *Blinken spurs critical minerals momentum in Mongolia. East Asia Forum.*

African Union. (2015). *Agenda 2063: The Africa We Want.* Addis Ababa: African Union Commission.

African Union. (2018). *Agreement Establishing the African Continental Free Trade Area.* Kigali: African Union Commission.

African Union. (2021, September 2). *The African Mining Vision: Transparent, equitable and optimal exploitation of Africa's mineral resources* [Press release]. Addis Ababa: African Union Commission.

African Union. (2021). *African Continental Free Trade Area – Status and Implementation.* Addis Ababa: African Union Commission.

African Union. (2024). *Second Ten-Year Implementation Plan of Agenda 2063 (2024–2033).* Addis Ababa: African Union Commission.

AidData. (2023). *China's investment in critical minerals: A global perspective.* Williamsburg, VA: AidData.

AidData. (2025). *Power playbook: Beijing's bid to secure overseas transition minerals.* Williamsburg, VA: AidData at William & Mary.

Argus Media. (2025, June 12). *Philippines axes planned ban on nickel ore exports. Argus Metals News.*

Atlantic Council. (2023, October 12). *Central Asia's geography inhibits a US critical minerals partnership.* Atlantic Council.

Baptista, D. (2025, March 21). *In data: Mining disputes rising amid rush for critical minerals. Context – Thomson Reuters Foundation News.*

Barrick Gold. (2023, December). *Reko Diq project overview.* Barrick Gold.

Baskaran, G., & Schwartz, M. (2025). *G7 cooperation to de-risk minerals investments in the Global South.* Center for Strategic and International Studies.

Batdorj, B. (2025, June 26). *Mongolia's critical mineral diplomacy: Strategic balancing between neighbours.* Italian Institute for International Political Studies (ISPI).

BBC Mundo. (2009, September 10). *China, the power of rare earths.* BBC.

BNamericas. (2024, September). *Grounds for concern: The legal landscape shaking Colombia's mining sector.* BNamericas.

Boadle, A., & Brito, R. (2024, August 13). *Germany, Italy import legally dubious Brazilian gold, study shows.* Reuters.

Bibliographie

Bloomberg. (2024, May 3). *Philippines explores US partnership to reduce nickel dependence on China*. Bloomberg News.

Brigard Urrutia. (2024, February). *Temporary reserves in the Colombian mining sector*. Brigard Urrutia.

Buenos Aires Times. (2024). *U.S.-Argentina technical agreements on lithium governance*. Buenos Aires Times.

Business & Human Rights Resource Centre. (2025). *Bolivia: Communities already experiencing water shortages share their concerns about Chinese and Russian lithium projects*. BHRRC.

BYD Brasil. (2024). *Sustainability Report 2023*. São Paulo: BYD Brasil.

Cambero, F. (2023a, March 27). *Lula ends Bolsonaro-era push to allow mining on Indigenous lands*. Reuters.

Cambero, F. (2023b, May 18). *Chile greenlights mining tax reform that boosts government take*. Reuters.

Cambero, F. (2023c, July 13). *Chile miners, facing higher taxes, seek faster permits, lower energy costs*. Reuters.

Caspian Policy Center. (2023, May). *Kazakhstan's mineral resources and strategic potential*. Caspian Policy Center.

Center for Strategic and International Studies (CSIS). (2025, July 9). *Impacts of the One Big Beautiful Bill Act on the Mining Sector*. CSIS.

Chen, W., Laws, A., & Valckx, N. (2024, April 29). *Harnessing Sub-Saharan Africa's critical mineral wealth*. International Monetary Fund News.

Chime, V. (2025, February 17). *South Africa's G20 push for local processing of transition minerals faces barriers*. Climate Home News.

Climate Home News. (2024, May 10). *Nickel mining for electric vehicles is destroying lives in Indonesia*. Climate Home News.

Council on Foreign Relations (CFR). (2025). *China in Africa: March 2025* [Webinar transcript]. CFR.

Council on Strategic and Economic Partnerships (CSEP). (2024, February). *India joins Minerals Security Partnership* [Policy brief]. CSEP.

Dombrovskis, V. (2024, April 17). *EU-Uzbekistan strategic partnership on critical raw materials*. European Commission.

El Economista. (2023, October 5). *Minera Peñasquito y Sindicato Minero logran acuerdo para poner fin a huelga*. El Economista.

El País. (2024, June 25). *La minera china Ganfeng inicia un arbitraje contra México por la cancelación de sus concesiones de litio*. El País.

El País. (2025a, June 3). *El accidentado camino del litio en Bolivia: 17 años de promesas de un desarrollo económico que no despega*. El País.

El País. (2025b, July 21). *Cómo un proyecto minero en Jericó sembró desconfianza y hostilidades*. El País.

Bibliographie

El País. (2025c, July 22). *La extracción de litio que amenaza con dejar sin agua a comunidades indígenas de Bolivia.* El País.

European Commission. (2023). *EU-Chile advanced framework agreement.* European Commission.

European Commission. (2024, May). *Critical Raw Materials Act – Official Summary (EU Regulation 2023/xxx).* Brussels: European Commission.

European Parliament Think Tank. (2024). *EU-Latin America partnerships for sustainable raw materials.* European Parliament.

Fastmarkets. (2025). *MP Materials secures DoD funding to expand US rare earth magnet capacity.* Fastmarkets.

Fournier, P. (2024, December 9). *Nickel mining for electric vehicles is destroying lives in Indonesia.* Climate Home News.

Garcia, D. A., Hilaire, V., & Torres, N. (2023, March 29). *Mexican president proposes tougher mining laws, shorter concessions.* Reuters.

GlobeScan, & International Council on Mining and Metals (ICMM). (2023). *GlobeScan Radar: Tracking global opinion on mining's performance and expectations* [Report]. ICMM.

Gulf Intelligence. (2023, February 15). *Manara Minerals: Saudi Arabia's global mining investment arm.* Gulf Intelligence.

Gulf News. (2023, May 5). *Saudi Arabia says mining to be third pillar of economy.* Gulf News.

Haidar, A. (2025, June 5). *UK, Kazakhstan explore critical minerals partnership with strategic depth.* The Astana Times.

Harrisberg, K. (2025, January 28). Africa's artisanal miners may benefit from global renewables push. Thomson Reuters Foundation – Context News.

HCSS – The Hague Centre for Strategic Studies. (2024, November). *A new golden age for Argentinian mining? Opportunities, risks, and global demand scenarios.* HCSS.

Hernandez-Roy, C., Ziemer, H., & Toro, A. (2025, February 18). *Mining for defense: Unlocking the potential for U.S.-Canada collaboration on critical minerals.* Center for Strategic and International Studies (CSIS).

Indian Express. (2024, September 18). *India's mineral diplomacy and the Quad.* The Indian Express.

Instituto Escolhas. (2024). *Europe's risky gold: An analysis of Brazilian gold entering European markets.* São Paulo: Instituto Escolhas.

International Council on Mining and Metals (ICMM), & GlobeScan. (2023). *ICMM GlobeScan Radar 2023: Global attitudes towards mining and metals.* ICMM.

International Energy Agency (IEA). (2023). *Energy technology perspectives 2023 – Clean energy supply chains.* Paris: IEA.

International Energy Agency (IEA). (2024, May). *Global critical minerals outlook 2024.* Paris: IEA.

Bibliographie

International Energy Agency (IEA). (2024, May 17). *Soaring demand and rising risks for critical minerals* [Press release]. Paris: IEA.

International Energy Agency (IEA). (2025). *China dominates battery mineral refining.* In *Clean energy technology supply chains report.* Paris: IEA.

Internal Revenue Service (IRS). (2022). *Clean Vehicle Credit under Internal Revenue Code Section 30D.* IRS.

International Trade Administration (ITA). (2024, April 24). *Guinea* – Mining and minerals. U.S. Department of Commerce.

International Trade Administration (ITA). (2025, June 10). *Ghana mining gold rush.* U.S. Department of Commerce.

InvestUAE. (2023, August 19). *UAE-Argentina mining cooperation agreement.* Ministry of Economy of the United Arab Emirates.

Jamasmie, C. (2025, March 25). *EU selects 47 strategic projects to secure critical minerals access.* Mining.com.

Jefferis, K. (2024, July 8). *Management of Botswana's diamond revenues.* IMF Public Financial Management Blog.

La Jornada. (2025, March 2). *Guerra comercial y el control de los minerales del futuro.* La Jornada.

Lv, A., Rajagopal, D., & Scheyder, E. (2024, December 6). *Rattled by China, West scrambles to rejig critical minerals supply chains.* Reuters.

Ma'aden. (2025, March 8). *Saudi Arabian Mining Company annual report 2025.* Ma'aden.

Marin, A., & Palazzo, G. (2024). *Civic power in just transitions: Blocking the way or transforming the future? (IDS Working Paper No. 614).* Institute of Development Studies.

Martínez, M. P. (2023, October 5). *Minera Peñasquito y Sindicato Minero logran acuerdo para poner fin a huelga.* El Economista.

Merwin, S. (2022, September 30). *Indonesia's nickel policy reshaping EV supply chains.* Mining Journal.

Mining.com. (2025, June). *Bolivian court pauses Chinese, Russian lithium deals.* Mining.com.

Mining.com. (2025, May 6). *Saudi-US rare earths processing plant planned for 2027.* Mining.com.

Mining Digital. (2024, October 25). McKinsey: Tech & Laws can ease critical minerals shortage (S. Ashcroft, author).

Mining Industry Human Resources Council (MiHR). (2023). MiHR *Youth Perceptions Survey Presentation 2023.* Abacus Data.

Mining Technology. (2018, June 26). Tajikistan's Talco forms $200m mining JV with Chinese firm. Mining Technology.

Mining Technology. (2023, October 11). *Reko Diq copper-gold mine, Pakistan.* Mining Technology.

Mongabay. (2023a, April 10). *Brazil's gold mining boom fuels conflict in Yanomami territory*. Mongabay.

Mongabay. (2023b, June 20). *En Bolivia, las dragas de la minería del oro acorralan a la reserva amazónica Manuripi*. Mongabay.

Monitoring of the Andean Amazon Project (MAAP). (2025). *Mining Frontiers 2025: Illegal gold mining hotspots in the Andean Amazon*. Washington, DC: Amazon Conservation / MAAP.

Munyati, C. (2024, June 25). Why strong regional value chains will be vital to the next chapter of China and Africa's economic relationship. World Economic Forum.

Natural Resource Governance Institute (NRGI). (2021). 2021 Resource Governance Index – Selected results (Mining). NRGI.

Natural Resources Canada. (2024). Critical minerals R&D program overview. Natural Resources Canada.

Nickel Institute. (2023). Indonesia's nickel strategy and EV ambitions. Nickel Institute.

Nickel producers fear growing Indonesian pricing power. (2024, March 5).

Página/12. (2025, March 3). El Banco Mundial suspendió un estudio clave en Salinas Grandes. Página/12.

Pasquali, V. (2024, December 4). Critical minerals become a Middle East battleground. Arabian Gulf Business Insight (AGBI).

PhilStar. (2023, March 20). *Philippines eyes inclusion in US-Japan critical minerals pact*. The Philippine Star.

Public Eye. (2024, January 25). Brazil: 5 years after Brumadinho, accountability and justice. Public Eye/FIDH.

Rare Earth Exchanges. (2023, September 11). *US and Vietnam sign MoU on rare earths cooperation*. Rare Earth Exchanges.

Ramos, D., & Solomon, D. B. (2024, November 26). *Bolivia says China's CBC to invest $1 billion in lithium plants*. Reuters.

Reuters. (2018, May 17). *China's Tianqi Lithium buys 24% stake in Chile's SQM for $4 billion*. Reuters.

Reuters. (2019, July 18). *Ecuador begins large-scale mining at Mirador copper project*. Reuters.

Reuters. (2019, August 27). *Chinese venture to start mining battery metal antimony in Tajikistan*. Reuters.

Reuters. (2022, December 21). *Zimbabwe bans raw lithium exports to curb artisanal mining*. Reuters.

Reuters. (2023, October 24). *Namibia orders police to stop Chinese firm's lithium exports*. Reuters.

Reuters. (2024, January 11). *WTO rules against Indonesia's nickel export ban*. Reuters.

Reuters. (2024, January 18). *China widens South America trade highway with Silk Road mega-port.* Reuters.

Reuters. (2025, February 18). *BYD adjusts Brazil plant plans amid shifting EV demand.* Reuters.

Reuters. (2025, March 10). *Trump seeks minerals refining on Pentagon bases to boost US output, sources say.* Reuters.

Reuters. (2025, March 13). *USGS slashes estimate of Vietnam's rare earth reserves in major revision.* Reuters (via Mining.com).

Reuters. (2025, May 13). *China-Latin America trade exceeded $500 billion in 2024.* Reuters.

Reuters. (2025, February 25). *Botswana, De Beers sign long-delayed diamonds deal.* Reuters.

Reuters. (2025, June 29). Indonesia-China lithium battery plant operational by end-2026, official says. Reuters News.

Reuters. (2025a, January 20). *Zijin reanuda producción de oro en Buriticá tras ataques armados.* Reuters.

Reuters. (2025b, July 1). *Chile's Codelco secures new lithium quota for SQM partnership.* Reuters.

Reuters. (2025c, July 17). BHP, Lundin JV extends useful life of Argentina copper mine. Reuters.

Rivera, M., & Zamanillo, E. (2023). *Geopolitical mining: From ore to order in a world of engineer and juridical states* (White paper, Version 1.5). Quanta Mining.

Roscoe, W. E. (Bill). (2024, October). *NI 43-101 technical reports and due diligence in mining project evaluations.* Canadian Institute of Mining, Metallurgy and Petroleum (CIM).

Russin & Vecchi. (2023, December). *Vietnam's Master Plan for Rare Earths 2023–2030.* Russin & Vecchi Law Firm.

S&P Global. (2024). *Development times: U.S. in perspective.* S&P Global.

S&P Global. (2024). *Mine development times in the U.S. and Canada: In perspective.* S&P Global.

S&P Global. (2025). From 6 years to 18 years: The increasing trend of mine lead times. S&P Global.

Schäpe, B. (2024). *How to De-risk Green Technology Supply Chains from China Without Risking Climate Catastrophe.* Carnegie Endowment for International Peace.

Scheyder, E. (2024, July 18). *US mine development timeline second-longest in world, S&P Global says.* Reuters.

Scheyder, E., Denina, C., & Magid, P. (2025, April 8). *Saudi's Ma'aden weighs foreign partner for minerals processing pact.* Reuters.

Schoonover, N. (2025, March 28). *China in Africa: March 2025.* Council on Foreign Relations.

Secure Energy. (2024, July 22). *UAE-US critical minerals working group established.* Secure Energy Policy Forum.

SFA Oxford. (2025). *Implications of the One Big Beautiful Bill for U.S. Critical Minerals Supply Chains.* Oxford, UK: SFA (Oxford) Ltd.

Sharifli, Y. (2025). *Kazakhstan and PRC collaborate in critical minerals sector. Eurasia Daily Monitor, 22(66).* Jamestown Foundation.

Sigma Lithium. (2025, February 27). BNDES approves financing for Sigma Lithium's Grota do Cirilo expansion. Sigma Lithium.

Society for Mining, Metallurgy & Exploration (SME). (2022). *Maintaining the viability of U.S. mining education* [Technical briefing paper]. SME.

Solomon, D. B. (2024, March 28). *Chile needs to finalize more lithium plan details to spur investment.* Reuters.

Solomon, D. B., & Scheyder, E. (2024, July 10). *Global lithium sector eyes Argentina's salt flats on tech test run.* Reuters.

Sprott (Hathaway, J., & Kargutkar, S.). (2023, July 12). *Gold vs. gold stocks: An unresolved incongruity.* Sprott.

Strauss, J. (2025, June 16). *Stop blaming everyone else: Mining needs to help itself.* Digbee News.

Teck Resources. (2024). *Sustainability report 2024.* Teck Resources.

The Diplomat. (2023, November 15). *Mongolia's Oyu Tolgoi mine and global copper markets.* The Diplomat.

The Investor. (2023, October 2). *Vietnam's SRE Minerals to triple rare earths output.* The Investor.

The Motley Fool (Wei, J.). (2014, March 31). *How mining companies have underperformed commodities markets.* The Motley Fool.

The Rio Times. (2025, July 17). *China secures a decade-high number of raw material mines in 2024.* The Rio Times.

Thompson, F. (2025, January). *Uzbekistan: The next critical minerals hub? Global Trade Review* – The Commodities Issue 2025.

U.S. Department of State. (2024, September 14). *U.S.-Uzbekistan critical minerals memorandum.* U.S. Department of State.

U.S. Embassy in the Philippines. (2024, May 1). *U.S. support for critical minerals development in the Philippines* [Press release].

U.S. Geological Survey (USGS). (2025). *Mineral commodity summaries* – Canada profile. USGS.

U.S. Geological Survey (USGS). (2025). Mineral commodity summaries. Reston, VA: U.S. Department of the Interior.

U.S. International Development Finance Corporation (DFC). (2022). *Investing in critical minerals in Latin America.* DFC.

United Nations Conference on Trade and Development (UNCTAD). (2023).

Economic Development in Africa Report 2023: The potential of green minerals for Africa's industrialization. Geneva: United Nations.

United Nations Economic Commission for Africa (UNECA). (2022, April 29). *Zambia and DRC sign cooperation agreement to manufacture electric batteries.* United Nations.

United Nations Office on Drugs and Crime (UNODC). (2025). *Global analysis on crimes affecting the environment* – Mineral crimes: Illegal gold mining. United Nations.

Venditti, B. (2024, April 19). *La brecha entre el precio del oro y el de las mineras.* Mining Press.

Way, S. (2024, September 9). *The strategies driving the players in competition for Africa's critical minerals.* Atlantic Council – AfricaSource.

Weihuan, Z. (2024, November 19). *Why China's critical mineral strategy goes beyond geopolitics.* World Economic Forum.

White House. (2023, September 10). *United States–Vietnam comprehensive strategic partnership.* White House.

World Economic Forum (WEF). (2024, May 24). *US–China trade news roundup: Demand surges for critical minerals.* Geneva: WEF.

World Economic Forum (WEF). (2025, May 13). *What are the critical minerals for the energy transition – and where can they be found?* WEF.

World Population Review. (2023). *Platinum production by country 2025.* World Population Review.

Yacimientos de Litio Bolivianos (YLB). (2025, January 10). *La planta industrial de carbonato de litio produjo 2.064 toneladas en 2024.* YLB Oficial.

Zadeh, J. (2025, April 2). *How commodity prices really impact mining companies' performance.* Discovery Alert.